Die Macht der Worte

DIE MACHT DER WORTE

SCHREIBEN ALS BERUF

Susanne Diehm, Michael Firnkes

Bibliografische Information der Deutschen Nationalbibliothek
Die Deutsche Nationalbibliothek verzeichnet diese Publikation in der Deutschen Nationalbibliografie; detaillierte bibliografische Daten sind im Internet über <http://dnb.d-nb.de> abrufbar.

Bei der Herstellung des Werkes haben wir uns zukunftsbewusst für umweltverträgliche und wiederverwertbare Materialien entschieden.
Der Inhalt ist auf elementar chlorfreiem Papier gedruckt.

ISBN 978-3-8266- 9192-8
1. Auflage 2013

www.mitp.de
E-Mail: kundenbetreuung@hjr-verlag.de
Telefon: +49 6221 / 489 -555
Telefax: +49 6221 / 489 -410

© 2013 mitp, eine Marke der Verlagsgruppe Hüthig Jehle Rehm GmbH Heidelberg, München, Landsberg, Frechen, Hamburg

Dieses Werk, einschließlich aller seiner Teile, ist urheberrechtlich geschützt. Jede Verwertung außerhalb der engen Grenzen des Urheberrechtsgesetzes ist ohne Zustimmung des Verlages unzulässig und strafbar. Dies gilt insbesondere für Vervielfältigungen, Übersetzungen, Mikroverfilmungen und die Einspeicherung und Verarbeitung in elektronischen Systemen.
Die Wiedergabe von Gebrauchsnamen, Handelsnamen, Warenbezeichnungen usw. in diesem Werk berechtigt auch ohne besondere Kennzeichnung nicht zu der Annahme, dass solche Namen im Sinne der Warenzeichen- und Markenschutz-Gesetzgebung als frei zu betrachten wären und daher von jedermann benutzt werden dürften.

Lektorat: Miriam Robels
Sprachkorrektorat: Petra Heubach-Erdmann
Covergestaltung: Anika Wilms
Satz: III-satz, Husby, www.drei-satz.de
Druck: CPI – Ebner & Spiegel GmbH, Ulm

Inhaltsverzeichnis

Ihr Kompass durch die Welt der Schreibberufe	9
Über Susanne Diehm..................................	15
Über Michael Firnkes.................................	17

| 1 | Texten für Onlineshops ....

Texten für Onlineshops	19
Interview mit Sabrina Kirnapci	20
Die spannende Frage für alle Schreibberufe: Selbstständig oder besser angestellt?....................	34
Freiberufler? Selbstständiger? Oder Unternehmer?	35

**| 2	Social-Media-Management**	39
Interview mit Annette Kaiser	40
Ein Berufsbild mit Zukunft............................	49
Vom Marketing-Manager zum Social-Media-Manager	50
Eine herausfordernde Tätigkeit	50

**| 3	Suchmaschinenoptimiertes Schreiben**	53
Interview mit Björn Tantau	54
Was ist und was macht ein SEO?	64
Vom eher technischen hin zum »Schreibberuf«	65
Quereinsteiger mit eigenen Webseiten dominieren die Szene	66

**| 4	Unternehmenskommunikation**	69
Interview mit Su Franke...............................	70
Wie das Thema »Online« die Unternehmens- kommunikation nachhaltig verändert....................	76
Ein auf Authentizität und Ehrlichkeit aufbauendes Online-Renommee wird immer wichtiger	77

|6| Inhaltsverzeichnis

|5| Fundraising 79

Interview mit Silvia Starz 80

Schreiben im Fundraising-Bereich 91

Was wird beim Fundraising geschrieben? 91

Die Macht der Worte – mit Motivationsprofilen
gesteigert 92

Ein Netzwerk – bringt es das? 92

Storytelling fürs Fundraising 93

|6| Buch-PR 95

Interview mit Ulrike Plessow 96

Über die Arbeit im Bereich Buch-PR 103

Buch-PR – oder wie wir Bücher finden, die wir lieben 104

E-Books auf dem Vormarsch 105

Was Books on Demand rät 106

|7| Blogging 107

Interview mit Christina Fuchs 108

Mehr zum Berufsbild Blogging 122

Das »Geld verdienen« ist nicht nur den großen
Onlinemagazinen vorbehalten 122

Blogs funktionieren meist sehr gut in
Nischenbereichen 123

Die Vielfalt der Einnahmequellen ist wichtig 125

Fachblogs benötigen keine perfekte »Schreibe« 127

|8| Corporate Blogging 131

Interview mit Tanja Wolf 132

Über den Beruf des Corporate Bloggers 141

Die neue Art, mit den eigenen Kunden zu
kommunizieren 141

Ein Corporate Blog ist idealerweise kein werbliches
Medium 143

Auch für Quereinsteiger interessant 144

|9| Online-Ratgeber 147

Interview mit Heike Thormann 148

Wie wird man Online-Ratgeberin mit einem
Online-Magazin und Online-Kursen? 157

Auf die Kundenorientierung und den Schreibstil
kommt es an 158

Inhaltsverzeichnis

| 10 | **(Online-)Texten im Kundenauftrag** 159
Interview mit Jutta Reinert 160
Über den Beruf als Online-Texter 171
Die Regeln der Onlinekommunikation 172
Vorsicht vor der finanziellen Ausbeutung 173
Kann man davon leben? 177

| 11 | **Audioguides & Audiowalks** 179
Interview mit Dr. Matthias Morgenroth 180
Medien für die Ohren 190
Innovativ, aber auch kommerziell nutzbar? 191
Die nächsten Trends und Technologien warten
schon auf ihren Einsatz 192

| 12 | **E-Books für Kindle & Co.** 195
Interview mit Marcella Montreux 196
Über die Arbeit als E-Book-Autor 204
Neue Einnahmequellen erschließen sich 204
Verlag oder Eigenpublikation? 205
Nur hohe Stückzahlen garantieren den
finanziellen Erfolg 207

| 13 | **Kreative Leitung & Dozent** 211
Interview mit Claus Mischon 213
Über das Kreative Schreiben 219
Welche neuen Berufe entstehen so? 219
Wie sieht das Anforderungsprofil an die neuen
Schreib-Berufe aus? 221
Wie das Studium persönlich bereichern kann 222

| 14 | **Schreibpädagogik** 223
Interview mit Gitta Schierenbeck 224
Aufwand gegenüber Ertrag – lohnt sich das?
Arbeitsmarktsituation und Entlohnung für
Schreibpädagogen 232
Die reifere Zielgruppe 234

| 8 | Inhaltsverzeichnis

| 15 | Schreibcoaching 237
Interview mit Ulrike Scheuermann 238
Wie man zu einer »Marke« wird 249
  Schritt um Schritt 249
  Was brauchen Schreibcoaching-Klienten und wonach
  suchen sie? 250
  Was müssen potenzielle Schreibcoaches wissen? 251
  Ausbildung zum Schreibcoach 251

| 16 | Schreibtherapie 253
Interview mit Alexander Graeff 254
Über die Schreibtherapie 266
  Autogenes Training 266
  Freud und Jung 267
  Wo wird Schreibtherapie eingesetzt? 268

| 17 | Schreib-Yoga 271
Interview mit Dorothea Lüdke und Susanne Diehm 272
Schreiben als Präventivmaßnahme 282
  Eine fundierte Ausbildung ist unabdingbar 282

| 18 | Netzwerken & Projektmanagement 283
Interview mit Karola Braun-Wanke 284
Netzwerken und Kreatives Schreiben 296
  Wie passt Kreatives Schreiben hier hinein? 296
  Was bringt es Fünft- und Sechstklässlern, mit
  Kreativem Schreiben zu arbeiten? 297

| 19 | Schreibzentrum (Universität) 299
Interview mit Dr. Katrin Girgensohn 300
Warum wir in Deutschland Schreibzentren brauchen 318
  Seit wann gibt es Schreibzentren in Deutschland? 318
  Was Schreibzentren leisten/ausmacht 319

| 20 | Wissenschaftliche Schreibberatung und -training 323
Interview mit Judith Theuerkauf 324
Zehn »Goldene« Regeln für einen besseren Schreibstil 334

Unser Resümee über die Macht der Worte 337
Stichwortverzeichnis 339

Ihr Kompass durch die Welt der Schreibberufe

Liebe Leserin und lieber Leser,
wir wollen mit Ihnen auf Entdeckungsreise gehen. Wir möchten Ihr Kompass sein, und Ihnen einige neue Facetten aus der Welt des Schreibens zeigen. Bestimmt wird Sie interessieren, wie man aus der Leidenschaft zu schreiben, einen Job machen und damit dazuverdienen oder gar das nötige Kleingeld zur Existenzsicherung erhalten kann? Nicht notwendigerweise benötigen Sie dafür Studium und Masterabschluss – es geht auch anders. Auch für alle, die wissen wollen, was es in der Schreibszene Deutschlands an Entwicklungen gibt, ist dieses Buch eine gute Schreibtisch- oder Bettlektüre.

Auf geht's! Wir schauen uns die neuen Schreibberufe unter dem Aspekt an, wie aufwendig sie sind, welche Ausbildung man dazu benötigt und welche persönlichen Eigenschaften sinnvoll sind. Um Sie zu ermutigen, haben wir Menschen interviewt, die es geschafft haben, vom Schreiben zu leben. Manchmal ist das Schreiben nicht die Haupttätigkeit, sondern nur ein wichtiger Bestandteil. Und manchmal – vor allem im Zusammenspiel mit den so genannten Neuen Medien – entstehen vollkommen neue Berufsbilder, wie etwa das der hauptberuflichen Bloggerin oder des Social-Media-Managers. Schreiben ist ein Handwerk, auf das auch in Zukunft nicht verzichtet werden kann. Denn die »Macht der Worte« wirkt in vielen Bereichen, nicht nur in der Politik, sondern in der Wirtschaft, in Schule und Uni, in der Umwelt oder der individuellen Gesundheitsförderung. Beruflich und persönlich – wir zeigen, wie.

Die Vorgeschichte

Einige etablierte Schreibberufe sind von Susanne Diehm bereits in dem Buch »Wie Kreatives Schreiben beflügelt ... auf dem Weg zum Traumjob« zusammen mit Lena Hach vorgestellt worden. Auf Berufe wie der typische Journalist bei einer Tageszeitung oder die Sachbuchautorin gehen wir hier also nicht mehr näher ein. Sie sind hinlänglich bekannt. In diesem Buch wollen wir uns darauf konzentrieren, welche neuen, vielleicht auch ungewöhnlichen Wege es im Berufsfeld des Schreibens gibt. Gleichzeitig haben wir in unserem Arbeitsalltag, aber auch noch bei der Arbeit an diesem Buch zahlreiche spannende Berufsgeschichten kennen lernen dürfen, die wir Ihnen nicht vorenthalten möchten. Seien Sie also gespannt!

Wie es gelingen kann

Unser Buch kann nicht den Anspruch haben, dass wir umfassend über ALLE neuen Schreibberufe informieren: ZU schnell wandelt sich alles. Wir haben jene Berufe ausgewählt, von denen wir überzeugt sind, dass sie auch in den nächsten Jahren und Jahrzehnten noch Bestand haben werden. Mit denen Sie eine Zukunft haben können, wenn Sie sich für einen dieser Schreibberufe entscheiden. Und wir zeigen auf, unter welchen Bedingungen es gelingen kann, so erfolgreich wie unsere Interviewten zu werden. Und wie Sie deren Erfolg schreibend eventuell sogar übertreffen oder schneller erreichen können. Dies alles ist nur möglich, weil die Zeiten gerade jetzt gut sind für das Schreiben – es hat sich eine Menge getan in den letzten zehn Jahren. Im Onlineumfeld etwa wird hochwertiger Content immer dringender gebraucht und zumindest manche Auftraggeber sind auch wieder bereit, für diesen mehr als nur einen »Hungerlohn« auszugeben, wie wir im weiteren Verlauf noch erfahren werden.

Es ist also durchaus möglich, die Leidenschaft für das geschriebene Wort mit einem wirtschaftlichen Erfolg zu verbinden. Die Suche nach alternativen Einnahmequellen lohnt sich wieder. Das sind durchaus gute Nachrichten, angesichts der normalerweise vorherrschenden Hiobsbotschaften, etwa wenn der »Spiegel« im Dezember 2012 von der »Größten Entlassungswelle seit 1949« auf dem (Print-)Zeitungsmarkt spricht. Nicht umsonst beschäftigt sich ein Beitrag des Medienmagazins »journalist« – herausgegeben vom Deutschen Journalisten-Verband – just zur gleichen Zeit mit der Frage, ob beispielsweise Blogs – als eines der in diesem Buch präsentierten Handlungsfelder – zur alternativen Einnahmequelle für freie Journalisten werden könnten.

Doch nicht nur die Zeit spielt für die neue Macht der Worte. Auch zahlreiche Institutionen und Einzelkämpfer haben schreibdidaktische Vorarbeit geleistet und den Weg für neue Handlungsfelder rund um das »Schreiben« geebnet, einige davon stellen wir in diesem Buch vor. Nicht verschweigen wollen wir aber auch, welche Herausforderungen bei einzelnen dieser Berufe zu meistern sind, denn nicht jede der Tätigkeiten eignet sich dazu, schnell und sorgenfrei Geld verdienen zu können. »Ohne Fleiß geht es nicht«, so wird sich eine der Interviewpartnerinnen äußern, und dies zieht sich – wie bei allen kreativen, aber auch selbstständigen Berufen – wie ein roter Faden durch die doch teilweise sehr unterschiedlichen vorgestellten Berufsgruppen.

Wir werden in diesem Buch den unterschiedlichsten Schreib-Feldern begegnen, die sich beispielsweise drehen rund um

- Berufliches Schreiben
- Biografisches Schreiben
- Unternehmerisches Schreiben
- Selbstständiges Schreiben
- Fiktionales Schreiben
- Journalistisches Schreiben
- Web-gerechtes Schreiben

und mehr. Wussten Sie, dass es derart unterschiedliche Schreibberufe gibt? Und wir zeigen Ihnen in diesem Buch noch weitere, wie zum Beispiel das »Entdeckende Schreiben«, »Gesundheitsförderndes Schreiben« oder das »suchmaschinenoptimierte Schreiben« ... Sie merken schon, wir präsentieren zahlreiche Facetten moderner Schreibberufe und von manchen werden Sie möglicherweise noch nie etwas gehört haben.

Gehen Sie mit uns auf Entdeckungsreise

Bestimmt gibt es noch viel mehr Schreibberufe. Wir stellen Ihnen aber nur vor, was wir aus eigener Erfahrung kennen. Damit die Welt des Schreibens möglichst umfassend und bunt wird, haben wir uns für Ihre Entdeckungsreise zusammengetan. Michael Firnkes stellt Ihnen hauptsächlich die sich derzeit rasant entwickelnde Welt der Schreibberufe im und rund um das Internet vor, Susanne Diehm die Schreibberufe, die Gesundheitsförderung, Schreibcoaching oder Public Relations zum Thema haben.

Die einzelnen Interviews und Berufsgruppen haben wir jeweils mit einem kleinen Text nachbereitet: Wie lässt sich der jeweilige Beruf zusammenfassend umschreiben? Wie sieht der Arbeitsalltag aus? Welche Chancen, aber auch welche Herausforderungen bietet die einzelne Tätigkeit? Und wo kann man sich weiterführend informieren? All dies soll als Quintessenz und Handlungsempfehlung gleichermaßen dienen. Eines noch vorneweg: Egal ob Sie sich nun eher für die »klassischen« oder aber für die »modernen« der geschilderten Schreibberufe interessieren, wir empfehlen in jedem Fall, auch die für Sie vermeintlich weniger relevanten Interviews aufmerksam zu lesen. Sämtliche Interviewpartner geben spannende Tipps und Hinweise, die sich auf nahezu jeden kreativen Schreibberuf anwenden lassen. Diese können von der Berufsfindung über das Thema »Wie (über)lebe ich mit/von meiner Tätigkeit« bis hin zu ganz konkreten Bausteinen wie dem Selbstmarketing reichen. Und immer wieder einmal werden Sie kurz innehalten und sich dabei denken:

Ihr Kompass durch die Welt der Schreibberufe

»Genau diese beschriebene Vorgehensweise könnte mir auch auf dem Weg hin zu meinem eigenen Schreib-Traumberuf helfen.«

In diesem Sinne lassen Sie sich inspirieren, für Ihr ganz persönliches Ziel, denn das ist die Idee hinter unserem kleinen Ratgeber. Wenn unsere Recherche dazu beiträgt, dem ein oder anderen Lust auf einen der geschilderten Schreibberufe zu machen, dann haben wir als Autoren und Herausgeber unser Ziel erreicht. Und das wäre ohne jeden einzelnen Interviewpartner nicht möglich gewesen. Übrigens: Wir haben uns in diesem Buch für eine moderne Variante der geschlechtergerechten Sprache entschieden. Wir verwenden zufällig und situationsbezogen die männliche oder die weibliche Form, ohne dass hiermit eine Hervorhebung des jeweils erwähnten Geschlechts gemeint wäre.

Doch nun: Viel Spaß mit den Interviews und dem Experimentieren mit der Macht der Worte!

Über Susanne Diehm

Foto: Juliane Henrich

Susanne Diehm ist Autorin. Sie lehrt »Kreatives Schreiben«, begleitet andere Autoren und kombiniert Schreiben gerne mit neuen Ideen.
Nach vielen Jahren als Pressereferentin und Kommunikationsberaterin in der Industrie, einem Studium zum M. A. Biografisches und Kreatives Schreiben und einer Ausbildung zur Schreibtherapeutin tritt die Autorin als Schreibcoach auf die Schreibbühne. Sie trainiert und begleitet leidenschaftlich gerne Menschen, die »Schreiben!« wollen. Als Schreibpädagogin an Schulen und in Europäischen Projekten eröffnet sie dort wie auch in der Gesundheitsförderung und Stressbewältigung den Menschen schreibend neue Welten. Von der Autorin über den Gewerkschaftsmitarbeiter bis hin zum Gast im Wellness-Hotel oder Beach-Resort: Unter ihrer Anleitung entfaltet sich für alle die »Macht der Worte«. Sie nutzt das Kreative Schreiben:

- als Weg in die Kreativität und zum Lösen von Widerständen
- um neues Denken herauszukitzeln für gelingendes Storytelling
- zum kreativen Stressabbau in der Gesundheitsförderung
- in Verbindung mit Yoga – für mehr Leichtigkeit (YogaIdeas ConText)

In Berlin hält sie regelmäßig Workshops. Sie ist Co-Autorin von »Wie Kreatives Schreiben beflügelt – auf dem Weg zum Traumjob«, das 2011 beim Schibri-Verlag erschien. »Die Macht der Worte. Schreiben als Beruf« ist ihr zweites Buch, das Schreibberufe zum Thema hat.

- Webseite: *www.susanne-diehm.de*
- Blog: *http://schreibenbefluegelt.posterous.com*
- Mail: *info@susanne-diehm.de*

Über Michael Firnkes

Foto: Christine Halina Schramm

In seiner recht vielschichtigen beruflichen Laufbahn hat der Autor und Informatiker Michael Firnkes sehr oft die »Macht der Worte« zu spüren bekommen. Ob in jungen Jahren in der Rolle des rasenden Lokalreporters, später als einer der ersten hauptberuflichen Blogger, damals im deutschsprachigen Raum ein noch völlig neues Berufsbild, oder mittlerweile als selbstständiger Corporate-Blog-Berater und Fachbuchautor rund um die Themen Bloggen, Online-Texten und Onlinemarketing.
»Ich hatte das große Glück, meine private Leidenschaft – das Schreiben – zur Profession machen zu können«, so sieht er selbst seine eigenen Schreib-Tätigkeiten. Zusammen mit Susanne Diehm und den Interviewpartnern in diesem Buch möchte er beruflichen Neu-, Quer- und Wiedereinsteigern ein Beispiel geben und Mut machen. Denn trotz Print-Zeitungssterben und nicht immer allzu rosig scheinender Aussichten für leidenschaftliche Texter: Es gibt sie noch, die neue, zur Berufung und zum Beruf taugliche »Macht der Worte«.
Besuchen Sie Michael Firnkes auf seiner Webseite unter *www.blogprofis.de* oder unter *www.twitter.com/blogprofis*.

| Kapitel 1 |

Texten für Onlineshops
Die verführerische Macht der Worte

Sabrina Kirnapci, PR-Redakteurin & Autorin

Nach der Ausbildung zur Hörfunk-Redakteurin und einigen Jahren Festanstellung arbeitete Sabrina Kirnapci als freie Mitarbeiterin für den öffentlich-rechtlichen Rundfunk (WDR, SWR, Deutschlandfunk), als Texterin für SEO- und Werbeagenturen und als festangestellte PR-Redakteurin. 2006 erschien ihr erster Roman »Projekt Erde«. Ein Jahr später gründete sie die Textagentur »Ki-Worte«, die 2010 in »shoptexte.de« umbenannt wurde.

Als Expertin für Web- und Shoptexte veröffentlichte sie diverse Fachartikel zu den Themen »Redaktionelle Suchmaschinenoptimierung«, »Online-Marketing« und »Online-PR«. Im Mai 2011 erschien ihr Ratgeber »Erfolgreiche Webtexte« im mitp-Verlag. Anfang 2012 tauschte Sabrina Kirnapci die Selbstständigkeit gegen eine Festanstellung ein und arbeitet heute als stellvertretende Chefredakteurin in einem Verlag mit angeschlossener Werbeagentur.

Interview mit Sabrina Kirnapci

Ihre Texter-Vita liest sich extrem spannend und vielschichtig. Hörfunk-Redakteurin, Roman-, aber auch Fachbuch-Autorin, PR-Redakteurin, Texterin für SEO- und Werbeagenturen, selbstständige Webshop-Texterin, nun stellvertretende Chefredakteurin bei einem Printmedium. Brauchen Sie persönlich diese Vielfalt, beziehungsweise wird Ihnen in einem einzigen Beruf mit der Zeit »langweilig«?

Im Kern handelt es sich bei all diesen Stationen um einen einzigen Beruf. Man nutzt Wörter, um die Aufmerksamkeit des Lesers zu erlangen. Als Journalistin schreibt man Texte, die Hintergrundinformationen oder Neuigkeiten liefern. Im Bereich der Werbung und der Öffentlichkeitsarbeit setzt man sie so ein, dass sie etwas besonders positiv erscheinen lassen oder zum Kaufen anregen. In der Belletristik verwendet man Wörter, um Geschichten zu erzählen, und beim Sachbuch vermittelt man mit ihnen Wissen. Und manchmal fließen auch Ansätze des einen Bereichs in den anderen und man erzählt als Journalistin Geschichten, um Hintergrundinformationen zu vermitteln, oder man nutzt als Werbetexterin aktuelle Nachrichten, um etwas zu verkaufen. Das Handwerkszeug ändert sich nicht, allein die Aufgabenstellung ist jeweils eine andere.

Wer sich das Schreiben zum Beruf macht, muss Auftrag- oder Arbeitgeber haben und so bin ich oft der Nachfrage gefolgt, habe mir Nischen erschlossen, eigene Projekte umgesetzt und bin in den unterschiedlichsten Bereichen gelandet. Langweilig fand ich keinen dieser Bereiche – im Gegenteil – jede Station war eine Herausforderung mit dem Ergebnis, dass ich den Umgang mit meinem »Handwerkszeug« verfeinern konnte.

Die Eingangsfrage rührt daher, dass nicht wenige kreative Texter ein oftmals sehr lebendiges berufliches Vorleben haben. Macht es einem die Eigenschaft, sich ständig auf neue Dinge und Herausforderungen einlassen zu können, leichter, gute Inhalte schaffen zu können?

Ich glaube, das »lebendige Vorleben« ist nicht immer selbst gewählt, sondern den Umständen geschuldet. Ich bin beispielsweise von der Festanstellung auf den Markt der Freien gespült worden, weil ich Mutter wurde und nicht Vollzeit arbeiten gehen konnte. Andere Journalisten werden nach dem Volontariat nicht übernommen und finden in näherer Umgebung keine feste Stelle. Viele Journalisten landen im PR- und Marketingbereich, weil dort einfach besser bezahlt wird und weil es mehr Werbeagenturen als Zeitungen gibt. Man ist sozusagen gezwungen, Herausforderungen anzunehmen und auch andere Schreibaufträge in Erwägung zu ziehen.

Die Medienwelt ist in ständiger Bewegung. Printmedien sterben, es entstehen Formate wie Online-Magazine und kommerzielle Blogs

Generell gilt: Wer vom Schreiben leben möchte, muss flexibel, neugierig und sicher auch mutig sein. Es rennt einem niemand die Tür ein, nur weil man ganz gut schreiben kann. Dafür gibt es einfach zu viele Journalisten, Autoren und Texter auf dem Markt. Man muss Entwicklungen verfolgen, sich fortbilden, immer wieder auf potenzielle Auftraggeber zugehen und seine Fähigkeiten anpreisen. Die Medienwelt ist in ständiger Bewegung. Printmedien sterben, es entstehen Formate wie Online-Magazine und kommerzielle Blogs, Webseiten werden neuesten Standards angepasst, soziale Netzwerke werden zum Werbemedium. Die Herausforderung besteht darin, den Anschluss nicht zu verpassen und die neuen Formate souverän zu bedienen. Dazu gehört auch der Umgang mit Content-Management-Systemen, mit Blogsystemen, mit Dateiformaten und allen anderen Neuerungen im Bezug auf moderne Veröffentlichungswege.

Hinweis

Bei einem Content-Management-System (kurz: CMS), zu denen auch die Systeme zur Erstellung von Blogs zählen, handelt es sich um eine Software zur Erstellung und Organisation von Inhalten für jegliche Medien, hauptsächlich jedoch für Internetseiten. Über dieses können Autoren organisiert, Inhalte publiziert und überarbeitet, die Layouts der Beiträge festgelegt werden und Ähnliches mehr. Was früher bei einer gedruckten Zeitung der Setzer quasi per Hand übernahm, das erledigen heutzutage die Autoren und Redakteure selbst, eben über das CMS. Oftmals spricht man alternativ daher auch von einem Redaktionssystem.

Unter anderem mit der frei verfügbaren Open-Source-Software Word-Press wurde erstmals einer breiten, auch privaten Öffentlichkeit die Möglichkeit geschaffen, mit solchen Systemen zu arbeiten. Siehe hierzu auch die Interviews beziehungsweise die zugehörigen Nachbereitungen der Kapitel »Blogging« und »Corporate Blogging«.

Wer suchmaschinenoptimierte Texte erstellt, sollte sich wenigstens ein wenig mit HTML und dem Fachchinesisch der SEO-Agenturen auskennen, weil er sonst unter Umständen nicht einmal den Auftrag begreift.

Auf der anderen Seite steht die inhaltliche Flexibilität, die ebenso wichtig ist. Selbstverständlich kann man versuchen, sich auf bestimmte Themen zu spezialisieren, aber erfahrungsgemäß kommen dabei nicht genug Aufträge zusammen, um am Ende des Monats die Miete zu bezahlen. Wer beispielsweise für Webshops textet, muss heute über Dirndl und morgen über aktuelle Waschmaschinen-Modelle schreiben. In PR-Agenturen oder in Werbeagenturen sieht es angesichts der Kundenvielfalt nicht anders aus. Selbst im Journalismus erstrecken sich die Aufträge von der Politik über Lifestyle-Themen bis zum Unternehmensporträt. Eine hohe Auffassungsgabe und die Bereitschaft – vielleicht sogar die Leidenschaft –, sich auf immer neue Themen einzulassen, sind zwei wichtige Eckpfeiler für den Beruf. Nur wer bei jedem Thema mit Engagement, Herz und Hirn dabei ist, kann gute Texte schreiben, die Folgeaufträge bringen.

Als eine der ganz wenigen Experten hatten Sie sich mit Ihrer Agentur auf die Erstellung und Optimierung von Texten für Onlineshops spezialisiert. Wer waren Ihre typischen Kunden sowie die Aufgabengebiete dahinter?

Zunächst waren es SEO-Agenturen, die Webshops betreuten und für eine bessere Platzierung der Kunden bei Google suchmaschinenoptimierte Texte brauchten. Einzigartige Texte, die nicht wortgleich im Internet zu finden sind (Unique Content), waren hierbei ein entscheidender Erfolgsfaktor, zusammen mit den Keywords, die in die Texte eingebaut wurden.

Hinweis

Der so genannte Unique Content – also Inhalt, der ausschließlich auf einer einzigen und nicht gleich »kopiert« auf mehreren Internetseiten veröffentlicht wird – ist im World Wide Web deswegen so wichtig, weil Suchmaschinen wie Google diesen als Qualitätsmerkmal zur Einstufung von Webseiten heranziehen. Vereinfacht ausgedrückt, belohnen die Suchmaschinen solche einzigartigen Texte und listen diese in ihren Suchergebnissen höher als vielfach kopierte Beiträge. Dieses höhere Listing wiederum wirkt sich positiv auf die Anzahl der Besucher einer Webseite aus, da die entsprechenden Artikel schlicht und einfach öfters gefunden und damit auch »geklickt« werden.

Diese optimierten Texte hatten dann unterschiedliche Formen: Kategorietexte, Blogartikel, Glossar, Ratgeber, Produktbeschreibungen. Später sind dann auch Onlineshop-Betreiber direkt auf mich zugekommen – erst kleine, dann mittelständische, dann die ganz großen Anbieter.

Was sich im Umgang mit eCommerce weniger vertraute Personen nur selten vorstellen können: Ein Onlineunternehmen kann mit

optimierten Webshop-Texten einen enormen Umsatz-Hebel erreichen. Von daher war Ihre Dienstleistung sicherlich sehr gefragt?
Die Aufträge waren nicht das Problem, wohl aber die Bezahlung. Es
gab mit Content-Fabriken wie Textbroker und einigen anderen
Online-Plattformen sehr viele Hobbytexter, die ihre Dienstleistung
für Cent-Beträge anboten (*siehe hierzu auch das Kapitel 10 »(Online-)
Texten im Kundenauftrag«, dort werden diese Plattformen und die dortigen Verdienstmöglichkeiten näher vorgestellt*). Die meisten verstanden
unter Textoptimierung, die geforderten Suchbegriffe möglichst oft
in einen einigermaßen sinnvollen Satz zu packen. Zielgruppen,
Kaufargumente, Alleinstellungsmerkmale und andere marketing-
technische Aspekte wurden hierbei ignoriert, weil es von den Auftraggebern, den SEO-Agenturen, nicht gefordert wurde. Diese
Agenturen hatten lediglich die Aufgabe, die Shops bei Google nach
oben zu bringen und somit mehr Klicks zu generieren. Ob die
Besucher den jeweiligen Shop als seriös empfinden und dort ein-
kaufen, war ihnen egal. Also beauftragten sie Hobbyschreiber mit
Billigtexten.

Die Aufträge waren nicht das Problem, wohl aber die Bezahlung

Das kann man ihnen nicht einmal zum Vorwurf machen, denn
auch die Shopbetreiber selber wollten für Texte kein Geld ausgeben.
Dieses Problem haben übrigens auch Werbeagenturen, die Webauf-
tritte umsetzen. Die Kunden sind durchaus bereit, für Design und
Programmierung zu zahlen. Bei Webtexten sieht das anders aus.
»Was, so teuer? Nein, dann schreiben wir die Texte lieber selber!«
Meine Dienstleistung bestand nun aber nicht darin, für ein paar
Cent relevante Suchbegriffe in Texten zu verpacken. Ich hatte den
Anspruch, Texte zu liefern, die der Zielgruppe, den Produkten und
letztlich auch dem Kunden gerecht werden. Texte, die man gerne
liest, die Vertrauen schaffen, Informationen zu den Produkten lie-

fern, Tipps geben oder einfach nur gerne gelesen werden und zur Kundenbindung beitragen. Die Billigschiene habe ich als Verrat am Kunden und an meinem Beruf gesehen.

Selbst wenn ich meine Bedenken über Bord geworfen hätte, hätte ich von Billigtexten niemals leben können. Einige Hobbyschreiber nehmen nur 2 Cent pro Wort. Bei einer Produktbeschreibung mit 100 Wörtern sind das 2 Euro. Um einen Stundenlohn von 40 Euro zu erreichen (vor Steuern wohlgemerkt!), müsste man 20 Produktbeschreibungen in der Stunde schreiben – das sind drei Minuten pro Text. Selbst die Hälfte davon ist nicht zu schaffen – jedenfalls nicht acht Stunden täglich. Wenn man dann noch den Anspruch hat, gute Texte zu liefern, ist diese Bezahlung indiskutabel. Ein Tipp für Neulinge: Ein Großteil der Arbeitszeit geht für die Recherche drauf, denn man ist nicht immer mit den Themen vertraut, die man bearbeiten soll. Meist sind auch die Infos, die vom Kunden kommen, nicht aussagekräftig genug. Bei der Berechnung des Honorars darf man also nicht nur die reine Schreibzeit einplanen. Man sollte außerdem festlegen, wie viele Korrekturgänge im Honorar enthalten sind, sonst arbeitet man irgendwann die Hälfte des Tages umsonst, weil man recherchiert oder Änderungswünsche umsetzt.

Das bedeutet, die Anzahl meiner Kunden war durch meine Preise trotz der allgemein großen Nachfrage an Webtexten überschaubar. Einige Kunden musste ich auch abweisen, weil ich ihre Angebote für unseriös hielt. Es gab eine natürliche Auslese und schließlich eben nur noch renommierte Kunden, die bereits verstanden hatten, wie wichtig die Texte für den Verkauf sind.

Wie haben Sie sich nach und nach die notwendigen Kenntnisse für diese doch spezielle Tätigkeit angeeignet? Hatten Sie einen eigenen kleinen Shop, um mit dessen Texten sowie der entsprechenden Wirkung experimentieren zu können, oder lernten Sie quasi mit Ihren ersten Kunden?

Nein, einen eigenen Shop habe ich niemals besessen. Es waren eher die Kenntnisse aus meinen anderen Arbeitsbereichen, die ich den neuen Anforderungen im Netz angepasst habe. Dadurch, dass ich auch Artikel und Newsletter für SEO-Blogs geschrieben habe, war ich stets auf dem neuesten Stand, was die Suchmaschinenoptimierung und die Entwicklungen bei Google anging. Dieses Wissen habe ich natürlich bei der Umsetzung der Textaufträge und auch bei der Akquise der Großkunden genutzt.

Wenn jemand als Texter in einem solchen eher beratenden Umfeld tätig werden möchte, würden Sie dazu raten, sich in einer Nische möglichst zu spezialisieren? Also beispielsweise Webshop-Textoptimierung anzubieten als – eher generalistisch – allgemeines Text-Coaching und Ähnliches?

Eine beratende Tätigkeit hatte ich allenfalls bei der Akquise und beim Besprechen der Textansätze. Meine Hauptaufgabe war das Schreiben. Es ist sicher nicht verkehrt, sich in einem Bereich einen Namen zu machen, aber es gehört ein wenig Glück dazu, eine Nische zu finden, in der es ausreichend viele Kunden gibt. In den meisten Fällen muss man andere Aufträge dazunehmen. Bei mir waren es zu Beginn klassische Aufträge von Werbeagenturen für Printprodukte und journalistische Beiträge fürs Radio.

Es hängt natürlich von den Referenzen ab, in welchen Bereichen man sich seine Aufträge suchen kann, aber ich kenne kaum einen freien Texter oder Journalisten, der es sich leisten kann, Aufträge jenseits seines Spezialgebiets abzulehnen. Dass ich mich letztlich nur auf Shoptexte spezialisieren konnte, war Glück. Es gab wenige Anbieter in diesem Bereich und ich hatte große Stammkunden.

Für viele marketinginteressierte Leser klingt es sicherlich nach einem Traumberuf, sich mit einer solchen Agentur selbstständig machen zu können. Wieso kam es dennoch zu der Entscheidung, wieder in die Festanstellung zurückzukehren?

Ich stand kurz vor dem Burn-out, weil es mir nicht möglich war, den Workflow so zu gestalten, dass ich auch mal durchatmen konnte. Allein die Mitarbeitersuche war enorm schwierig. Da ich nicht wusste, wie lange der Shoptexte-Boom anhält – das war ja noch ein recht neues Geschäft –, wollte ich kein Büro anmieten und feste Mitarbeiter einstellen. Also suchte ich nach freien Mitarbeitern, die mir zuarbeiten konnten. Von etwa 300 Bewerbern ist letztlich eine Handvoll übrig geblieben. Die meisten verlangten horrende Honorare, die auf dem Shoptexte-Markt einfach nicht drin waren, andere gehörten zu den talentfreien Hobbyschreibern und wieder andere erfüllten die Qualitätsansprüche meiner Kunden nicht. Ich hatte also nur ein paar gute freie Mitarbeiter, die aber auch von anderen gebucht wurden und somit nicht permanent verfügbar waren.

Ich schreibe kreativer und lebe glücklicher, wenn ich den Kopf freihabe von dem Druck einer Selbstständigkeit

Auf der anderen Seite standen meine Kunden mit Großaufträgen, die in der Regel kurzfristig erteilt wurden und »bis gestern« fertig sein mussten. Riesige Excel-Tabellen mit Herstellerangaben – teilweise auf Englisch – landeten im Posteingang und mussten bearbeitet werden. Hierbei gab es nicht einmal Intervalle, so dass man hätte planen können. Gute Kunden will man nicht verlieren, also musste ich selber ran, wenn die Freien nicht kurzfristig verfügbar waren. Zudem kann man ein Geschäft nicht auf einem Kunden aufbauen. Wenn dieser wegbricht, ist man schnell am Ende. Also musste ich mehrere Kunden schnell und gut bedienen, gleichzeitig die freien Mitarbeiter managen, die Akquise übernehmen, Angebote schreiben, Rechnungen schreiben, Mitarbeiter bezahlen und so weiter. Möglicherweise bin ich kein Unternehmer-Typ und hätte mit einem BWL-Studium und anderen Voraussetzungen eine Riesenfirma aufziehen können, aber das ist mir nicht gegeben. Ich schreibe kreativer und lebe glücklicher, wenn ich den Kopf freihabe von diesem Druck und den Aufgaben, die eine Selbstständigkeit mit sich bringt. Da ist mir sozusagen der Erfolg über den Kopf gewachsen.

Wie sieht Ihr jetziger Arbeitsalltag aus, verfassen Sie hierbei noch selbst Texte oder handelt es sich um eine rein redaktionelle und steuernde Aufgabe? Fehlt es Ihnen, mehr selbst zur Feder greifen zu können?

Ich plane und recherchiere zwar auch die Inhalte unserer Zeitschrift, aber meine Hauptaufgabe ist das Schreiben redaktioneller Artikel. Da es sich um eine Stadtzeitschrift handelt, bin ich also wieder an den Anfang meiner beruflichen Laufbahn zurückgekehrt. Ich habe in einem kleinen Team beim Lokalfunk begonnen und kümmere mich nun wieder in einem kleinen Team um regionale Themen. Das hat mir damals Spaß gemacht und ich liebe es noch heute.

Fehlt Ihnen der Kontakt mit den eigenen Kunden?

Nein, denn der wurde ja durch den Kontakt zu meinen Arbeitskollegen und zu Interviewpartnern ersetzt. Wer fürs Internet schreibt, der sieht seine Kunden ohnehin selten. Die Kommunikation findet aufgrund der Entfernung hauptsächlich übers Telefon oder über E-Mail statt. Das ist mitunter eine sehr einsame Angelegenheit. Auch meine freien Mitarbeiter waren über ganz Deutschland verteilt.

Als langjährige Texterin auf verschiedensten Gebieten können Sie uns bei der Frage weiterhelfen: Für welche Content-Kreativen eignet sich eher eine Festanstellung und wer ist eher für die Selbstständigkeit geboren? Gibt es hier »Erkennungsmerkmale« oder auch Ausschlusskriterien, anhand derer man sich diese Frage selbst beantworten kann?

Das unterscheidet sich wahrscheinlich nicht allzu sehr von anderen Bereichen, in denen man sich selbstständig machen kann. Selbstständigkeit bedeutet erst einmal: kein Feierabend, kein Wochenende, kein Urlaub! Die Kunden müssen bedient werden, weil sie sonst abspringen. Dabei ist es auch egal, ob man krank ist, Geburtstag hat oder ob Weihnachten ist. Damit geht einher, dass man nur noch wenig Zeit für Freunde und Familie hat. Ich erinnere mich an ein Silvester, an dem ich um Mitternacht mit meiner Familie und den Nachbarn angestoßen habe, nur um eine Stunde später wieder am PC zu sitzen. Man muss sich gut überlegen, ob man dazu bereit ist.

Schreiben im Home-Office ist auf Dauer keine gesunde Lösung

Wichtig ist auch die Fähigkeit, sich zu organisieren und diszipliniert zu arbeiten, denn es gibt keinen Chef, der darauf achtet, dass man pünktlich erscheint und seine Arbeit macht. Freie Webtexter arbeiten überwiegend im Home-Office. Wer eine Familie hat, der wird schnell durch die täglichen Aufgaben und privaten Verpflichtungen abgelenkt und verschiebt das Schreiben auf die Abend- oder Nachtstunden. Auf Dauer keine gesunde Lösung. Wenn man es sich leisten kann, sollte man extern ein kleines Büro anmieten und dort arbeiten.

Was man auch nicht vergessen sollte: Die Kunden zahlen nicht immer direkt und es gibt Aufträge, die sich über längere Zeit ziehen, bevor sie abgerechnet werden. Dennoch muss man Miete, Lebenshaltungskosten und die Vorsteuer ans Finanzamt zahlen. Wer selbstständig ist, muss sich selbst krankenversichern. Das läuft bei Textern und Journalisten meist über die Künstlersozialkasse. Auch diese Beträge in dreistelliger Höhe müssen monatlich bezahlt werden, ganz egal, ob die Kunden schon überwiesen haben oder nicht. Das Finanzamt verlangt zu Beginn monatliche Umsatzsteuervoranmeldungen. Wenn man dafür keine Zeit hat oder sich nicht auskennt, muss man die Kosten für den Steuerberater einplanen. Das heißt: Auch wenn man im Textbereich nicht wie im Handwerk mit Materialien in Vorleistung tritt, sollte ein kleines finanzielles Polster vorhanden sein.

Ganz wichtig: Bevor man loslegt, sollte man sich ein wenig mit dem Urheberrecht und Lizenzfragen vertraut machen und die eigenen Allgemeinen Geschäftsbedingungen formulieren. Hier sollte man dringend einen Fachmann nachschauen lassen, denn es geht um Haftungsfragen, um Zahlungsmodalitäten und so weiter. Ich empfehle, niemals auf Zuruf zu arbeiten. Die Auftragswege übers Internet sind kurz, aber seriöse Kunden schicken ein schriftliches Angebot unterschrieben zurück, so dass man als Texter bezüglich Aufgaben und Bezahlung auf der sicheren Seite ist. So viel Zeit muss sein. Wer mit Unsicherheiten und Durststrecken leben kann, dem wird das alles nichts ausmachen. Wer lieber weiß, was er am Ende des Monats auf dem Konto hat und seine Freizeit liebt, für den ist eine Festanstellung sinnvoller.

Diese Frage muss man angesichts Ihres vielschichtigen Lebenslaufs stellen: Welche Tätigkeit hat Ihnen am meisten Freude bereitet bzw. tut dies immer noch? Und warum?

Mir macht Arbeit immer dann Spaß, wenn sie abwechslungsreich ist und wenn ich mit Leuten zusammenarbeite, die engagiert miteinander und nicht gegeneinander arbeiten. Mir ist das Umfeld wahrscheinlich wichtiger als die Bezahlung oder die konkrete Aufgabe. Ich verbringe viel Zeit bei der Arbeit, deshalb ist es mir sehr wichtig, dass ich gerne hingehe und mich dort wohlfühle. Alles andere kommt für mich nicht mehr infrage. Angenommen, diese Voraussetzungen sind erfüllt, würde ich eine journalistische Tätigkeit vorziehen, weil ich lieber Geschichten erzähle, informiere oder auf gute Projekte aufmerksam mache, als werblich zu schreiben. Meine Romane lasse ich hier mal außen vor. Die sind eine Herzensangelegenheit und laufen mehr unter »Hobby«.

Nicht wenige Sachbuchautoren träumen davon, irgendwann einmal in den Bereich Belletristik zu wechseln. Sie sind quasi den umgekehrten Weg gegangen. Wie kam es zu Ihrem ersten (Roman »Pro-

jekt Erde«), aber dann auch zweiten (Fachbuch »Erfolgreiche Webtexte«) Werk?

Der Roman war eher Zufall. Ich hatte die Idee zu einer Geschichte
mit ganz unterschiedlichen Charakteren und habe einfach angefangen zu schreiben. Die Handlung entwickelte sich, andere Figuren
tauchten auf und irgendwann hatte ich bereits so viel geschrieben,
dass ich an ein Buch dachte. Es war ein wenig schwierig, einen Verlag zu finden, da ich als Autorin keinen Namen habe und zudem in
einem Nischenbereich, der Funny Fantasy, geschrieben habe.
Schließlich hat ein kleiner Verlag aus München »Projekt Erde« veröffentlicht.

Mit einem eigenen Buch schafft man sich eine Referenz

Das Sachbuch ist geplanter entstanden. Ich wollte meine Kenntnisse im Bereich der Webtexte zusammenfassen und sie anderen
Textern zugänglich machen. Angesichts meiner Mitarbeitersuche
wusste ich, dass viele freie Journalisten und Werbetexter nicht viel
Ahnung von Webtexten haben. Einerseits habe ich es als eine Art
Schulung für potenzielle künftige Mitarbeiter gesehen, andererseits
schafft man sich mit einem Buch auch eine Referenz, die einen von
anderen Anbietern abgrenzt. Für Kunden ist es oft unmöglich, zu
erkennen, ob ein freier Texter professionell arbeitet oder nicht. Die
Berufsbezeichnung ist ja nicht geschützt. Ein Buch, das Fachwissen
transportiert und in einem renommierten Verlag erschienen ist, ist
ein Anhaltspunkt für Qualität.

**Ich persönlich stelle es mir sehr viel schwieriger vor, einen Roman
zu schreiben. Ist das so, nun da Sie bei beiden Genres Erfahrung
sammeln konnten?**

Das Sachbuch war tatsächlich einfacher zu schreiben. Während
man bei einem Roman ganz neue Welten und Charaktere zum

Leben erweckt, innere und äußere Konflikte erschafft, Spannung erzeugt und die Fantasie spielen lässt, ruft man bei einem Sachbuch bereits vorhandenes Wissen ab und ordnet es. Bei einem Roman steht am Anfang ein weißes Blatt – alles kann passieren. Bei einem Sachbuch muss man Vorhandenes in Form bringen. Sortieren ist einfacher als erfinden.

Könnten Sie sich vorstellen, nur von diesen und Ihren zukünftigen Büchern zu leben?
Ich denke, man sollte sich das Hobby nicht zum Beruf machen. Wenn mir ein Verleger vorschreibt, wann ich mein neues Manuskript abzugeben habe, dann raubt das der Geschichte die Seele, denn dann wird der Roman zum Brotjob. Ich versuche, mich bei eigenen Geschichten ein wenig von der Professionalität zu lösen und meinen Gedanken und meiner Kreativität freien Lauf zu lassen. Es ist auch ohne Auftraggeber – in diesem Fall der Verlag – schwer, Satzbau, Formulierungen, Rechtschreibfehler und andere sachliche Aspekte zu vergessen und sich erst einmal einer Geschichte hinzugeben, wenn man sonst darauf gedrillt ist, perfekt zu schreiben.

Sie arbeiten ab und an immer noch für das Radio? Inwiefern hilft Ihnen die dortige Tätigkeit sowie die Erfahrung hieraus bei Ihren Texter-Tätigkeiten?
Seit ich wieder fest angestellt bin, arbeite ich nicht mehr fürs Radio. Das könnte ich nur nach Feierabend und der ist mir inzwischen sehr lieb. Beim Radio lernt man das Schreiben fürs Sprechen. Die Sätze sind kurz, das Wichtigste steht oben, es gibt kaum Verschachtelungen und man kommt schnell auf den Punkt. Somit sind Texte fürs Radio guten Webtexten in vielen Punkten ähnlich.

Wie sehen Ihre weiteren Pläne als Autorin aus, worauf dürfen wir uns freuen?
Während der Selbstständigkeit war es mir aus Zeitgründen leider nicht möglich, an meinem zweiten Roman weiterzuarbeiten. Das

nehme ich nun langsam wieder in Angriff. Wenn man die Charaktere einmal im Kopf hat, dann lassen sie einen nicht mehr los. Sie wollen zum Leben erweckt werden. Ich werde mir redlich Mühe geben.

•••

Die spannende Frage für alle Schreibberufe: Selbstständig oder besser angestellt?

In der Nachbereitung zu diesem Interview möchten wir weniger auf die inhaltlichen Aspekte des Webshop-Texters eingehen, die hierfür notwendigen Kenntnisse, aber auch Rückschlüsse finden sich unter anderem im Anschluss an die Interviews »Suchmaschinenoptimiertes Schreiben« sowie »(Online-)Texten im Kundenauftrag«.

Vielmehr wurde hier eine Frage aufgeworfen, die wohl nahezu alle Berufe im Texter-Umfeld, aber auch kreative Tätigkeiten generell betrifft: Arbeite ich besser angestellt? Oder als Freiberufler? Gründe ich meine eigene kleine Firma beziehungsweise Agentur? In diesem Zusammenhang spielen nicht nur rein rationale oder administrative Gegebenheiten eine Rolle. Wessen Traum es schon immer gewesen ist, möglichst unabhängig arbeiten zu können, der wird schon alleine deswegen dazu bereit sein, die auch im Interview angesprochenen Mühen und Entbehrungen auf sich zu nehmen. Wer hingegen möglichst auf »Nummer sicher« gehen möchte oder aber das Selbst-Management scheut, wird mit einer Festanstellung wohl glücklicher werden. Für alle Leser, die sich für eine selbstständige Tätigkeit interessieren, sei hier kurz aufgelistet, welche Fragestellungen und Herausforderungen dieser Schritt unter anderem mit sich bringen kann:

- Wie lässt sich die erste finanzielle Durststrecke nach einer Gründung überstehen, die auch später wochen- oder gar monatsweise immer wieder einmal auftreten kann?
- Wie kalkuliert man Preise und wie steuert man die Ausgaben, um ein tragfähiges Geschäftskonzept zu etablieren?
- Bringt man bereits erste Kunden mit oder muss man diese erst mühsam akquirieren? Traut man sich diese Akquise auch wirklich zu? Verfügt man über das richtige Angebot und die notwendigen Referenzen? Macht man sich möglicherweise von nur einem Auftraggeber abhängig (Vorsicht: Scheinselbstständigkeit)?

- Ist man bereit, sich das notwendige administrative Wissen (Buchführung, Rechnungswesen, Steuererklärung, Unternehmensabgaben) selbst beizubringen oder hat man die finanziellen Mittel, dieses auszulagern?
- Welche haftungsrechtlichen Risiken geht man im Vergleich zu einer Festanstellung ein und wie kann man diese minimieren?
- Welche Ausgaben erhöhen sich oder kommen hinzu (eigene Beiträge für Krankenversicherung und Sozialversicherung), welche fallen weg, müssen jedoch anderweitig ausgeglichen werden (Altersvorsorge)?
- Muss man neue Abgaben wie die Umsatzsteuer oder die Gewerbesteuer erklären und abführen? Hat man bestimmte Buchführungs- oder gar Bilanzierungspflichten?
- Braucht man – wie für einige Rechtsformen notwendig – ein bestimmtes Gründungskapital?
- Welche Zwangsmitgliedschaften werden unter Umständen notwendig, wie etwa bei der IHK?

Diese Liste mag recht abschreckend wirken. Tatsächlich sind die rechtlichen und gesetzlichen Pflichten bei einer Gründung nicht immer ein »Zuckerschlecken«. Zudem müssen die Arbeitszeit, aber auch die Kosten für all diese Tätigkeiten von Anfang an mit eingerechnet werden, so kann man als Selbstständiger schon einmal bis zu ein/zwei Arbeitstage und mehr im Monat rein mit der Rechnungslegung, Buchhaltung und steuerlichen Erfassung verbringen. Gleichzeitig gibt es für viele dieser Fragestellungen aber auch professionelle Hilfe, wie Sie gleich noch erfahren werden. Und einmal beantwortet, lichtet sich somit nach und nach das zunächst kaum zu durchschauende Dickicht. Oder anders ausgedrückt: Selbstständigkeit kann man durchaus »lernen«.

Freiberufler? Selbstständiger? Oder Unternehmer?

Eine sehr oft gestellte Frage – gerade im kreativen und künstlerischen Umfeld – ist es in diesem Zusammenhang, ob man den Status »Freiberufler« wählen kann und darf oder ob man ein Unter-

nehmen gründen muss. Beides hat seine (meist steuerlichen) Vor-
und Nachteile. Gerade die neuen Schreibberufe sind jedoch in der
Regel so vielschichtig, dass selbst die Finanzbehörden in den seltensten Fällen eine Antwort auf diese Frage haben. Wer versucht,
bei seinem Finanzamt herauszufinden, wie man als »Blogger«,
»Webshop-Texter«, »Social-Media-Manager« und Ähnliches etwa
im Bezug auf den Freiberufler-Status eingestuft wird, dem sei viel
Geduld gewünscht. Und das immer mit dem Risiko im Hintergrund, dass das gleiche Amt ein paar Jahre später plötzlich zu einer
anderen Einschätzung gelangt, was sehr teuer für den Selbstständigen werden kann.

Außerdem kann die richtige Vorgehensweise bei einer Gründung
von sehr vielen weiteren Faktoren abhängen. (Wie hoch wird der
mittel- und langfristige Verdienst sein? Arbeitet man mit (freien)
Mitarbeitern oder Partnern zusammen? Wie setzt sich die Kunden-
struktur zusammen? Bis hin zu der Frage: Wie sind die persönlichen und familiären Verhältnisse?) Von daher unser dringender
Rat: Wenn Sie sich für die Aufnahme einer selbstständigen Tätigkeit interessieren – egal unter welchem Status oder unter welcher
unternehmerischen Rechtsform –, lassen Sie sich vorab gut und
ausführlich über die jeweiligen Vor-, aber auch Nachteile informieren. Anlaufstellen hierfür sind:

- Kostenlose Gründer-Beratungsstellen etwa der Städte und Kom-
  munen
- Der Steuerberater Ihres Vertrauens (Freunde und Bekannte fragen!), der hier sehr hilfreich sein kann und dessen Beratung kein
  Vermögen kosten muss
- Gegebenenfalls Verbände und Institutionen wie Journalistenver-
  bände, der Bundesverband der Freien Berufe BFB (*www.freie-
  berufe.de*) oder auch die Künstlersozialkasse
  (*www.kuenstlersozialkasse.de*)

Nicht nur steuerrechtliche, sondern auch versicherungsrechtliche
Fragen sind hierbei zu berücksichtigen. Und: Die richtigen Grund-

lagenentscheidungen bei einer wie auch immer gearteten Selbstständigkeit können ausschlaggebend dafür sein, ob Ihre Unternehmung mittel- und langfristig ein Erfolg wird oder eben auch nicht.

Weiterführende Quellen zum Thema Webshop- und Verkaufstexte:

- Sabrina Kirnapci, »Erfolgreiche Webtexte: Online-Shops und Webseiten inhaltlich optimieren«, mitp-Verlag, ISBN 978-3826690846
- Karen Christine Angermayer, »Verführung mit Worten: 33 Quickies für erfolgreiche Texte«, Kösel-Verlag, ISBN 978-3466308972
- Tilo Dilthey, »Text-Tuning: Das Konzept für mehr Werbewirkung«, Businessvillage Verlag, ISBN 978-3869801148
- Susanne Angeli & Wolfgang Kundler, »Der Online Shop – Handbuch für Existenzgründer – Businessplan, Shopsysteme, Marketing, Webdesign, Behörden, Rechtsfragen«, Markt+Technik Verlag, ISBN 978-3827246905
- Martin Schirmbacher, »Online-Marketing und Recht«, mitp-Verlag, ISBN 978-3826658952

Weiterführende Quellen zum Thema Selbstständigkeit:

- Sandra Bonnemeier, »Praxisratgeber Existenzgründung: Erfolgreich starten und auf Kurs bleiben«, Deutscher Taschenbuch Verlag, ISBN 978-3423508742
- Karin Leppin & Konar Mutafoglu, »Nebenbei selbstständig: Der Ratgeber für Selbstständige in Teilzeit«, humboldt / Schluetersche, ISBN 978-3869107691
- Svenja Hofert, »Praxisbuch für Freiberufler: Alles, was Sie wissen müssen, um erfolgreich zu sein«, Gabal Verlag, ISBN 978-3869364353
- Martin Massow, »Freiberufler-Atlas: Schnell und erfolgreich selbständig werden«, Ullstein Verlag, ISBN 978-3548375014

| KAPITEL 2 |

Social-Media-Management
Die vernetzende Macht der Worte

Annette Kaiser, Social-Media-Managerin & Online-Redakteurin

Nach einem Studium der Musikwissenschaften und der Kommunikationswissenschaften war Annette Kaiser für namhafte Unternehmen im Bereich Presse und Öffentlichkeitsarbeit als Grafikerin, Online-Redakteurin und Social-Media-Managerin tätig.

»Meine Jobs waren spannend, mit den Unternehmen und deren Zielsetzung konnte ich mich zu 100% identifizieren. Jedoch empfand ich es zunehmend als störend, 10 Stunden und mehr an einem Ort »angebunden« zu sein und mir meine Zeit nicht frei einteilen zu können. An Tagen, an denen ich »frei« arbeiten konnte, war ich noch viel kreativer und effektiver. Immer deutlicher spürte ich den Wunsch, es zu versuchen und mich mit meinen Ideen und Erfahrungen auf eigene Füße zu stellen«, sagt sie.

Seit Oktober 2012 arbeitet Annette Kaiser freiberuflich als Webdesignerin, Social-Media-Managerin und Musikerin. Berufsbegleitend absolvierte sie eine Ausbildung zur Musik- und Klangtherapeutin.

Interview mit Annette Kaiser

Zuletzt waren Sie vor Ihrer Freiberuflichkeit für die Tempelhof Projekt GmbH als Social-Media-Managerin tätig, welche für den Berliner Senat das ehemalige Flughafengelände Tempelhof entwickelt. War es schwer, diese doch sicherlich sehr begehrte Stelle zu ergattern?

Ich weiß nicht genau, wie viele Leute sich beworben haben, aber nach Angaben des Unternehmens waren es schon einige. Es gab zwei Runden: in der ersten Runde die persönliche Vorstellung und die Darlegung der eigenen Intention, in der zweiten Runde das konkrete Präsentieren von Arbeitsproben sowie die Darstellung von Konzepten zur Weiterentwicklung der Website und zum Aufbau von Social-Media-Kanälen.

Welche beruflichen Erfahrungen bringen Sie mit?

Ich habe fast zehn Jahre lang den sehr umfangreichen Internetauftritt der IHK Berlin redaktionell und technisch betreut. Damals war Social Media noch nicht so sehr angesagt. 2010 wechselte ich als Content Managerin New Media zum Konzerthaus Berlin. Dort war ich ebenfalls für den Internetauftritt zuständig. Nebenbei habe ich für das Konzerthaus eine Fanpage, einen Twitter-Account, einen YouTube-Kanal und zwei Blogs aufgebaut. Diese Erfahrungen kamen mir für die Stelle bei der Tempelhof Projekt GmbH sehr zugute.

Was genau waren Ihre Aufgaben dort?

Ich kümmerte mich um das Presseclipping, den Internetauftritt, den Versand des Newsletters und die Befüllung der Social-Media-Kanäle (bislang Facebook, Twitter und Vimeo – ein Blog ist am Entstehen). Außerdem war ich so etwas wie die Haus-und-Hof-Fotografin. Ich dokumentierte, was auf dem Feld und bei Veranstaltungen rund um das Flughafengebäude passiert. Das Material verwertete ich im Rahmen von News und Pressemitteilungen, die Fotos

Interview mit Annette Kaiser

kamen ins Fotoarchiv, das ich damals neu aufbaute. Außerdem layoutete ich kleinere Publikationen, Plakate, Flyer und Pläne.

Wie sieht der sicherlich recht vielschichtige Arbeitsalltag einer Social-Media-Managerin aus?

Am Beispiel der »Tempelhofer Freiheit« geschildert: Morgens schaute ich als Erstes die regionalen und überregionalen Tageszeitungen durch, um zu sehen, was die Presse über die Tempelhofer Freiheit, das Flughafengebäude und die damit verbundenen Leitbildthemen (Wohnraum, Gentrifizierung, Stadtentwicklung, Zwischennutzung, Religion und Gesellschaft, Elektromobilität, Bildung, Sport und Gesundheit) schrieb. Relevante Artikel bereitete ich für das am Ende der Woche ausstehende Presseclipping vor. Ausgewählte Artikel wurden außerdem im so genannten Presseecho auf der Internetseite des Projekts präsentiert.

Danach besuchte ich die Fanpage der Tempelhofer Freiheit und schaute, was gepostet wurde, ob Fragen zu beantworten waren, welche Inhalte ich von befreundeten Seiten teilen konnte oder welche News ich selbst posten wollte. Wichtig war immer auch der Blick auf die Statistik: Welche Beiträge bekommen viel Echo und in welcher Art, wie viele Leute haben den Beitrag angesehen und sprechen darüber, wie hoch ist die Absprungs- beziehungsweise Zuwachsrate der Fans. Ich postete in der Regel ein- bis zweimal am Tag.

Wichtig ist immer auch der Blick auf die Statistik: Welche Beiträge bekommen viel Echo und in welcher Art

Als Nächstes loggte ich mich in unseren Internetauftritt ein und schaute, was aktualisiert bzw. ergänzt werden musste. Für den Internetauftritt der Tempelhofer Freiheit war damals noch viel nachzuarbeiten: Tags, Verlinkungen, Bilder aktualisieren, Ansprechpartner ergänzen, den Veranstaltungskalender befüllen. Neue Seiten mussten gebaut, bestehende umgebaut, Bildergalerien ergänzt und Bildlegenden getextet werden. Mindestens zweimal pro Woche erschien eine »Aktuelles«-Meldung auf der Startseite, die ankündigte und berichtete, was aktuell auf der Tempelhofer Freiheit passiert.

Mittags schnappte ich mir meistens mein Fahrrad und die Kamera und fuhr raus aufs Feld, auch das gehörte zu meinem Job. Das war nicht nur eine tolle, sportliche und trotzdem erholsame Begleiterscheinung, sondern ermöglichte es mir auch, nicht den Überblick zu verlieren. Auf dem Feld passiert so viel. Nicht nur bei den Pionieren wird gepflanzt, gewerkelt und gebaut – nein, es entstehen auch permanent neue temporäre Projekte. Manchmal gelangen auch kuriose Schnappschüsse, wie zum Beispiel an dem Tag, als eine junge Frau ihr Hausschwein auf der Tempelhofer Freiheit an der Leine spazieren führte. Außerdem gibt es viele Veranstaltungen und Ausstellungen. Und aus meiner Sicht gewinnt jede Nachricht, jeder Textbeitrag an Wert und Attraktivität, wenn er bebildert ist.

Wenn ich vom Feld zurückkam, schaute ich, was an Bildmaterial zu verwerten war. Kuriose Schnappschüsse nutzte ich in der Regel für einen witzigen Post bei Facebook, die restlichen Bilder ordnete ich im Bildarchiv thematisch und entsprechend verstichwortet ein. Neben der Beantwortung von Mails textete ich Beiträge für Aktuelles und Pressemeldungen. Kleinere Layouts schob ich ein, für größere Projekte wie zum Beispiel den Managementbericht plante ich schon mal ein bis zwei Tage ein, an denen ich dann nichts anderes machte. Des Öfteren fanden am Abend Veranstaltungen statt, die ich mit der Kamera begleitete, über deren Verlauf ich via Facebook und Twitter berichtet habe bzw. über die ich mir Notizen für einen Bericht im Internetauftritt der Tempelhofer Freiheit machte. Wenn am Wochenende Veranstaltungen stattfanden, war ich oftmals vor Ort, um zu fotografieren und im Nachgang davon zu berichten (Internet und die diversen Social-Media-Kanäle).

Wie wirkte sich bei dem Auftrag aus, dass »im Dialog« mit den Bürgern entwickelt werden sollte? Gibt es dafür auch im Internet-Auftritt besondere Instrumente?

Internet-technisch verfügten wir über mehrere Instrumente. Manche sind noch in Arbeit, wie zum Beispiel der Newsletter, über den sich Interessierte über die aktuellen Themen der Tempelhofer Freiheit informieren können. Ebenfalls in Vorbereitung war ein Blog, in dem speziell der Pressesprecher zu Wort kommt. Er beobachtet und kommentiert – die Leser werden die Möglichkeit haben, ihm zu folgen, Fragen zu stellen und zu kommentieren.

Social Media bedeutet offen sein für Anregungen und Kritik, aber nicht zu viel versprechen

Bereits aktiv ist das Projekt mit seiner Fanpage *www.facebook.com/tempelhoferfreiheit.thf* und dem Twitter-Account *http://twitter.com/thf_freiheit*. Bei Facebook hatten wir damals knapp 1.000 Fans, bei Twitter etwa 100 Follower. Da es sich um ein sehr politisches Thema handelt, ist die Kommunikation nicht ganz einfach. Es wurden unterschiedliche, zum Teil sehr kompromisslose, Erwartungshaltungen an uns herangetragen, die wir natürlich nicht immer zu 100% erfüllen konnten. Social Media bedeutet in diesem Fall offen sein für Anregungen und Kritik, aber nicht zu viel versprechen.

Was sind die grundlegenden Unterschiede in der Kommunikation und im Schreiben auf Blogs, Facebook und Twitter? Was davon fällt Ihnen persönlich leichter und was vielleicht auch nicht?

Die grundlegenden Unterschiede liegen für mich ganz offensichtlich in der Textlänge, aber auch in der Art der Darstellung, das heißt in der Form der Komprimierung und der Ansprache des Publikums. Während ein Blogbeitrag durchaus länger und sachlich neutral sein kann, erfordert ein Facebook-Beitrag eine persönliche, knackige, neugierig machende Ansprache. Diese Anforderung verdichtet sich noch, wenn die Botschaft über Twitter transportiert werden soll.

Hinweis

Bei dem Kurznachrichtendienst und sozialen Netzwerk Twitter (*www.twitter.com*) stehen den Nutzern je Nachricht jeweils nur 140 Zeichen zur Verfügung. Dementsprechend kurz und – gerade bei Unternehmensbotschaften – fokussiert muss man sich dabei präsentieren. Hinzu kommt, dass reine Werbebotschaften von den dortigen Lesern in der Regel nicht akzeptiert werden (siehe hierzu auch das Interview »Unternehmenskommunikation«). Bei Facebook kann bereits das so genannte »liken« – also das Markieren eines Beitrags als »das gefällt mir« – eine Art von extrem reduzierter Kommunikation darstellen.

Ich komme mit allen Kanälen gut zurecht. Da es mir jedoch selbst sehr gut gefällt, wenn jemand schnell auf den Punkt kommt, favorisiere ich neben meiner Homepage Twitter als Hauptkommunikationskanal.

Wie kommen Sie mit den vom Umfang her stark limitierten Möglichkeiten auf Twitter klar, worüber müssen wirksame Botschaften dort möglichst verfügen, damit sie ihre Zielgruppe erreichen?

Ich komme damit sehr gut zurecht. Grundvoraussetzung für einen effektiven Umgang mit Twitter ist aus meiner Sicht, dass man den Gesamtumfang der Botschaft klar im Blick hat. Ebenso wie die Hashtags, die in diesem Zusammenhang vergeben werden müssen. Je effektiver diese ausgesucht und genutzt werden, desto wirksamer und weitreichender ist die Botschaft.

Hinweis

Bei einem Hashtag handelt es sich um eine Art Verschlagwortung und Zuordnung eines Beitrags bei Twitter zu einem bestimmten Thema. Auch kann über diese Funktion festgestellt werden, welche Twitter-Themen gerade besonders beliebt und heiß diskutiert bei den Nutzern des Netzwerks sind. Dies ist wichtig, etwa um die Reichweite und gegebenenfalls die virale Verbreitung eines Unternehmensbeitrags messen zu können.

Die zur Verfügung stehenden 140 Zeichen sollten nicht für eine langatmige Einleitung vergeudet werden, sondern optimalerweise schon einen Kernteil der Botschaft anteasern. Dabei ist die Mischung aus Sachlichkeit, Neugierde wecken und Provokation aus meiner Sicht interessant.

Ist es dabei in den sozialen Netzwerken schwierig, zwischen privaten Meldungen im eigenen Account auf der einen und öffentlichen Firmen-Statements auf der anderen Seite zu unterscheiden, die ja doch recht unterschiedlicher Natur sein müssen? Kann man hierbei nicht schon einmal durcheinanderkommen?

Um für öffentliche Personen/Institutionen zu posten, benötigt man einen privaten Account. Hilfreich ist es jedoch, bereits im Vorfeld ganz klar eine Trennung verinnerlicht zu haben. Technisch gesehen gibt es einige Möglichkeiten, den privaten und den öffentlichen Account voneinander zu trennen (*siehe beispielsweise www.contentmanager.de/magazin/twitter_fuer_anfaenger.html*). Mit diesen Möglichkeiten sollte man sich unbedingt vertraut machen und sie auch nutzen. Inwieweit man dann als private Person dennoch auf den Seiten des Auftraggebers in Erscheinung tritt, ist die Entscheidung eines jeden selbst.

Besonders wirksam sind Botschaften in den sozialen Netzwerken aber auch auf Blogs, wenn sie emotionalisiert werden. Ist das auch in Ihrem Bereich so, dass emotional wirkendes Storytelling Vorrang hat? Wie stellen Sie es her?

Ja, es ist in meinem Bereich – und ich würde sogar sagen in allen Bereichen – so. Die sozialen Medien sollen ja keine Kopie der originären, informativen Homepage sein. Sie sollen den unterhaltenden Blick hinter die Kulissen ermöglichen und zum Austausch ermuntern. Als Social-Media-Redakteurin finde ich es ganz wichtig, mich mit der Sache, für die ich stehe, identifizieren zu können. Gleichzeitig möchte ich mich in meine »Fans« hineinversetzen können und sie ernst nehmen – zu jeder Zeit. Es geht also darum, das Besondere, Ungewöhnliche zu entdecken und es für die Fans als Geschichte, als Spiel, aufzubereiten. Der Ball muss in der Luft bleiben, die Fans müssen mitmachen, sonst wird es langweilig und die Fans springen ab.

Wenn Sie so häufig unterwegs für die Tempelhofer Freiheit waren, selbst Ihre Mittagspause nutzten, um Fotos zu schießen – ist das nicht auch ein Druck, Tag und Nacht als Social-Media-Manager unterwegs zu sein? Permanent online? Wie hält man das aus?

Das Thema Tempelhofer Freiheit war ungeheuer spannend und vielfältig. Auch wenn die Entwicklung des Gesamtareals nach außen hin eher schleppend wirkt, passiert doch im Park unglaublich viel. Meine Antwort wirkt vermutlich etwas ambivalent: Ich liebte es, mit dem Fahrrad im Park unterwegs zu sein und ungewöhnliche Schnappschüsse einzufangen von dem, was passiert. Allein bei unserem Pionier Allmende-Kontor könnte man Hunderte von Fotos schießen, so kreativ und liebevoll wird dort gegärtnert. Allerdings schaffte ich es zeitlich nicht jeden Mittag, rauszufahren. Das Praktische an Facebook ist dann, dass man andere Seiten »liken« und schauen kann, was dort passiert. Auf diese Weise lassen sich auch tolle Bilder anderer teilen und neu kommentieren.

Andererseits empfinde ich es in meiner Arbeit absolut als Druck, immer auf dem Laufenden zu sein, immer zu schauen, ob es irgendetwas Neues gibt, von dem man berichten, um das man einen witzigen Spruch oder eine neue Geschichte knüpfen könnte. Ehrlich gesagt habe ich schon öfter mal mit dem Gedanken gespielt, eine Facebook-Pause einzulegen. Privat ist das sicher kein Problem, wenn man es beruflich macht, schon. Ein Unternehmen, das in dieser Hinsicht gegen den Strom schwimmt, hat es sicherlich schwer. Es ist die neue Form der Kommunikation, auch wenn sie aus meiner Sicht nur noch in die Breite und kaum noch in die Tiefe geht.

Ich empfinde es schon als Druck, immer auf dem Laufenden zu sein, immer zu schauen, ob es irgendetwas Neues gibt

Vielleicht wäre es sogar weniger stressig, wenn man sich mehr Zeit für eine Sache nehmen könnte und nicht ständig Angst haben müsste, dass man etwas anderes Wichtiges verpasst. Da ich mich stark mit meinen Aufgaben identifiziere, habe ich also dieses Gefühl, meinen Kollegen mag es anders gehen, das weiß ich nicht.

Familie, Beruf und Balance – wie ist das als Social-Media-Managerin? Welche Lebensqualität haben Sie? Gibt es Zukunftsängste?

Wenn ich als Online- und Social-Media-Redakteurin in Festanstellung arbeite, dann bedeutet das, ich habe eine Anwesenheitspflicht – und da sich viele Aktivitäten, über die ich berichte, nicht immer nur im Rahmen der normalen Arbeitszeit abspielen, bin ich oft sehr viel länger und mehr eingespannt als die üblichen Stunden. Deshalb finde ich es sehr schwer, in diesem Fall eine Ausgewogenheit zwischen Beruf und Privatleben herzustellen. Ich hatte selbst die Erfahrung gemacht, dass mein Privatleben eindeutig zu kurz kam. Das brachte mich auf die Idee, mein Know-how im Social-Media- und PR-Bereich als Freiberuflerin zur Verfügung zu stellen. Das bedeutet nicht, dass ich weniger arbeite, aber ich kann mir die Zeit besser einteilen.

Ob es tatsächlich funktioniert, kann ich noch nicht sagen, ich muss es einfach ausprobieren. Zukunftsängste habe ich nicht wirklich. Social Media ist im Aufwärtstrend, es werden sicher noch eine lange Zeit Leute gesucht und es gibt immer wieder neue Tools und Entwicklungen. Man muss eben bereit sein, mitzugehen, immer auf dem Laufenden zu sein und sich notfalls auch umorientieren, wenn eine Sache nicht klappt.

Was raten Sie allen, die in ähnlicher Funktion tätig sind?

Ich kenne einige Kollegen, die sich sehr streng Pausen und Auszeiten auferlegt haben, zum Beispiel nach der Art »das Wochenende gehört mir« – ich tue mich schwer damit, aber ich denke, dass es eine sehr gesunde Haltung ist. Außerdem würde ich die Messlatte nicht von Anfang an zu hoch ansetzen, sonst ist man gefordert, immer auf diesem hohen Level zu arbeiten, und es ist vorprogrammiert, dass einem irgendwann die Puste ausgeht.

Gibt es Kollegen, die diesen Beruf auch als freiberufliche Berater ausüben? Wie sehen Sie die Zukunftschancen von Social-Media-Managern?
Es gibt etliche Kollegen, die das als Freiberufler machen. Über die Vorteile im Hinblick auf die zeitliche Flexibilität hatte ich mich schon geäußert, auch über meine Einschätzung zum Thema Social Media im Hinblick auf die Zukunft.

Wie hoch war der Anteil »Schreiben« in Ihrem letzten Job? Wie gehen Sie vor, um Themen zu finden, und benutzen Sie bestimmte Schreib- oder Mentaltechniken, um immer kreativ zu bleiben?
Bei mir persönlich war der Schreibanteil relativ hoch, denn ich postete ja nicht nur auf Facebook oder twittere, sondern schrieb auch für die Webseite des Projekts. Die Themen ergaben sich größtenteils durch das, was im Flughafengebäude oder im Park passierte. Da ich mich mit vielen Seiten/Partnern vernetzt habe, mangelte es auch hier nicht an Themen.

| *Social Media sollte nicht zwanghaft angegangen werden* |

Eine bestimmte Schreibtechnik habe ich nicht, sondern meistens Glück, dass mir oft auf Anhieb eine Perspektive einfällt, die ich dann so formulieren kann, dass sie den Lesern gefällt. Social Media sollte auch nicht zwanghaft sein: Wenn es mit der Formulierung hakt, lieber erst mal was anderes machen und später noch mal ansetzen, das ist meine Devise.

•••

Ein Berufsbild mit Zukunft

Alle Facetten rund um das Thema »Social Media« sind derzeit extrem angesagt. Die meisten kennen Facebook, Twitter, Google+ & Co. nur von der Anwendungsseite her, als soziale Netzwerke, in denen man sich mit Freunden und Bekannten über alles Mögliche, aber auch Unmögliche austauschen kann. Doch auch Unternehmen haben mittlerweile ein großes Interesse daran, diesen Kanal für sich zu nutzen. Glaubt man den Zahlen, nutzen zum Zeitpunkt der Drucklegung dieses Buches weltweit alleine bis zu eine Milliarde Nutzer das größte soziale Netzwerk Facebook. Und das weckt Begehrlichkeiten seitens der werbenden Industrie.

So wird der Marketing-Manager vergangener Tage immer mehr zum Social-Media-Manager. Kenntnisse in dieser Disziplin werden mittlerweile absolut vorausgesetzt, möchte man ein Unternehmen, dessen Dienstleistungen oder Produkte direkt oder indirekt vermarkten. Doch Mitarbeiter im Bereich Social Media schalten nicht einfach nur Anzeigen und Advertorials, so wie man es etwa vom Zeitungsmarkt her kannte. Die Kommunikation in den Netzwerken ist eine subtilere, die gerne auch mit dem Stichwort »Virales Marketing« bezeichnet wird. Das bedeutet – vereinfacht ausgedrückt –, dass man nicht mehr mit reinen Marketingbotschaften an die meist junge Zielgruppe herantritt, sondern mit Inhalten, die augenscheinlich gar nicht mehr viel mit dem kommunizierenden Unternehmen selbst sowie dessen Produkten zu tun haben. Dann werden alltägliche Ereignisse aus Kultur und Sport zum Gegenstand der Firmen-Berichterstattung, man erkennt und deutet aktuelle Trends und unterhält sich mit der sozialen »Gefolgschaft« über diese, produziert und lanciert Lifestyle-Videos und vieles weitere mehr. Nur im Hintergrund wird die Marke selbst sichtbar, neudeutsch auch »Branding« genannt.

Vom Marketing-Manager zum Social-Media-Manager

Wer beruflich Inhalte für Social-Media-Kanäle erzeugen möchte, der sollte also nicht einfach nur schreiben können. Er muss – noch viel mehr als früher – die Sprache der jeweiligen Zielgruppe sprechen. Und vor allem wissen, was diese Zielgruppe bewegt, und dies auch außerhalb des Segments, das zum eigentlichen Gegenstand des Unternehmens selbst gehört. So kann ein viraler Effekt beispielsweise dann entstehen, wenn man mehr über die Lieblings-Popgruppe der jungen Käufer weiß und über diese kommunizieren kann, als über die eigenen Markenbotschaften.

Eine spezielle Ausbildung in diesem Bereich läuft (bislang) meist berufsbegleitend oder als Studiengang-Vertiefung, etwa indem die ersten »Fachwirte Social Media« ihre Berufskarriere beginnen. Private Ausbildungsinstitute sind hier derzeit noch in der Mehrheit, auch die ersten Fernstudiengänge gibt es bereits. In Fachkreisen eher argwöhnisch beäugt werden hingegen so manche Kurzausbildungen, wie sie von Volkshochschulen und ähnlichen Institutionen angeboten werden. Dies ist der Tatsache geschuldet, dass das Thema Social Media – anders wie manch Laie vermuten könnte – ein sehr komplexes ist, das sich kaum in wenigen Wochen oder gar Stunden ausführlich behandeln lässt. Anlaufstellen wie der Bundesverband Digitale Wirtschaft BVDW (*www.bvdw.org*) können mit ihren Publikationen zur Recherche aktueller Bildungsmöglichkeiten dienen. Aber auch immer mehr spezialisierte Foren und Blogs dienen dem Austausch zwischen Vertretern des Fachs und interessierten Ausbildungswilligen, wie etwa der *socialmedia-blog.de*.

Eine herausfordernde Tätigkeit

Wer sich für einen Beruf interessiert, der Inhalte in den sozialen Medien bereitstellt und vermarktet, der sollte Social Media auch leben. Ständig am Ball zu bleiben, die neuesten Social-Media-Trends und -Entwicklungen mitzuverfolgen, das dürfte wie bei kaum einem anderen Beruf zum alltäglichen Handwerkszeug dazugehören. Personen mit Vorbehalten gegenüber Facebook & Co. dürften kaum dafür geeignet sein, die dahinterliegenden Prozesse auch wirklich zu verstehen. Insofern scheiden sich bei den Schreib-Berufenen insgesamt wohl die Geister. Einmal in jene, für welche die Kommunikation in den sozialen Netzwerken in der Regel zu kurz greift, sowie in jene, die von den Möglichkeiten und der Reichweite dieser absolut fasziniert sind. Social Media polarisiert. Eines ist dieser spannende und herausfordernde Schreibberuf der etwas anderen Art sicherlich: zukunftsträchtig.

Weiterführende Quellen:

- David Meerman Scott, »Die neuen Marketing- und PR-Regeln im Social Web«, mitp-Verlag, ISBN 978-3826691850
- Weinberg/Pahrmann/Ladwig, »Social Media Marketing – Strategien für Twitter, Facebook & Co«, O'Reilly, ISBN 978-3868992366
- Bernhard Jodeleit, »Social Media Relations: Leitfaden für erfolgreiche PR-Strategien und Öffentlichkeitsarbeit im Web 2.0«, Dpunkt Verlag, ISBN 978-3898646949
- Michael Bernecker & Felix Beilharz, »Social Media Marketing: Strategien, Tipps und Tricks für die Praxis«, Johanna Verlag, ISBN 978-3937763293
- Anne Grabs & Karim-Patrick Bannour, »Follow me!: Erfolgreiches Social Media Marketing mit Facebook, Twitter und Co.«, Galileo Computing, ISBN 978-3836218627
- Holst/Janner/Kopp, »Social Media im Kulturmanagement«, mitp-Verlag, ISBN 978-3826691102

| KAPITEL 3 |

Suchmaschinenoptimiertes Schreiben

Was Google mit der Macht der Worte zu tun hat

Björn Tantau, Unternehmensberater im Bereich Social Media Marketing und SEO, Buchautor

Björn Tantau ist seit Ende der 1990er Jahre im Bereich Online-Marketing aktiv und beschäftigt sich schwerpunktmäßig mit Suchmaschinenoptimierung, Linkaufbau und Social-Media-Marketing. 2006 gründete er mit Tameco Onlinemarketing eine eigene Agentur und betreute zahlreiche Kunden aus Deutschland, Österreich und der Schweiz. Seit 2012 ist er als Senior Consultant und Head of Social Media bei der strategischen Online-Marketing-Beratung TRG – The Reach Group GmbH in Hamburg tätig.

Er schreibt auf seiner Website unter *www.bjoerntantau.com* über aktuelle Entwicklungen aus den Bereichen Suchmaschinenoptimierung, Linkaufbau und Social-Media-Marketing. Für TRG – The Reach Group GmbH und Firmen wie den Münchener Seminaranbieter 121Watt ist Björn Tantau als Referent im Bereich Social Media und Google+ tätig, schreibt für Fachmagazine und spricht bei Branchenkonferenzen, Messen und Events. Bei Radio4SEO ist er Moderator der Social Media Show. Im Sommer 2012 wurde er für die 20-Uhr-Ausgabe der ARD-Tagesschau zum Thema Facebook interviewt und war bei Radio Energy Nürnberg ebenfalls zu Facebook zu hören.

Im November 2012 sprach Björn Tantau mit Mario Sixtus für die ZDF-Sendung »Elektrischer Reporter« über Social Media.

Interview mit Björn Tantau

Sie sind Spezialist und Senior Berater im Bereich der Suchmaschinenoptimierung (SEO). Qualitativ hochwertige Texte spielen in diesem Umfeld eine immer größere Rolle. Woher kommt diese Rückbesinnung auf alte Content-»Werte«, was meinen Sie?

Content ist eines der wichtigsten Elemente im Internet, egal in welcher Form. Texte, Videos, Bilder – je besser sie sind, desto eher kann man damit punkten. Das gilt für Texte ganz besonders. In den letzten Jahren hat die Anzahl der Websites im Internet extrem stark zugenommen. Das sieht man auch am Google Index, der jeden Tag größer wird. Diese Vielfalt in Inhalten hat Vor- und Nachteile. Gut: Es gibt mehr Auswahl und die potenziell guten Treffer für viele Themen werden größer. Schlecht: Der User muss sich zwischen immer mehr Content entscheiden und blitzschnell beurteilen, welcher Inhalt denn nun gut ist. Dafür reichen oft wenige Sekunden, wenn überhaupt.

Es muss nachhaltig guter Content geboten werden, um aus der Masse hervorzustechen

Für jemanden, der mit seinen Inhalten auffallen will, ist das ein Problem. Er muss aus der Masse hervorstechen – das nicht nur, um kurzfristig Aufmerksamkeit zu erregen, sondern auch, um dauerhaft gelesen zu werden. Sensationsjournalismus reicht also nicht, es muss nachhaltig guter Content geboten werden, der die Menschen immer wieder interessiert. Und je besser Google darin wird, gute Inhalte von schlechten zu unterscheiden, desto wichtiger wird es, sich auf alte Content-»Werte« zu besinnen. Im Marketing war es nämlich auch schon früher so, dass sich Qualität nachhaltig durchsetzt. Zwar gibt es immer wieder Trends, aber Nachhaltiges bleibt oft über mehrere Jahrzehnte oder sogar Jahrhunderte.

Neue und eigentlich ja alte Disziplinen wie das so genannte »SEO-Texten« entstehen in diesem Zusammenhang. Gute SEO-Experten haben oft eine Menge Ahnung von der zugrunde liegenden Technik der Webseitenoptimierung, aber nicht unbedingt davon, was einen guten Text ausmacht. Entsteht hier ein neues Berufsfeld, das das Schreiben selbst wieder mehr in den Vordergrund rückt?

Ein wirklich guter SEO kann auch gute Texte schreiben. Texte, die sowohl für einen menschlichen Leser als auch für eine Suchmaschine sinnvoll sind. Kann er das nicht, dann muss er sich für seine Texte jemanden holen, der sich damit auskennt. Hier gibt es oft die Problematik, dass zum Beispiel Journalisten sich schwertun mit neuen Methoden, wie zum Beispiel der Verwendung von Keywords im Titel eines Artikels (was dem Seitentitel der Internetseite entspricht). Auf der anderen Seite können SEOs oft nicht verstehen, warum ein Inhalt hier und da weniger technisch verfasst werden sollte (warum es also zum Beispiel nicht sinnvoll ist, bestimmte Keywords ständig zu wiederholen).

Hinweis

Bei einem Keyword handelt es sich um ein Wort oder eine Wortkombination, über welche die Suchenden bei Google & Co. auf eine bestimmte Webseite gelangen sollen. So würde ein Schreiner in Berlin beispielsweise Keywords wie »Schreinerei«, »Tischlerei«, »Möbel«, »Kreuzberg« oder ähnliche auf seiner Onlinepräsenz unterbringen, wenn er über diese Begriffe gefunden werden möchte. Wobei immer auch zu berücksichtigen ist, wie hart umkämpft die einzelnen Keywords bereits sind, etwa wenn Dutzende »Schreiner Kreuzberg« in den einzelnen Suchmaschinen zu finden sind.

Meiner Ansicht nach muss es für den perfekten Artikel kein neues Berufsfeld geben. Wesentlich besser wäre es, wenn sich bereits etablierte Berufsgruppen mehr aufeinander zubewegen würden und voneinander lernen. Meine Devise im Online-Marketing ist schon immer gewesen, aus allen Bereichen nur das Beste zu nehmen und weiterzuverwenden, gern auch weiterzuentwickeln. Das sollten mehr Leute in der Branche tun.

Tätigkeiten rund um Onlinemarketing und SEO haben den Ruf einer technischen, oft auch etwas trockenen Angelegenheit, zumindest für Außenstehende. Welche persönlichen Eigenschaften und Interessen sollte man mit sich bringen, wenn man sich für eine Tätigkeit in diesem Bereich interessiert?

Eine gewisse Leidenschaft für Technik ist nützlich. Es ist sinnvoll, wenn man den Dingen gern auf den Grund geht und Hintergründe erforschen will. Im Bereich SEO passieren jeden Tag neue Dinge, Google hat in den letzten Jahren eine enorme Innovationsgeschwindigkeit erreicht. Man muss auf dem Laufenden bleiben. Deswegen ist es wichtig, einschlägige deutsche und englische Blogs zu lesen. Was man dort liest, muss man im besten Fall bei eigenen Projekten anwenden und immer wieder testen. Deswegen ist Geduld auch eine der herausragendsten Eigenschaften eines SEO. Analytische Fähigkeiten sind wichtig – und vor allem starke Nerven. Änderungen im Google-Algorithmus haben schon so manchen SEO um den Schlaf gebracht.

Hinweis

Seit dem Frühjahr 2011 passt Google die Berechnungsgrundlagen – welche die Reihenfolge der Suchergebnisse auf einen bestimmten Suchbegriff hin bestimmen – fortlaufend dahin gehend an, dass – vereinfacht ausgedrückt – qualitativ hochwertige Inhalte bevorzugt werden. Zuvor war dementgegen die wichtigste Kennzahl, wie viele externe Webseiten auf ein Onlineprojekt verlinkten.

Das wiederum hatte in der Vergangenheit eine Art Schwarzmarkt entstehen lassen, in der suchmaschinenwirksame Verlinkungen für teilweise sehr viel Geld zum Kauf und Verkauf angeboten wurden, statt mit aufwendig zu erstellenden hochwertigen Inhalten zu arbeiten. Denn diese gekauften Links konnten eine Webseite in den Suchergebnissen unter bestimmten Bedingungen durchaus nach oben »katapultieren«. Hatte ein SEO nun häufig oder schlecht getarnt mit derartigen – laut den Google-Richtlinien verbotenen – Praktiken gearbeitet, so wurden die Internetauftritte der Kunden mit den neuen Google-Algorithmen nicht selten abgestraft, landeten auf den hinteren Rängen der Suchergebnisse oder wurden sogar komplett aus dem Suchindex verbannt. Dementsprechend schlecht waren die Kunden dann auf ihren jeweiligen SEO-Dienstleister zu sprechen, da damit sehr oft enorme Umsatzeinbußen verbunden waren.

Und letztendlich muss man auch sehr kommunikativ sein, weil bei SEO sehr viel über das Networking passiert. Stammtische, Konferenzen und Barcamps sollte man regelmäßig besuchen, um Kontakt zur Szene zu bekommen und zu halten (*Ein Barcamp ist eine Art Tagung, deren Inhalte von den Teilnehmern zu großen Teilen mitbestimmt und -gestaltet werden*).

Kann man »SEO« überhaupt von der Pike auf lernen, es gibt ja nicht wirklich einen Studiengang oder einen anerkannten Ausbildungsberuf dieser Art? Oder wird das Berufsbild von Quereinsteigern dominiert? Und welchen ursprünglichen fachlichen Hintergrund haben diese in der Regel?

Aktuell wird das Berufsbild aus meiner Sicht von Quereinsteigern dominiert. Mittlerweile gibt es Studiengänge und allerlei Formen, Suchmaschinenoptimierung zu erlernen. All das ist in meinen Augen auch sinnvoll. SEO unterscheidet sich aber von anderen IT-Berufen insofern, als dass man grundsätzlich alle Maßnahmen mindestens ein Mal getestet haben sollte – vorzugsweise an eigenen Projekten. Das ist wichtig, um ein Gefühl für Projekte im Allgemeinen zu bekommen. Nur mit dieser Erfahrung und jahrelangem »Learning by Doing« wird man zum waschechten SEO.

Ihr Beruf unterliegt einem extrem schnellen Wandel, was das zugrunde liegende Know-how anbelangt. Was heute als gesetzt gilt, das muss morgen schon längst nicht mehr gelten. Wie gehen Sie selbst damit um, und wie lernwillig muss jeder sein, der sich für eine berufliche Tätigkeit in diesem Umfeld interessiert?

Auch hier ist das Thema Networking wichtig. Man muss sich mit Kollegen aus der Branche regelmäßig austauschen und so auf dem Laufenden bleiben. Blogs und Websites lesen ist sehr wichtig. Ab und an kann man auch Matt Cutts von Google lauschen. Zwischen seinen Nebelkerzen finden sich oft interessante Äußerungen und Tipps. Die aktive Beteiligung in Foren kann ebenfalls nicht schaden. Im deutsch- und englischsprachigen Raum gibt es davon einige, die geeignet sind. Via Skype kann man mit anderen SEOs chatten oder einfach nach interessanten Hangouts (*Eine Art Videochatkonferenz*) auf Google+ suchen. Wichtig ist, dass man immer offen für neue Dinge bleibt und Lust hat, neue Ansätze zu verfolgen und zu testen. Wer dann dieses Wissen zum Beispiel in einem eigenen Blog auch noch freiwillig weitergibt, der kann sich zudem eine treue Community im Netz aufbauen.

Hinzu kommt: Die von allen Seiten begehrte und umworbene SEO-Branche hat immer auch mit schwarzen Schafen zu kämpfen, welche schnelle und einfache Lösungen versprechen, die so gar nicht möglich sind. Wie kann man als interessierter Neuling in diesem Umfeld die Spreu vom Weizen trennen, um nicht einem falschen »Guru« zu folgen?

Schwarze Schafe gibt es immer, echte »Gurus« fast nie (bis auf wenige Ausnahmen, die man an einer Hand abzählen kann – wenn überhaupt). Für Newbies kann es schwer sein, die richtigen Methoden von den falschen zu trennen. Es gibt jedoch eine Methode, um möglichst wenig auf falschen Pfaden zu wandeln – seinen gesunden Menschenverstand nutzen. Oft liest man im Internet von dubiosen Methoden, die »über Nacht« oder zumindest in ein paar Tagen funktionieren sollen. So was ist Blödsinn und nicht nur im Bereich

SEO. Auch anderswo gibt es solche Angebote und auch da weiß fast jeder, dass es Blödsinn ist. Warum sollte das bei SEO anders sein?

Schlechter Schreibstil und mangelhafte Rechtschreibung sind ein Zeichen unseriöser Online-Publikationen

Schlechter Schreibstil und mangelhafte Rechtschreibung sind weitere Faktoren, die bei unseriösen Publikationen im Internet oft zu sehen sind. Natürlich kommt es auf den Inhalt an – aber jeder weiß, dass auch die Verpackung zumindest ordentlich sein sollte. Ähnlich verhält sich das mit Veröffentlichungen im Internet.

Sie sind gleichfalls Experte zum Thema Social Media, einer Disziplin, die rasant an Bedeutung gewinnt. Welche Rolle spielt dort die Planung und Erstellung qualitativ hochwertiger Texte, dies vor dem Hintergrund, dass gerade in den sozialen Medien zunehmend triviale und banale Inhalte beklagt werden, die selbst vonseiten der dort präsenten Unternehmen kommen?

Wie auf einer herkömmlichen Website kann man auch in sozialen Netzwerken mit Redaktionsplänen arbeiten. Große Facebook Pages machen das in der Regel auch. Im Grunde ist es die gleiche Vorgehensweise: Ob man sich nun auf einer Website oder auf der Facebook Page befindet, die User wollen immer Inhalte sehen, lesen oder hören, die unterhaltend, nützlich oder informativ sind. Eben Content mit Mehrwert.

Hinweis

Ein Redaktionsplan legt bei Offline- wie auch bei Onlinemedien fest, zu welchem Zeitpunkt man die eigene Leserschaft mit welchem Thema informieren möchte. Somit kann man sowohl die mögliche Reichweite einzelner Beiträge steuern (bei den meisten Onlinemedien kristallisieren sich bestimmte – je Medium durchaus unterschiedliche – Wochentage oder gar Uhrzeiten heraus, an denen ein neuer Text besonders viel Aufmerksamkeit erfährt), aber auch gerade sehr aktuelle Thematiken zeitlich vorziehen und weiteres mehr.

Dass derzeit speziell bei Facebook mit »trivialen« Mitteln, kleinen Fragespielchen und lustigen Bildchen versucht wird, Reichweite zu erzeugen, ist durchaus legitim. Facebook Marketing wird sich, wie andere Bereiche im Online Marketing auch, immer weiterentwickeln. Und wer zu lange auf »triviale« Inhalte setzt, der wird irgendwann dafür auch die Quittung bekommen. Mittel- bis langfristig setzt sich dann meiner Ansicht nach auf den meisten Kanälen bei Facebook und anderen sozialen Netzwerken der Content durch, der wirklich sichtbare und dauerhafte Mehrwerte bietet. Alle anderen Inhalte werden nur Nischen dominieren können.

Erkennen Sie bereits erste eigenständige Berufsbilder, die im Umfeld der sozialen Medien entstehen? Was hat es etwa mit dem »Social-Media-Manager« auf sich, und welche weiteren Spezialisierungen werden hier folgen?

Eigentlich ist Social Media keine neue Erscheinung im Marketing, es ist derzeit nur ein Thema, was enorm viel Aufmerksamkeit erhält. Bedenkt man, dass es das Usenet bereits in den 1980ern gab und dass erste Netzwerke wie »classmates.com« schon 1995 entstanden, dann wird deutlich, dass Social Media schon seit Beginn des Internets ein integraler Teil ist und aufgrund der Natur des Menschen auch bleiben wird. Insofern gibt es zwar möglicherweise ein paar »neue« Berufsbilder, den Community Manager aber gibt es schon immer. Gleiches gilt für all diejenigen, die Communitys wie zum Beispiel Foren aufbauen. Das ganz normale Forum ist die Urform eines jeden sozialen Netzwerks, wie wir es heute kennen. »Social-Media-Manager« ist auf jeden Fall eine sinnvolle Berufsbezeichnung, wenn deutlich wird, was dahinter steht. Ein »Manager« muss sich ja darum kümmern, dass die Dinge korrekt und vor allem erfolgreich laufen. Sofern das bei diesem Berufsbild der Fall ist, sehe ich keine Probleme, warum es die Bezeichnung an sich nicht geben sollte. Meiner Ansicht nach sollte aber jede/r, der/die sich im Bereich Online Marketing aufhält, auch entsprechend von anderen Disziplinen Ahnung haben. Es reicht nicht, sich nur bei Social Media, dafür aber nicht bei SEO auszukennen – und andersrum.

Sie haben ein neues Buch zum Thema Google+ herausgebracht. War es für Sie – der ja hauptsächlich das Online-Schreiben gewohnt ist – schwierig, mit diesem ja doch weit umfangreicheren Medium »Buch« zu arbeiten?

Nein. Ich habe mir das Buch bewusst als »sehr langen Blogartikel« vorgestellt und immer im Hinterkopf gehabt, dass ich eine Artikel-reihe machen würde. Nichts anderes ist ein Buch ja im Prinzip, eine thematisch zueinanderpassende Abfolge von interessanten Artikeln – nur eben oft einzeln sehr viel länger, als das zum Bei-spiel in einem Blog ist. Insofern habe ich mir vorab eine sinnvolle Gliederung erstellt und das Buch dann geschrieben.

Hinweis

Das angesprochene Buch von Björn Tantau heißt »Google+: Einstieg und Strategien für erfolgreiches Marketing und mehr Reichweite« und ist im mitp-Verlag erschienen.

Konnten Sie beim Verfassen des Ratgebers eine neue Sicht auf Ihre Arbeit und die zugehörigen Fachthemen gewinnen?

Über ein Thema schreiben ist für mich immer die beste Methode, dass auch wirklich etwas davon hängen bleibt. Dieses quasi theoreti-sche »Learning by Doing« hilft mir, mich mit einem Thema wirk-lich zu identifizieren. Weil ich gern schreibe und daran sehr großen Spaß habe, wird der Effekt für mich noch verstärkt. Deswegen ist das Schreiben für mich auch keine Belastung. Sofern mich das Thema interessiert und ich mich damit identifizieren kann, geht vieles eigentlich von ganz allein. Natürlich muss man für ein Buch oder auch einen fundierten Blogtikel von Zeit zu Zeit recherchie-ren und sich auch durch sehr zähe Theorie ackern. Das macht dann mitunter nicht so viel Spaß, ist aber notwendig und insofern eben-falls sinnvoll.

Inwieweit eignet sich Ihrer Meinung nach die Veröffentlichung eines Fachbuchs dazu, sich als Experte einen Namen zu machen?

Wenn das Fachbuch entsprechende Verkaufszahlen erreicht, ist es auf jeden Fall ein Katalysator. Es ist also wichtig, dass das Buch entsprechend bekannt gemacht wird. Hier sind Autor und Verlag gleichermaßen gefragt. Ein gutes und erfolgreiches Fachbuch ist dem Experten- oder Spezialisten-Status auf jeden Fall nicht abträglich. Insofern würde ich schon sagen, dass man sich mit der Veröffentlichung eines Fachbuchs auf jeden Fall einen Namen machen kann.

Alleine mit dem Abliefern eines Fachbuchs ist es nicht getan

Es ist allerdings mit dem Abliefern des Buchs nicht getan, denn danach muss man ebenfalls immer auf dem Laufenden und am Ball bleiben. Das nicht nur, um fit für folgende Auflagen zu sein – es können auch Fragen von Leserinnen und Lesern oder potenziellen Käufern auftreten. Kann man diese nicht beantworten, dann leidet der Expertenstatus vermutlich.

Welche Voraussetzungen sollte man mit sich bringen, um ein eigenes Buch herauszugeben, und wem würden Sie vielleicht eher von einem solchen Schritt abraten?

Man sollte sich auf jeden Fall ausreichend Zeit für ein Fachbuch nehmen und vorher ganz genau überlegen, zu welchem Thema man schreiben will. Ein detailliertes Konzept und eine durchdachte Gliederung als roter Faden sind wichtig, weil man sonst schnell den Durchblick verlieren kann. Außerdem sollte man sich einen passenden Schreibplatz einrichten, an dem man ungestört arbeiten kann. Nach meiner Erfahrung kommt man nur so – und mit lieber Unterstützung von netten Menschen, wie zum Beispiel der eigenen Familie – relativ schnell ans Ziel. Rechtzeitig zur Veröffentlichung eines Fachbuchs sollte man sich auch als Autor selbst einen Marketingplan entwickeln. So kann man dafür sorgen, dass das Buch schon gleich zur Veröffentlichung einen entsprechenden »Buzz« bekommt und so deutlich bekannter wird.

Über welche Stationen kamen Sie selbst zu Ihrem heutigen Beruf, der ja doch nicht ganz alltäglich ist?

Ich habe Mitte der 1990er Jahre eine kaufmännische Ausbildung absolviert und danach studiert. Bei einem großen Finanzdienstleistungskonzern war ich bereits im Marketing tätig, bevor ich 2006 mit Tameco Onlinemarketing meine eigene Agentur für Suchmaschinenoptimierung, Social Media Marketing und Linkaufbau gründete. Seit 2012 bin ich als Head of Social Media bei TRG – The Reach Group GmbH in Hamburg tätig und betreue hier gemeinsam mit meinen Kolleginnen und Kollegen namhafte Firmen und große Konzerne im Online-Marketing.

Was an Ihrer Tätigkeit schätzen Sie am meisten: die beratende Arbeit mit Ihren SEO-Kunden? Das Verfassen von Texten für Ihren Blog oder Ihr Buch? Die Aspekte der Technologie, die entstehenden Inhalte oder eine Art Mission hin zu mehr SEO-Qualität?

Die beratende und operative Tätigkeit bei TRG in Hamburg macht mir sehr viel Spaß, weil sie nicht nur extrem abwechslungsreich ist, sondern sich auch auf einem sehr hohen Niveau bewegt. Dieses Niveau versuche ich auch in anderen Bereichen, die ich im Online Marketing bediene, zu gewährleisten – sei es nun als Blogger, Speaker oder Fachbuchautor. Für mich ist es wichtig, neue Wege zu suchen und diese Wege zu testen. Wenn sich mit diesen neuen Wegen ein Mehrwert für mich oder die Kunden von TRG erzielen lässt, dann ist der Weg gut und muss auf jeden Fall »ausgebaut« werden.

Zusätzlich ist es mir wichtig, mein Wissen zu teilen. Deshalb betreibe ich ja überhaupt einen eigenen Blog, schreibe Bücher und in Fachmagazinen und tausche mich in sozialen Netzwerken, auf Barcamps und Kongressen aus.

•••

Was ist und was macht ein SEO?

Das mögen sich nicht wenige Leser bei der Lektüre des vorangegangenen Interviews gefragt haben. Verkürzt dargestellt sorgt ein Suchmaschinenoptimierer oder auch kurz ein SEO (»SEO« bedeutet »Search Engine Optimization«) dafür, dass die Internetportale seiner Kunden bei Google & Co. von möglichst vielen potenziellen Kunden möglichst gut gefunden werden. »Bring mich auf Platz eins bei Google«, das ist ein Wunsch, den dieser Berufsstand nur allzu gut kennt, der aber rein rechnerisch angesichts der unzähligen Internetportale immer schwieriger umzusetzen ist. Und dennoch: Ein guter SEO kann seinen Kunden enorme zusätzliche Onlineerfolge bescheren. Doch was hat all dies nun mit der »Macht der Worte« zu tun?

Das Berufsbild im Bereich der Suchmaschinenoptimierung ändert sich in diesen Tagen fundamental. Die technische Komponente eines SEO tritt dabei zunehmend in den Hintergrund. Denn noch vor wenigen Jahren oder gar Monaten hätte diese Disziplin wohl kaum Einzug in ein Buch zum Thema »Neue Schreibberufe« gefunden. Damals bestand – sehr vereinfacht ausgedrückt – der Job eines SEOs mehr oder weniger darin, dafür zu sorgen, dass von den richtigen Portalen die richtigen Verweise (»Links«) zu den Internetseiten seiner Auftraggeber führten. Denn hauptsächlich damit messen die Suchmaschinenbetreiber die Qualität eines Onlineportals, was dazu führte, dass diese »weiter oben« in den Suchergebnislisten aufgeführt wurden. Eine prominentere Platzierung bedeutet in diesem Zusammenhang immer mehr Aufmerksamkeit bei den potenziellen Besuchern, und damit mehr Umsatz. Und genau deswegen waren und sind die Dienste der Suchmaschinenoptimierer so begehrt.

Vom eher technischen hin zum »Schreibberuf«

Aktuelle Bestrebungen des Suchmaschinengiganten Google hin zu immer mehr Qualität bei den gelieferten Suchergebnissen machen es heutzutage jedoch zwingend notwendig, dass ein guter Suchmaschinenoptimierer nicht nur ein Händchen und ein Gespür für diese rein technische Komponente hat, sondern für hochwertige Textinhalte sorgt und diese idealerweise auch gleich selbst seinen Kunden liefert. Denn mehr und mehr bemessen die Suchmaschinen die Qualität einer Webseite an der Qualität der dahintersteckenden Inhalte. Zwar muss ein SEO diese Inhalte in den seltensten Fällen komplett in Eigenregie erstellen. Oftmals wird ein bei Content-Dienstleistern (siehe Kapitel 10 »(Online-)Texte im Kundenauftrag«) und festen Autoren bestellter Text nur noch »feingeschliffen« und um einige SEO-relevante Aspekte ergänzt.

Dennoch muss der Suchmaschinenoptimierer – vor allem beim Briefing zu einem solchen Auftrag – auf grundlegende Aspekte achten wie beispielsweise:

- Welchen inhaltlichen Mehrwert soll der Beitrag den Lesern des zugehörigen Portals liefern?
- Was macht den beauftragten Beitrag einzigartig und unverwechselbar?
- Wie passt sich der Text semantisch, aber auch gestalterisch den bereits vorhandenen Inhalten auf der Ziel-Webseite an?
- Gleichzeitig: Wie unterscheidet sich dieser gestalterisch und inhaltlich gesehen maximal von bereits vorhandenen Onlinequellen zum gleichen Thema?
- Wie kann eine möglichst leserfreundliche Struktur der Texte aussehen?
- Auf welche weiterführenden Quellen soll verwiesen werden?
- Welches Know-how und welches Selbstbild will der Kunde mit einem Artikel oder einem Beschreibungstext transportieren?
- Stimmt die fachliche Komponente der Texte, also: Sind die Inhalte korrekt, aber auch rechtssicher wiedergegeben?

und vieles weitere mehr. Ein SEO agiert heutzutage also oftmals mehr als – wenn auch speziell ausgerichteter – Redakteur denn als Techniker. Zunehmend erfolgreich bestimmen von daher Suchmaschinenoptimierer die – recht verschlossene – Szene, die über einen fundierten Autoren-Hintergrund verfügen. Gleichzeitig muss ein SEO wie kein anderer die spezifischen Vermarktungsrichtlinien im World Wide Web kennen, weswegen ausschließlich Personen für diesen anspruchsvollen und in den Anforderungen ständig wechselnden Beruf infrage kommen, die bereits selbst über langjährige Onlineerfahrung verfügen – idealerweise mit eigenen Onlineportalen zum »Experimentieren« und »Üben«.

Quereinsteiger mit eigenen Webseiten dominieren die Szene

Im Interview klang es bereits an: Noch wird der – von Außenstehenden oftmals als sehr speziell und technisch wahrgenommene – Beruf der Suchmaschinenoptimierer von Quereinsteigern dominiert. In der Regel waren es Betreiber kleinerer Internetseiten, die nach der Devise »Learning by doing« so viel Erfahrung in der Optimierung ihrer eigenen Portale sammelten, dass sie dieses Wissen schließlich im Kundenauftrag einbringen konnten. Die SEO-Branche hat dabei nicht immer den allerbesten Ruf. Dies liegt vor allem an:

- Selbst ernannten SEO-Profis, die ihren Kunden mehr versprechen, als sie halten können (wer den bereits erwähnten »Platz eins bei Google« fest verspricht, der outet sich bereits als »schwarzes Schaf« der Branche).
- SEOs, die mit durch die Suchmaschinenbetreiber verbotenen Methoden versucht haben, ihren Kunden einen Vorteil zu erschleichen (da Google diese Methoden mehr und mehr erkennen kann). Dies nennt man dann »Black Hat SEO« oder »Grey Hat SEO«.

Interview mit Björn Tantau

- Selbst professionelle Dienstleister sind durch ihre Spezialkenntnisse oftmals so sehr begehrt, dass sie nicht selten nur wenig Zeit für ihre Kunden aufbringen können und dies auch noch zu sehr ambitionierten Arbeitspreisen verkaufen (müssen).
- Gleichzeitig kann auch ein wirklich guter SEO seinem Kunden niemals versprechen, dass seine Maßnahmen zur Optimierung – wie etwa die erarbeiteten Beiträge und Inhalte – ihre Wirkung auch tatsächlich entfalten. Und selbst wenn sich ein positiver Effekt einstellt, so weiß man nie, ob dieser auch das nächste Ranking-Update von Google übersteht.

Wie in diesen Zeilen bereits anklingt, so kann man in der SEO-Branche – egal ob als eher technisch oder eher inhaltlich arbeitender Suchmaschinenoptimierer – gutes Geld verdienen, wenn man denn gute Arbeit leistet. Mit den ersten zufriedenen Kunden wird man sich zudem kaum über mangelnde Arbeit beklagen können. Doch diese Einnahmen muss man sich auch hart erarbeiten. Ständige kostenintensive Weiterbildungen, Experimente auf den eigenen Onlineportalen, Diskussionen in der Szene, um auf dem Laufenden zu bleiben, alle Kundenprojekte fortlaufend im Blick zu haben, sehr schnell auf neue Gegebenheiten reagieren zu können (notfalls auch mitten in der Nacht oder am Wochenende): All dies macht erfolgreiche Vertreter des Berufs aus. Und dies alles auf die Gefahr hin, sich bei – zuvor nicht einzukalkulierenden – Änderungen der Suchmaschinenbetreiber dennoch der harten Kritik der eigenen Auftraggeber ausgesetzt zu sehen. Erfolg und Misserfolg liegen in dieser Disziplin also nicht selten sehr nah beieinander. Das sollte man wissen, wenn man sich für die inhalts- und Contentbasierte Suchmaschinenoptimierung interessiert. »Kein Job für jemanden mit schwachen Nerven«, so könnte man es also durchaus zusammenfassen.

Sie merken: Diese Arbeit fordert heraus, sie besticht gleichzeitig aber auch durch ihren Abwechslungsreichtum. Der weitere Vorteil: Erlernt man es, erfolgreich Suchmaschinenoptimierung zu betreiben, so kann man natürlich nicht nur im Kundenauftrag Einnahmen erzielen. Nicht wenige SEO-erfahrene Autoren, Texter und Redakteure betreiben irgendwann ihr eigenes hochwertiges Onlinemagazin und erzielen damit mindestens einen schönen Nebenverdienst. Und oft wird genau diese Arbeit dann zum Hauptberuf und zur Berufung, wodurch man sich vollkommen auf das Online-Publizieren eigener oder eigen-beauftragter Inhalte konzentrieren kann. Dann lassen sich nicht nur qualitativ hochwertige Inhalte an immer mehr eigene Leser vermitteln und darüber ein gesellschaftlicher Mehrwert erzielen, sondern man kann auch noch – etwa über Werbeeinnahmen aus dem Portal oder den Portalen – davon leben.

Weiterführende Quellen:

- *www.google.de/webmasters/docs/einfuehrung-in-suchmaschinenoptimierung.pdf*
- *www.google.com/webmasters/tools/*
- Björn Tantau, »Google+: Einstieg und Strategien für erfolgreiches Marketing und mehr Reichweite«, mitp-Verlag, ISBN 978-3826692239
- Mario Fischer, »Website Boosting 2.0: Suchmaschinen-Optimierung, Usability, Online-Marketing«, mitp-Verlag, ISBN 978-3826617034
- Enge/Spencer/Stricchiola/Fishkin, »Die Kunst des SEO: Strategie und Praxis erfolgreicher Suchmaschinenoptimierung«, O'Reilly Verlag, ISBN 978-3868993752
- Sebastian Erlhofer, »Suchmaschinen-Optimierung: Das umfassende Handbuch«, Galileo Computing, ISBN 978-3836218986
- Dirk Schiff, »Geheimnis SEO«, bhv-Verlag, ISBN 978-3826675829
- Michael Firnkes, »SEO & Social Media: Ratgeber für Selbstständige und Unternehmer«, Hanser Verlag, ISBN 978-3446435506

| KAPITEL 4 |

Unternehmenskommunikation
Von geschönten Werbebotschaften hin zur Macht der Worte

Su Franke, selbstständige Beraterin und Bloggerin

Su Franke ist selbstständige Beraterin und Bloggerin. Sie setzt sich ein für mehr Dialog in der Unternehmenskommunikation und entwickelt mit ihren Kunden Ideen und Konzepte dafür. Als Dozentin an verschiedenen Hochschulen der Schweiz teilt sie ihre Erfahrungen vor allem in Online-Kommunikation und lernt selbst ständig dazu, wie sie sagt.

Zuvor war sie Corporate Communicator in Unternehmen der ICT(Information and Communication Technology)-Branche, was für sie das perfekte Umfeld war, um klassische PR mit Web-Erfahrung zu verbinden.

Webseite: *www.corporate-dialog.ch*

Interview mit Su Franke

Sie sind Expertin für »Corporate Communication Management«. Was konkret verbirgt sich hinter dieser Disziplin?

Ich weiß nicht in jedem Fall, was andere darunter verstehen. Ich versuche, beim Thema Corporate Communication Management an den Dialog in einem Unternehmen zu denken. Und wie man die kulturellen und technischen Grundlagen schaffen kann, dass intern wie extern ein Austausch mit den beteiligten Menschen stattfindet, so dass alle Beteiligten etwas davon haben.

In diesem Zusammenhang beraten Sie Unternehmensverantwortliche dahin gehend, wie man mittels diverser Social-Media-Kanäle aber auch Blogs effektiv mit (potenziellen) Kunden kommuniziert. Welche Rolle spielt hierbei »Die Macht der Worte«, also der Content, und wie ändert sich diese Rolle angesichts der Möglichkeiten im Web 2.0?

Ich glaube, die Macht der Worte hat sich nicht verändert. Aber eben diese Worte werden mittlerweile schneller geschrieben, und sie sind im Unternehmensumfeld persönlicher geworden. Die Worte sind dabei nicht mehr einfach nur fein geschliffen und druckfähig, sondern spiegeln die Persönlichkeit des Schreibers sehr direkt wider.

Hinweis

Generell entwickelt sich in Onlinepublikationen jeglicher Art mehr und mehr ein Trend hin zur Persönlichkeit. Wer als Redakteur oder Webseitenbetreiber sein Portal möglichst seriös, zielgerichtet und professionell erscheinen lassen mag – was angesichts der Unmenge an täglich neu erscheinenden und teilweise sehr kostengünstig »hochgezogenen« Onlineprojekten zwingend anzuraten ist –, der punktet mit den Menschen hinter der Geschichte. Das reicht von der persönlichen Vorstellung der einzelnen Autoren und textenden Mitarbeiter bis hin zu ausgefeilten Gastautoren-Profilen in Beiträgen aus externen Quellen.

Interview mit Su Franke

> Ein weiterer Grund für diese Entwicklung liegt darin begründet, dass persönliche Autorenprofile in den Suchmaschinen wie Google – direkt oder indirekt – mehr und mehr als positiver Ranking-Faktor herangezogen werden. Denn wenn eine »Story« über ein Gesicht verfügt, dann ist dies in der Regel ein Zeichen für inhaltliche Qualität (siehe das Interview zum Thema »Corporate Blogging«).

Dazu kommt, dass »Public Relations« lange hauptsächlich als »Press Relations«, also recht einseitig auf eine Nutzergruppe hin fokussiert funktionierte. Heute gilt es, die Beziehung mit Menschen aufzubauen und diese zu pflegen oder auch nur flüchtige Begegnungen kommunikatorisch zu nutzen.

Welche neuen Berufschancen und -bilder entstehen derzeit im Bereich der Corporate Communication für all jene, die ihre Leidenschaft für das Texten zur Profession machen wollen?

Reines Texten halte ich nicht für das wichtigste Können für die neuen Berufsbilder. Vielmehr gilt es, Empathie zu transportieren und der Kommunikation Werte zu geben, statt über sie zu schreiben. Chancen sehe ich hier vor allem für Menschen, die netzwerken können. Und die selbstständig dazu in der Lage sind, im Sinne eines Unternehmens oder Vorhabens zu agieren, ohne dabei einfach nur die üblichen Phrasen zu dreschen. Ich denke, es ist gut, wirklich hinter dem jeweiligen Angebot des Unternehmens zu stehen. Dazu braucht es neben dem handwerklichen Können auch Kenntnisse über interne Wissensträger sowie über die Instrumente und Mechanismen der Online-Kommunikation (*siehe hierzu die Erläuterungen in der Nachbereitung zum Interview »(Online-)Texten im Kundenauftrag«*).

Gestaltet der typische Kommunikationsmanager in einem größeren Unternehmen überhaupt noch eigene Inhalte oder managt er »nur« noch die Art und Weise, wie andere diese zuliefern und einsetzen?

Content wird wohl weiterhin einen großen Stellenwert haben. Aber es lohnt sich sehr wohl, auch das Kuratieren zu beherrschen. Indem man beispielsweise Inhalte von externen Quellen nutzt, welche ein Kommunikationsmanager dann zusammenstellt, ergänzt und auch weiterempfiehlt. Damit tun sich viele Onlineverantwortliche noch schwer und erstellen stattdessen lieber selbst Content aus unternehmenseigenen Quellen, der dann keinen interessiert, weil er – mit Verlaub gesagt – nicht selten zu werbelastig ist. Dazu kommt, dass eine Frage eines Interessenten oder auch Nicht-Interessenten wertvolle Chancen für einen öffentlich sichtbaren Dialog bietet. Auch dies ist eine neue Disziplin für Kommunikationsmanager, nicht mehr nur selbst die Themen vorzugeben, sondern zu reagieren.

Ein Corporate Communication Manager ist heutzutage meist immer auch ein Krisenmanager, wenn man sich beispielsweise das Phänomen der so genannten »Shitstorms« anschaut (näher erläutert im Kapitel 8 »Corporate Blogging«). Das macht diesen Beruf spannend, aber auch anspruchsvoll. Kann man den bestmöglichen Umgang mit solchen firmenmedialen Krisen lernen?

Es zeigt sich, dass diese Shitstorms oft aufgrund eigener Kommunikationspannen entstehen. Das bedeutet, dass Kommunikationskompetenz – und da schließe ich Sozialkompetenz wie auch das Wissen über einzelne soziale Online-Plattformen und deren Mechanismen mit ein – eine gute Vorsorge für solche Fälle ist. Jedoch verläuft jede Krise in sich anders, so dass man das Vorgehen von anderen Krisen nicht übertragen kann. Selbst erfahrene Leute geraten mal in eine Krise. Das finde ich gar nicht schlimm, denn es spiegelt das reale Leben. Und wir sind nun mal nicht perfekt.

Die Kommunikation in einem Unternehmen – ob nach innen oder nach außen – folgt generell nicht selten ihren ganz eigenen Regeln. Nicht jeder kann oder mag dieses »Spiel« immer mitspielen. Braucht man ein »dickes Fell«, um in diesem Bereich zu arbeiten? Beziehungsweise welche Eigenschaften sollte man mit sich bringen?

Man braucht schon eine Persönlichkeit, die etwas zu sagen hat, außerdem Sympathie, Interesse für Neuerungen sowie den Willen zu lernen. Es ist eventuell auch von Vorteil, nicht alles persönlich zu nehmen, sondern stattdessen konfliktfähig zu sein. Und man sollte bereit sein, dazuzulernen, und zwar immer, stets und ständig. Übrigens glaube ich nicht an Kommunikation nach innen oder außen, sondern an einen Austausch, der diese Grenzen zusammenbringt, weil er ehrlich ist.

Wie viel von der eigenen Persönlichkeit und den eigenen Überzeugungen kann man überhaupt noch in diesen Beruf einbringen, etwa dann, wenn es sich nicht gerade um den offenen, sehr aufgeschlossenen Arbeitgeber handelt?
Darauf weiß ich ehrlich gesagt keine pauschale Antwort. Ich selbst würde heute nicht als Corporate Communicator für ein Unternehmen arbeiten, wenn ich nicht dahinterstehen könnte. Ich nenne das übrigens seit Jahren nicht mehr Manager, sondern eben nur »Communicator«, weil ich glaube, Kommunikation lässt sich nicht managen.

Ist ein(e) Corporate ManagerIn stattdessen also eine Art Mediator zwischen den Vorstellungen und Zielen des Unternehmens auf der einen und den Bedürfnissen der Kunden auf der anderen Seite?
Ganz klar: Ja. In meinen Augen ist dies so, vor allem solange es noch Manager gibt, die Social-Media-Plattformen nicht selbst nutzen und mittels regelmäßiger Reports darüber informiert werden müssen, was dort stattfindet. Diese Rolle als eine Art Mediator finde ich dabei durchaus in Ordnung.

»Geschönte Werbebotschaften funktionieren nicht mehr«, äußerten Sie einmal in einem Interview. Macht diese Tatsache das Berufsumfeld der Kommunikationsmanager ehrlicher und damit auch attraktiver?
Das hoffe ich. Ich fände es schön, wenn ich als Kunde deutlich erkennen kann, ob ein Inhalt ehrlich ist oder ob es sich um eine reine Marketingkampagne handelt. Ich bin nicht so sehr der spielerische Typ, und es strengt mich an, über solche Dinge lange nach-

denken zu müssen. »Ist das jetzt ein Werbegag oder wahr«, das sollte man in meinen Augen immer erkennen können.

Als Dozentin an der HTW Chur und der Zürcher Hochschule für Angewandte Wissenschaften (ZHAW) engagieren Sie sich dafür, der Unternehmenskommunikation Werte zu geben. Wie kann der Corporate-Communication-Nachwuchs hierzu beitragen?

Ich versuche, den Studierenden zu vermitteln, dass eine gleichberechtigte Kommunikation etwas Grundlegendes und Selbstverständliches ist. Das beginnt bei dem Thema E-Collaboration, also der webbasierten Zusammenarbeit auf Teamebene und dem dortigen Erstellen, Teilen und sichtbaren Ergänzen von Inhalten. Das kann sogar bis hin zum öffentlichen Teilen und Diskutieren von Fehlern führen. Diese Prozesse erfordern einiges an ganz praxisnahem Ausprobieren, aber auch Mut. Ich wünsche mir, dass die Studenten in ihren Jobs künftig mutig genug sind, diese Kultur zu etablieren.

Zuletzt noch eine persönliche Frage an Sie, über welche Pfade sind Sie zu Ihrem Beruf und Ihrer Selbstständigkeit gekommen, und was faszinierte Sie an der Mitgestaltung des »Corporate Dialog«, wie Sie es nennen?

Mein Beruf änderte sich im Januar 2006. Damals eröffnete ich einen Account bei dem sozialen Business-Netzwerk XING (*www.xing.com*) – es hieß zu der Zeit noch OpenBC – und wurde dort für einen Corporate Communications Job angefragt, den ich annahm. Dort begann ich erst 2008, mit Social Media zu experimentieren.

Die Alternative war, all das, was ich lernte, zu teilen. Und seitdem bin ich selbstständig.

Bis dahin kannte ich keine Beispiele, bei denen ich hätte »abkupfern« können. Das Bloggen als Corporate Communication Manager sah ich noch nicht als selbstverständlich an. Ein Blog war für mich damals mehr ein Instrument eines CxO, also einer Führungskraft auf oberster Management-Ebene. 2009 probierte ich Twitter aus. 2011 wurde mir klar, dass ich mit dieser für mich nachhaltigen Erfahrung nicht mehr in ein klassisches Unternehmen passe und auch nicht mehr passen will. Die Alternative war, all das, was ich lernte – und nach wie vor täglich immer noch lerne –, zu teilen. Und seitdem bin ich selbstständig.

•••

Wie das Thema »Online« die Unternehmenskommunikation nachhaltig verändert

Wie gelingt der Dialog in der Unternehmenskommunikation? Wie erreiche ich meine Zielgruppen? Welche Rolle spielen Blogs und wie könnten wir sie nutzen? Aber auch: Warum bleibt unsere Facebookseite und unser Twitteraccount unbelebt? Mit solchen Fragen beschäftigt sich Su Franke in ihrem beratenden Arbeitsalltag ganz konkret. Und damit trifft sie den Nerv der Zeit, denn genau auf diese Fragen versuchen unzählige Firmen weltweit eine Antwort zu finden. Was früher die typische Marketingabteilung eines Unternehmens zu erreichen versuchte, nämlich mit bunten Bildern und hübschen Texten den Nerv möglichst vieler (potenzieller) Kunden zu treffen, das ist im Zeitalter des Social Web meist deutlich komplizierter geworden.

Hierfür gibt es gleich mehrere Gründe:

- Die unternehmerische Kommunikation in den Onlinemedien ist deutlich transparenter geworden. Ließ sich früher ein kleiner kommunikativer Fehler in der Außendarstellung oftmals »unter den Tisch kehren«, so bleibt dieser in der heutigen Zeit dank Google, Facebook & Co. unter Umständen »ewig« sichtbar oder verstärkt sich gar von selbst (siehe hierzu die Anschauungsfälle unter *http://de.wikipedia.org/wiki/Shitstorm#Beispiele*).
- Gleichzeitig wird zumindest der onlineaffine Nutzerkreis im Internet immer kritischer und stellt sich Fragen wie etwa: Stammt der Beitrag in einem Onlinemagazin wirklich aus der Feder des Redakteurs oder hat hier das darin erwähnte Unternehmen selbst nachgeholfen? Fließen durch den Klick auf einen Link irgendwelche versteckten Provisionen? Ist die Nutzerbewertung echt oder »gefaked«, also gefälscht?
- Kleine, noch unbekannte Firmen können mit sehr wenig Werbebudget oftmals deutlich mehr Online-Aufmerksamkeit für sich

verbuchen als die »Big player« mit ihren hochprofessionellen Medienkampagnen. Und dies nur dadurch, indem sie deutlich kreativer und damit auch mutiger kommunizieren als die Werber in den gestandenen Unternehmen (*http://de.wikipedia.org/wiki/Virales_Marketing#Beispiele*).

- Der (Online-)Unternehmenserfolg wird zunehmend abhängiger von kaum zu beeinflussenden Faktoren wie etwa dem Ranking des eigenen Web-Auftritts bei Google. Aber auch die virtuellen Gefolgschaften in den sozialen Netzwerken wie Facebook, Twitter & Co. lassen sich oft nur schwer kontrollieren. Eine von den Nutzern falsch verstandene Aktion und schon können die Facebook-Fans im hohen zweistelligen Prozentbereich zurückgehen. Und damit gehen zunehmend wertvolle Käuferschichten verloren.

Umso wichtiger wird es heutzutage, dass Unternehmen jeglicher Art ihr eigenes Online-Renommee nachhaltig aufbauen. Dies gelingt mehr und mehr mit solch altmodischen Eigenschaften wie Transparenz, Ehrlichkeit, aber auch Fairness und das längst nicht nur den eigenen Kunden gegenüber. Transportiert werden die zugrunde liegenden vertrauensbildenden Botschaften über durchdachte und/oder qualitativ hochwertige Online-Inhalte. Das kann der »Tweet« bei Twitter mit seinen maximal 160 Zeichen genauso sein, wie – noch kürzer – ein gegebener »Like« bei Facebook, aber eben auch die ausführliche Beitragsserie auf dem Unternehmensblog. Und so schließt sich der Kreis hin zur »Macht der Worte«.

Ein auf Authentizität und Ehrlichkeit aufbauendes Online-Renommee wird immer wichtiger

Im Interview zum Bereich »SEO« aber auch beim Thema »Blogs & Corporate Blogs« gehen wir näher darauf ein, warum diese neue Ehrlichkeit in der Online-Unternehmenskommunikation so wichtig ist und welche neu oder besser wieder erfundenen Schreib-Akteure sie auf den Plan ruft. Oder anders formuliert, wir erklären dort, warum »geschönte« Werbebotschaften – wie Su Franke es passend formuliert – der Vergangenheit angehören.

Alles in allem sind dies gute Nachrichten für jene, die an einer Tätigkeit im Online-Texter-Umfeld interessiert sind. Man muss sich also nicht mehr verbiegen, um das Unternehmen, welches man vertritt, nach außen möglichst attraktiv und strahlend erscheinen zu lassen. Vielmehr sind intelligente Ideen und Inhalte gefragt, die den Kundennutzen verbessern, einen Mehrwert bieten und damit beiden Seiten weiterhelfen. Vielleicht kommen wir damit eines Tages sogar dahin, dass sich die Unternehmen durch die Inhalte und durch das Nutzer-Feedback darauf nach und nach verändern lassen. Dass also nicht mehr umgekehrt versucht wird, durch vorgegebene Inhalte den Kunden zu manipulieren. Ganz nach dem Motto: Der Kunde gestaltet sich das Produkt und nicht das Unternehmen gestaltet sich seine Kunden.

Weiterführende Quellen:

- Marie-Christine Schindler & Tapio Liller, »PR im Social Web: Das Handbuch für Kommunikationsprofis«, O'Reilly, ISBN 978-3868991956
- Ulrike Führmann & Klaus Schmidbauer, »Wie kommt System in die interne Kommunikation?: Ein Wegweiser für die Praxis«, Talpa Verlag, ISBN 978-3933689061
- Dörfel/Schulz/Beckmann, »Social Media in der Internen Kommunikation«, Prismus Communications, ISBN 978-3940543134
- Claudia Mast, »Unternehmenskommunikation: Ein Leitfaden«, UTB, ISBN 978-3825238254
- Joerg Pfannenberg (Hrsg.), »Corporate Communications im Web 2.0 – Relevanz und Legitimität für das Unternehmen«, Verlag PR Career Center, ISBN 978-3000334955

| KAPITEL 5 |

Fundraising

Die »beeinflussende« Macht der Worte

Silvia Starz, Fundraising-Beraterin

Silvia Starz berät Organisationen, coacht Geschäftsführer, Fundraiserinnen und Existenzgründer, analysiert Abläufe in Organisationen, trainiert die Mitarbeiter und begleitet die Umsetzung von Projekten.
30 Jahre Praxiserfahrung bringt sie dafür aus unterschiedlichen beruflichen Bereichen mit: Bürotätigkeiten, Sozialarbeit, PR und Fundraising, Beratung, Training und Leitung von Gruppen. Geschäftsführungs- und Managementpraxis erwarb sie bei Organisationen über alle Branchen im Dritten Sektor. Als Motivationsprofile-Trainerin liegt ihr die Leichtigkeit der Kommunikation im Fundraising am Herzen.
In 700.000 gemeinnützigen Stiftungen, Vereinen, gGmbHs suchen ca. 260.000 Menschen haupt- und ehrenamtlich das Gespräch mit Spendern, Stiftern und Unternehmern. Die Zeit in einem persönlichen Gespräch ist oft knapp bemessen und muss gut genutzt werden. Die Motivationsprofile von Evelyne Maaß und Karsten Ritschl

haben Silvia Starz elektrisiert und überzeugt. Mit den sieben Motivationsprofilpaaren und den drei limbischen Bevorzugungen kann schneller die gleiche Gesprächsebene gefunden werden. Das heißt nicht automatisch, dass damit auch die Förderung oder Spende erfolgt. Die Organisation und ihre Arbeit muss überzeugen.

Webseite: *www.netzwerk-gemeinnuetzigkeit.de*

Kontakt: *silvia.starz@nwgn.de*

Interview mit Silvia Starz

Gemeinnützige Organisationen im Non-Profit-Bereich (NPO) haben gemeinnützige soziale, kulturelle oder wissenschaftliche Ziele und dienen damit ihren Mitgliedern und der Gesellschaft. Dafür benötigen sie Geld. Und das beschafft Silvia Starz zusammen mit dem 2011 gegründeten »Netzwerk Gemeinnützigkeit UG«, das Partner für Unternehmen und Organisationen im Non-Profit-Sektor ist. Zuvor war sie als Geschäftsführerin des deutschen Fundraising-Verbandes tätig und lange Jahre im Fundraising und in der Öffentlichkeitsarbeit für karitativ wirkende Unternehmen aktiv. Beste Voraussetzungen, um kompetente und Erfolg versprechende Kontakte zu knüpfen, gut zu beraten, überzeugende Förderanträge zu formulieren und die Anliegen der NPOs einnehmend auf Papier bringen zu können.

Welchen konkreten Service bietet das »Netzwerk Gemeinnützigkeit UG« an?

Passgenaue Beratung und Dienstleistung. Vom Schreiben von Förderanträgen über Organisationsberatung bis hin zur Buchhaltung kann die anfragende Organisation das, was sie gerade braucht, bei uns abrufen. Die Netzwerk Gemeinnützigkeit UG bündelt die Angebote von Dienstleistern, die jahrzehntelange Erfahrungen in gemeinnütziger Arbeit mitbringen, und stellt zur Verfügung, was benötigt wird.

Gemeinnützige Organisationen finanzieren ihre Leistungen über öffentliche Förderung, Mitgliederbeiträge, Spenden, Zuschüsse oder

Preise oder Gebühren. Welche Tools benötigen sie, um effizient zu arbeiten und an die begehrten Gelder zu kommen?

Existenziell wichtig ist dabei die gut funktionierende Datenbank des Netzwerks Gemeinnützigkeit, die sowohl Aussagen über die Spender und Förderer machen kann als auch die wirtschaftlichen Erfolge dahinter misst. Eine Firma baut ihre Aktivitäten auf einer gut funktionierenden Kunden-Datenbank auf – die benötigt auch eine Non-Profit-Organisation. Spender und Förderer sind wichtige Ansprechpartner für die NPOs. Je persönlicher sie angesprochen werden können, je mehr die Organisation weiß, was den Spendern und Förderern wichtig ist, desto gezielter können die Fundraising-Beauftragten auf sie zugehen.

Bringen Sie über diese Datenbank Förderer und Förderung Suchende zusammen?

Ja, zum Beispiel bei der Ansprache von Großspendern. Es ist hier wichtig, über Recherchen im Datenbank-Profil im Vorfeld herauszufinden, ob die Stiftung, die man um Unterstützung beispielsweise beim Bau eines Krankenhauses bitten will, in der finanziellen Lage ist, eine Million Euro zu geben oder nur 10.000 Euro. Mit dem höheren Betrag würden sie zu den Top-Spendern zählen.

Diese Datenbank hilft auch bei der Ansprache der Mitglieder und Spender mit Briefen. Jede Zielgruppe sprechen wir unterschiedlich an. Die Datenbank ist so programmiert, dass sie den »Erfolg« des Briefes anhand der eingegangenen Spenden messen kann – oder aber auch festhalten, wenn jemand gar keine Post haben möchte.

Wie funktioniert das mit der individuellen Ansprache? Was muss beachtet werden?

In der Ansprache der Spender und Förderer geht es nicht um die Geldgabe, sondern um die gemeinsame Mission und das Engagement. Die Amerikaner sagen, »People give to people«. Ein Stück weit hängt auch von der Person der Fundraiserin die Bekanntschaft ab, die sich über die Ansprache von Förderer und Spender entwickelt. Unter Umständen entsteht eine persönliche Beziehung, in der die Sache der Organisation im Mittelpunkt steht (Friends for life). Die Fundraiserin versucht herauszufinden, welche gemeinsame Mission Organisation und Geber verfolgen und welche Projekte die Geber interessieren. Oft sind dies sehr persönliche Motive, die Geber sind Angehörige von krebskranken Kindern, haben an der zu fördernden Schule ihre Ausbildung gemacht, sind dort getauft worden oder wollten selbst Künstler werden. Diese Berührungspunkte in Kombination mit einem konkreten Projekt und dem Vermögen sind ausschlaggebend dafür, wie und wo sich die Geber engagieren.

Hinweis

Das alles macht eine Fundraising-Beraterin:
- Sie berät Organisationen, wo sie Spender und Finanzierung finden könnten
- coacht Geschäftsführerinnen und andere Fundraiser, wie sie an mögliche Spender herantreten könnten
- analysiert Abläufe in Organisationen, damit das Spendenwesen effektiv organisiert werden kann
- trainiert die Mitarbeiter/-innen, wie sie die richtige Gesprächsebene mit dem potenziellen Geldgeber finden
- schreibt Anfragen und Anträge bzw. unterstützt die Mitarbeiter/-innen einer NPO dabei
- begleitet als Beraterin die Umsetzung von Projekten, damit weiterhin Entwicklung des Spendenvolumens, aber auch des Personals zielgerichtet stattfinden kann

---

Fundraising ist ein Zukunftsbereich, dort werden noch Stellen geschaffen. Gerade für »ältere Semester« gibt es dabei gute Möglichkeiten, einzusteigen, denn ihre Berufs- und Lebenserfahrung hilft in diesem sensiblen Kontaktgeschäft.

Welche beruflichen Erfahrungen bringen Sie mit?
Nach meinem Studium als Sozialarbeiterin/Sozialpädagogin hatte ich in Berlin die Chance, an einem der ersten Studiengänge »Öffentlichkeitsarbeit« an der Freien Universität Berlin teilzuneh-

Interview mit Silvia Starz | 83

men. Innerhalb Deutschland war das in den 80ern tatsächlich einer der ersten Studiengänge seiner Art.

Fundraising ist bislang kein Ausbildungsberuf, sondern beruht auf Marketing und Kommunikations-Grundlagen, speziellem Wissen und persönlicher Eignung

Nach der Mitarbeit in mehreren gemeinnützigen Organisationen als Sozialarbeiterin, PR-Frau und Fundraiserin machte ich mich Ende der 90er Jahre selbstständig. Parallel bildete ich mich als Organisationsberaterin, Coach und Motivationsprofile-Trainerin fort. Fundraising ist bislang ein Beruf für Quereinsteiger, und beruht auf Marketing und Kommunikationsgrundlagen, speziellem Wissen und persönlicher Eignung. Inzwischen gibt es dafür eine Reihe von zertifizierten Fortbildungen.

Welche Rolle spielt bei der Arbeit mit NPOs das Schreiben?
Nur Reden reicht nicht aus. Öffentlichkeitsarbeit und Fundraising sind Aktivitäten, die Mission und Vision der Organisation transportieren. Die Instrumente dazu sind Pressearbeit, Informationsmaterialien, Spendenbriefe, Homepage usw. Überall müssen Texte geschrieben werden, die sich mit unterschiedlichem Auftrag und Inhalt an verschiedene Zielgruppen richten. Ganz wichtig für die Basisarbeit der NPOs! Zuerst muss eine »Vision – wo und wie will die Organisation in 5 oder 10 Jahren stehen« verfasst werden, dann Informationsmaterial und parallel dazu muss die Homepage stehen! Erst da sollte sich eine NPO an die Pressearbeit machen und Spendenbriefe schreiben.

Wie hoch ist der Anteil »Schreiben« in Ihrem Job?
Geschrieben wird immer. Spendenbriefe, Förderanträge, Informationsmaterialien, die Texte für die Homepage entwickeln und formulieren – all das sind typische Aufträge mit hohem Schreibanteil.

Es hängt individuell vom Auftrag ab, wie hoch der Anteil des Schreibens ist. Das Ergebnis einer Organisationsberatung kann zum Beispiel sein, dass die Organisation sich deutlicher auf dem Markt präsentieren sollte. Dann kann der Folgeauftrag lauten, dass wir als Experten die Organisation dabei unterstützen und die Inhalte oder Texte für sie oder mit ihr formulieren.

Ich habe gesehen, dass Sie auch Social-Media-Beratung im Netzwerk anbieten ... Welche Rolle hat dabei das Schreiben?

Social Media kann ein Kommunikationsinstrument der Organisation sein, die wir beraten. Hier ist es wichtig, die Texte auf Facebook oder Twitter den meist jugendlichen Nutzergruppen anzupassen, damit dieser interessant für sie ist und gelesen wird. Oder mit einem Blog mal ganz anders zu kommunizieren und mit der Kombination von Fotos und Texten Wirkung zu erzielen.

Lässt sich emotional wirkendes Storytelling auch im Non-Profit-Bereich schreibend herstellen?

Storytelling ist für Non-Profit-Organisationen nichts Neues, es ist Kommunikations-Alltag. Sie übersetzen ihre Arbeit und ihre Ergebnisse in Geschichten mit Menschen, Bildern und Emotionen, damit sie für Spender und Förderer nachvollziehbar werden. Wer sich engagiert, fühlt sich von den Geschichten auch emotional angesprochen und entwickelt ein Vertrauen zur Organisation und deren engagierter Arbeit.

Storytelling ist für Non-Profit-Organisationen nichts Neues, es ist Kommunikations-Alltag

Über das Schreiben lassen sich viele Ideen entwickeln, allein schon über Brainwriting-Techniken. Zum Beispiel kann man mit Synektik-Methoden über die Anlehnung aus einem anderen Bereich wie Natur oder Technik zu interessanten Grundaussagen kommen.

Hinweis

Synektik ist eine Kreativitätstechnik, die mit Analogien arbeitet. Es wird also nicht über »Klassisches Nachdenken« an einem Problem gearbeitet, sondern das bearbeitende Team versucht, durch Impulse von außen, beispielsweise Analogien zur Natur, zu einem Ergebnis zu kommen. So kann die Beschaffenheit der Haut eines Meerestieres dabei helfen, dass die Menschen auf die Lösung eines Problems beim U-Boot-Bau kommen.

Man fragt sich im ersten Schritt: Was wäre, wenn unsere Organisation ein Tier oder ein Fahrzeug wäre? Damit werden ein Perspektivwechsel und eine erweiterte Wahrnehmung möglich. Im zweiten Schritt überlegen alle, welche Eigenschaften dieses Tier oder Fahrzeug mitbringt. Diese Sammlung von Assoziationen lässt sich dann in Texten verwerten und macht sie lebendig. Auch die Sieben-Sätze-Methode von Brian McDonald, die sich am Märchenerzählen orientiert, hilft, Geschichten zum Förderprojekt hervorzulocken.

Hinweis

Mit der Sieben-Sätze-Methode kann auch der Laie eine Story auf den Punkt bringen und damit eine Vorlage für den Fundraising-Berater schaffen, die nur noch wenig überarbeitet werden muss. Wie im Märchen gibt es einen Helden, der Widerstände überwinden muss, damit es am Ende ein Happy End geben kann. Die Geschichte beschreibt, welche Widerstände eine Organisation überwinden muss, um bestimmte Ziele zu erreichen.

Was lässt eine Kampagne emotional wirken und damit gut werden?

Emotional packend sind Geschichten von Menschen, bei denen wir empathisch mit Gefühlen reagieren, wenn wir sie hören. Geschichten von Menschen, die mit hohem Einsatz in diesem Bereich ihre Arbeit tun. Oder Storys von Menschen, in hygienisch problematischen Ländern, die zum Beispiel erstmals geimpft werden; endlich sauberes Wasser bekommen. Oder Storys von Jugendlichen, die wieder zur Schule gehen, Menschen, die wieder gesund werden, und

und und. Ergreifende Geschichten, verbunden mit den Werten und Zielen der Organisation, die in einfache Worte gefasst werden müssen, damit die Kampagne greift und sie schnell verstanden werden. Kampagnenarbeit ist Teamarbeit mit den Kunden und den Kollegen. Manchmal sind die Formulierungen der Kunden schon richtig gut, nah an Inhalten und Zielen dran. Sie müssen dann nur noch wenig überarbeitet und geschärft werden. Manchmal beginnen wir aber auch, eine Kampagne völlig neu aufzurollen. Die zündenden Funken und Ideen kommen oft durch Assoziations-Übungen, Befragung von Betroffenen oder auch durch »Fachfremde«, die mit ihren Augen draufblicken und gute Hinweise geben können. Der Kampagnen-Claim ist ja nur ein Teil (wenn auch wichtiger Teil) einer Kampagne. Das Ergebnis, der Erfolg im Fundraising, wird mit härteren Faktoren gemessen: Da geht es dann darum, wie viel Spenden eingegangen sind.

Gibt es auch qualitative Maßstäbe?
Es gibt auch Spenderbefragungen, um herauszufinden, was diese an der Organisation, für die sie spenden, und deren Engagement interessant finden und wie sie sich die Kommunikation mit der Organisation wünschen.

Schreiben Sie immer wieder gerne oder haben Sie auch Tage, an denen Sie sich an den Schreibtisch quälen?
Schreiben ist für mich eine der Aufgaben, der ich mich hinwenden muss. Manchmal brauche ich zeitlichen Druck, ein Zeitziel, damit ich mich dafür hinsetze. Es fällt mir leichter, für einen Kunden zu schreiben als für die Eigenpräsentation. Ebenso fällt es mir leichter, im Dialog mit Kollegen zu schreiben. Wenn ich dann im Schreibfluss bin, dann beginnt es auch Spaß zu machen.

Bedienen Sie sich bestimmter Schreib- oder Mentaltechniken, damit es flutscht?
Nicht immer gelingt es mir, mich an die mir bekannten Schreib- und Mentaltechniken zu erinnern. Was aber enorm hilft, ist mit

Interview mit Silvia Starz

einem guten Energieschub reinzugehen und zu versuchen, auch mit der positiven Energie, die man beim Schreiben gewinnen kann, wieder rauszugehen.

Richtig gut ist auch die »Ping-Pong-Funktion«: Wenn man sich den Text zwischen Kollegen hin und her spielt wie beim Tischtennis und in jeder Runde verbessert

Sinnvoll ist es zudem, wenn Kollegen den Text gegenlesen und wir darüber diskutieren. Richtig gut ist auch die »Ping-Pong-Funktion«: Wenn man sich den Text zwischen Kollegen hin und her spielt wie beim Tischtennis und in jeder Runde verbessert. Das geht leicht und scheinbar mühelos gelingt so der Text.

Was war Ihr schönstes Erfolgserlebnis im Berufsleben?
Als ich nach drei Jahren Leitbildentwicklung für einen Bundesverband das gedruckte Leitbild als Ergebnis in meinen Händen hielt. Ein Unternehmensleitbild bringt die angestrebte Identität eines Unternehmens auf den Punkt und kostet immer viel Zeit und Kraft.

Gibt/Gab es Rückschläge?
Wer länger selbstständig ist, weiß, dass es immer wieder Phasen gibt, wo alles stockt, die Auftragsvergabe nicht entschieden wird und die Zahlungen nicht auf dem Konto eingehen. Zudem ist der sich verändernde Markt ein Risikofaktor: Wir müssen den Fundraising-Markt immer im Auge behalten, um die Veränderungen und neuen Chancen für uns zu erkennen. Es gibt immer wieder neue Herausforderungen.

In einem Netzwerk arbeiten mehrere Kollegen. Wie funktioniert das?
Es ist ein Geben und Nehmen: Die Arbeit im Kollegennetzwerk erfordert immer wieder meine Impulse, ist aber auch eine Möglichkeit, die Kolleginnenschulter zu nutzen – um gemeinsam mit den Kolleginnen Schritt um Schritt an einer Sache zu arbeiten. Die multidisziplinären Projektteams bereichern und machen die Arbeit

spannend. Wir sind dadurch so breit aufgestellt und das ist gut, um neue Aufträge zu erzielen.

Müssen Sie viel reisen?

Die Reisetätigkeit ist von Projekten abhängig, mal mehr, mal weniger. Ich finde es spannend, in immer neue Ecken von Deutschland zu kommen, von den Menschen vor Ort zu lernen und deren kulturelle Schätze zu entdecken.

Welche Lebensqualität bietet Ihnen Ihre Arbeit? Gibt es Zukunftsängste?

Mein Partner trägt meine beruflichen Entwicklungen mit allen Höhen und Tiefen mit, das ist eine wichtige Voraussetzung und Grundlage für meine persönliche Balance.

Was erhoffen Sie sich für die Zukunft?

Wir sind noch in der Gründungsphase, also sind die Ergebnisse noch nicht in der Höhe, wie sie sein könnten. Wir arbeiten daran, dass wir uns als Marke etablieren, und sind sicher, dass unser Konzept mittelfristig aufgeht.

Die »Macht der Worte«: Welche Assoziation löst das bei Ihnen aus? Nutzen Sie »Die Macht der Worte« in Ihrem Beruf?

Die »Macht der Worte« und was Worte bewirken, fasziniert mich immer wieder. Besonders beim Einsatz der Motivationsprofile. Mit der Kenntnis der Motivationsprofile kann ich das Kommunikationsverhalten meines Gegenübers erkennen und individuell darauf eingehen. Wir haben alle limbische Bevorzugungen: Das persönliche Temperament eines Menschen wird durch verschiedene körpereigene Stoffe geprägt, vor allem durch die Hormone Östrogen und Testosteron und die Neurotransmitter Dopamin und Serotonin. Das hat aber nicht nur bei der Partnerwahl Bedeutung, sondern auch im Geschäftsleben sind wir auf Durchsetzung, Inspiration oder Balance aus.

Dieses Wissen kann ich sowohl in der direkten Kommunikation als auch in der Kommunikation mit Gruppen nutzen. Wenn die Kommunikation fließt, nutzen beide Seiten meist dieselben Motivationsprofile und haben aktuell dieselbe limbische Bevorzugung. Wenn die Kommunikation hakt, bevorzugt das Gegenüber andere Motivationsprofile, da hilft es, die Sprache dieser Profile zu kennen und entsprechend zu bedienen. Eine fantastische Möglichkeit, mit der »Macht der Worte« zu spielen!

Empfehlen Sie die Kenntnis dieser Motivationsprofile – und damit das Aneignen der »Macht der Worte« – allen Fundraisern?

Ja, ich kann es vor allem den Fundraisern empfehlen, die viel im direkten Kontakt mit den Spendern und Förderern sind. Es erfordert allerdings etwas Übung, ist aber mit Training erlernbar. Im Prinzip geht es so: Ich ordne mein Gegenüber anhand bestimmter Worte, die er benutzt, einem von sieben Motivationsprofilen zu. In Kombination mit drei verschiedenen limbischen (hormonell bestimmten) Bevorzugungen, das ist entweder »Durchsetzung«, »Balance« oder »Inspiration« – kann ich das Kommunikationsprofil meines Gegenübers erkennen. Wie er sich im Gespräch verhält, was ihm wichtig ist, worauf er reagieren wird – all das kann ich damit leichter sagen.

Dieses Modell der Motivationsprofile ist viel aussagekräftiger als nur die Beobachtung der Körpersprache. Damit mein Gegenüber mich leichter versteht und eher motiviert ist, auf mein Anliegen positiv zu reagieren, gehe ich im Gespräch auf seine Motivationsprofile und limbische Bevorzugung ein. Ich passe mich ihm also an wie ein lernendes Kind, und das geschieht auch über die Sprache, also die »Macht der Worte«. Ich komme mit meinem Gegenüber auf eine Sprachebene, die gemeinsam fließt.

Die Motivationsprofile wurden ursprünglich von Evelyne Maaß und Karsten Ritschl entwickelt – ich habe sie auf das Fundraising und die dort üblichen Gesprächsgegebenheiten adaptiert und finde sie enorm hilfreich. Auf dass sie zum Erfolg bei konkreten Spendenbitten bei Großspendern oder Stiftern beitragen!

•••

Schreiben im Fundraising-Bereich

Beim Fundraising muss viel und sehr Unterschiedliches geschrieben werden: Es ist eine Kunst, einen Antrag so zu formulieren, dass die Projekte neu und innovativ wirken, die Kernaussagen schnell zu erfassen sind und das Entscheider-Gremium begeistert sein wird. »Vision« und »Mission« des Projekts herüberzubringen, ist eines der Hauptanliegen der gemeinnützigen Organisation, die Gelder sucht. Denn es geht nicht nur um Geld: Unternehmen, die sponsern, agieren nicht nur altruistisch und idealistisch, sondern sie wollen »Gegenwert«: Ein Sponsoring-Objekt, das ihnen hilft, ihr Image weiterzuentwickeln. Daher werden sie sich nur mit einer Mission verbinden, die zu ihnen passt. Der Rasierklingenhersteller Gillette hat zum Beispiel über Jahrzehnte die Fußball-WM gesponsert. Als Gillette von Procter&Gamble (P&G) übernommen wurde, passte Fußball dann nicht mehr zum Image. P&G setzt sich u.a. für Tetanus-Impfungen in Afrika ein.

Was wird beim Fundraising geschrieben?

Viele verschiedene Formen des Schreibens sind beim Fundraising gefragt, denn sowohl die Themen als auch die Zielgruppen variieren sehr: Ein Spendenbrief an eine ältere christlich geprägte Generation muss anders abgefasst werden als die Fanpage für die Follower einer Internetkampagne. Auch der »Elevator-Pitch«, die drei Zeilen, die man als Selbstdarstellung des Projekts bei einer Aufzugsfahrt einem Vorstands-Vorsitzenden auf den Weg geben könnte, muss vorab schriftlich fixiert und für den Ernstfall geprobt sein.

Und es gilt immer zu bedenken, dass das Unternehmen auf der anderen Seite des Verhandlungstisches wirtschaftliche Interessen vertritt und einen Gegenwert haben möchte, wenn es sponsert. Und deshalb müssen die Texte auf Fragen wie diese eine überzeugende Antwort geben: Lässt sich das Engagement rechnen? Ist unsere Spende dort gut angelegt? Welches Image gewinnen wir? Können die Geförderten die Wirkung in Zahlen belegen?

Die Macht der Worte – mit Motivationsprofilen gesteigert

Mit dem Erarbeiten der »Motivationsprofile« kann schreibend eine Vorbereitung auf das Fundraisinggespräch erfolgen. Das erhöht laut Silvia Starz die Chancen, erfolgreich zu sein. Das Fundraisinggespräch ist ein besonders wichtiger Teil der Kommunikationsarbeit mit den Spendern. Wenn die Fundraiser sich nach ihren Erstkontakten Notizen über die genutzten Profile und die limbische Bevorzugung ihrer Gesprächspartner machen, kann dieses Wissen in die Folgegespräche einfließen und sie können das Kommunikationsverhalten danach gestalten. So steigern sich die Chancen, erfolgreich zu sein.

Ein Netzwerk – bringt es das?

Im Netzwerk Gemeinnützigkeit von Silvia Starz arbeiten mehrere Kollegen aus unterschiedlichen Disziplinen zusammen: Ein Steuerberater, eine Fundraising-Spezialistin, ein Kaufmann, eine Social-Media-Expertin ... – ein buntes multi-disziplinäres Team also.

Hinweis

Geschätzt gibt es 53.000 hauptamtlich arbeitende Fundraiserinnen und Fundraiser in Deutschland, davon etwa 6000 in Vollzeit. Hinzu kommen etwa 300.000 Menschen, die dies ehrenamtlich betreiben. Quelle: Institut für Kommunikation in sozialen Medien.
Und: Das Statistische Bundesamt beziffert die pro Jahr steuerlich geltend gemachten Spenden auf rund 5 Mrd. Euro – Krise hin, Krise her, der Betrag bleibt von Jahr zu Jahr stabil. Alle anderen Aktivitäten wie die Gabe für die Suppenküche oder den Straßenmusikanten sind darin nicht erfasst.

Viele Freiberufler erzählen, dass Netzwerkarbeit am besten funktioniert, wenn sich Experten aus unterschiedlichen Disziplinen zusammentun. Denn so können gleichzeitig verschiedene Anforderungen gemeistert werden. Positiv wirkt sich auch das »Empfehlungsmarketing« aus. So kann die Social-Media-Kollegin, die bereits in einer Organisation arbeitet, ihre Kollegin für die Förderanträge oder den Kollegen für die Datenbank empfehlen und möglicherweise sogar das gesamte Team in Arbeit bringen.

Die Schwierigkeit multidisziplinär zusammengesetzter Teams von Freiberuflern besteht darin, das gemeinsame Ziel des Netzwerks, mit dem man ursprünglich mal angetreten ist, nicht aus den Augen zu verlieren. Denn alle sind gleichzeitig noch in anderen Projekten mit anderen Kollegen unterwegs. Sie sind alle ihr eigener Chef oder ihre Chefin und hierarchisch gleichberechtigt.

Hinweis

Der Deutsche Fundraising Verband e.V. (DFRV) vereint als gemeinnütziger Fachverband haupt- und ehrenamtliche Fundraiser/-innen, Spendenorganisationen, Fundraising-Dienstleister/-innen, Vertreter/-innen aus Wissenschaft und Forschung und alle Personen, die sich in Deutschland für eine Kultur des Gebens einsetzen.

Laut Aussagen des Fundraising-Verbands scheint Fundrasing in Deutschland eine gute Zukunft zu haben. Der Druck, sich öffentlich wirksam zu präsentieren, ist gewachsen und professionelles Fundraising wird wichtiger, weil alle Organisationen sich optimal aufstellen wollen. Damit steigt die Chance, dass in diesem Bereich auch professionelle Schreiber eine Chance auf andauernde Beschäftigung finden und sich schreibend positionieren könnten.

Storytelling fürs Fundraising

Alexandra Ripken hat in ihrem Buch »Das persönliche Gespräch« den Drehbuchautor Brian McDonald zu Wort kommen lassen. Wir stellen die sieben Sätze hier vor, weil es eine hübsche Vorlage für Storytelling nicht nur im Fundraisingbereich sein kann, an der sich unerfahrene Schreiber entlanghangeln können.

Satz 1: Es war einmal ...

Unter diesen Vorzeichen führst du deine Charaktere ein und setzt den Rahmen deiner Geschichte. Um wen geht es wo und wann?

Satz 2: Und jeden Tag ...

Dann skizzierst du das Alltagsleben deines Protagonisten. Wie sieht sein Leben aus, tagein, tagaus?

Satz 3: Bis eines Tages ...

Hier kennzeichnest du den Wendepunkt im Leben deiner Hauptfigur. Welches Ereignis wirbelt alles durcheinander?

Satz 4: Und dann ...

Nun endlich wacht der Held deiner Geschichte auf und nimmt die Fäden selbst in die Hand. Wie sieht seine Lösung aus?

Satz 5: Und deswegen ...

Deine Hauptperson kommt schon ein Stück weiter, muss aber noch diese weitere Nuss knacken. Hast du noch eine parat? Sonst geht es auch nur mit einer.

Satz 6: Bis endlich ...

Du läutest die Schlussphase deiner Geschichte ein. Wie sieht der Heimweg deiner Schlüsselfigur aus, um in ihren Alltag zurückzukehren?

Satz 7: Und seitdem ...

In der finalen Szene erzählst du, welche Bedeutung die Geschichte für deinen Helden hat. Was sagt sie ihm, anderen Charakteren der Story und uns, deinen Zuhörern?

| KAPITEL 6 |

Buch-PR

Die verführerische Macht der Worte

Ulrike Plessow: Kontakterin im Namen des Buches

BUCH CONTACT bietet klassische Öffentlichkeitsarbeit für die Verlags- und Kulturwelt an. Das können Pressekonferenzen, Expertenrunden, Buchpräsentationen, Veranstaltungen jeder Art, Vortragsreisen und Texte in allen Varianten wie Newsletter, Pressetexte oder Unternehmensbroschüren sein.

Unsere Texte machen aufmerksam und berühren, informieren und regen an: Pressemitteilungen, Akquisebriefe, Pressetexte, Porträts, Vita-Texte, Newsletter, Interviews, Testimonials, Rezensionen. Wenn es etwas mehr sein soll, schreiben wir ganze Reportagen zu Buchtiteln, Themen und Autoren sowie ganze Buchbeiträge oder Unternehmensgeschichten. Neben der Konzeptarbeit stellt die Entwicklung von Texten den kreativeren Teil unserer Arbeit dar.
Webseite: *www.buchcontact.de*
Kontakt: *berlin@buchcontact.de*

Interview mit Ulrike Plessow

Ulrike Plessow und ihre Geschäftspartnerin Murielle Rousseau werden gerne als »Diplomatinnen im Dienste des Buches« (BuchMarkt) beschrieben, so erfolgreich vermarkten sie die Bücher ihrer Kunden – einfühlsam, professionell und wirkungsvoll. Die PR-Agentur BUCH CONTACT vertritt Verlage mit ihren Autoren, Moderatoren und Schauspielern seit 1995 durch Presse-, Öffentlichkeits- und Textarbeit auf dem Buch- und Medienmarkt. Engagierte Arbeit, bei der Ulrike Plessow für Lese- und Journalistenreisen, Verlagskonferenzen, Kunden- und Redaktionsbesuche häufig unterwegs sein muss. Berufseinsteiger schult sie über Berlin hinaus in Theorie und Praxis der Buch-PR.

Sie verstehen sich als eine »Kontaktschmiede« – welchen Service bekommen Verlage und Autoren bei Ihnen? Mit welchen Kosten muss ein Auftraggeber rechnen?

Vom »Rundum-Sorglos-Paket« bis zur ganz individuellen Einzeldienstleistung innerhalb des gesamten PR-Spektrums. Flexibilität zeichnet die Agentur-Tätigkeit aus. Entsprechend variabel sind die Kosten, die dem Auftraggeber entstehen. Wichtig ist, dass wir bei unserem Dienstleistungsangebot so wirtschaftlich für den Verlag bleiben, dass sein Marketingbudget es verkraftet. In Verbindung mit dem Zugewinn an Expertise, Professionalität, langjährig gewachsenen Journalistenkontakten und der Kontinuitätsgarantie durch unsere Personaldichte (keine spürbaren Urlaubs- oder Krankheitsausfälle) liegen die Vorteile klar auf der Hand.

Sie vertreten bekannte Schauspieler, Moderatoren und Autoren. Warum »mischen« Sie Schauspieler, Moderatoren und Autoren?

Die von uns vertretenen Schauspieler und Moderatoren schreiben Bücher, das heißt tauchen bei uns als Buchautoren auf, z.B. Katja Riemann mit dem Kinderbuch »Der Name der Sonne« und Thomas Gottschalk mit seiner Biografie. Durch die langjährige Arbeit für Hörbuchverlage finden sich auch viele Schauspieler als Hörbuch-Sprecher bei uns wieder.

Stehen Sie nur VIPs zur Verfügung oder hat zum Beispiel auch ein Debut-Autor die Chance, sich von Ihnen vertreten zu lassen? Könnte ich z.B. ein Buch im Eigenverlag erstellen und BUCH CONTACT dann beauftragen, mit PR- und Marketingaktivitäten den Verkauf voranzutreiben?
Das ist möglich und auch schon oft geschehen. Vorrang haben allerdings unsere langjährigen Verlagskunden, deren komplettes Programm wir vertreten. Das gibt uns die Sicherheit eines kontinuierlichen Auftragsvolumens.

Hinweis

Von Ulrike Plessow und Murielle Rousseau wurden zum Beispiel schon Lea Ackermann, Ralph Giordano, Thomas Gottschalk, Tim Mälzer, Katja Riemann und Eva-Maria Zurhorst vertreten.

Wenn Sie die Redaktionen mit Materialien über die Verlagsprogramme und Ankündigungen beliefern, dann geht das nur, wenn Sie die Besonderheiten eines Buchs genau kennen, um es potenziellen Lesern richtig schmackhaft zu machen. Ich denke, Sie und Ihre Mitarbeiterinnen dürfen und müssen viel lesen?! Worauf kommt es in Ihrem Beruf an, was muss ein Mitarbeiter können? Der sucht ja einen Beruf, in dem er die Liebe zu Büchern mit der Liebe zum Schreiben zusammenbringen kann – ohne selbst Schriftsteller zu sein!
Bei Vorstellungsgesprächen betonen wir immer, dass die Leidenschaft für das Buch Grundvoraussetzung ist. Das Lesen, vor allem von belletristischer Literatur, ist während der Büroarbeitszeiten ja kaum möglich und muss daher in der Freizeit oder auf einer der vielen Reisen passieren. Darüber hinaus ist es wichtig, sich für The-

men begeistern zu können und diese Begeisterung auch vermitteln zu können an Journalisten und potenzielle Leser.

Bei Vorstellungsgesprächen betonen wir immer, dass die Leidenschaft für das Buch eine Grundvoraussetzung ist

Man muss den »Funken überspringen lassen« können. Ob wir die Vorankündigung des Verlagsprogramms schreiben oder die Einladung zu einer Lesung, es muss ins Herz und ein Bedürfnis treffen. Und trotzdem müssen alle Fakten und Termine erwähnt und korrekt sein. Gerade in der Agenturarbeit mit vielen parallel laufenden Projekten ist es unabdingbar, strukturiert zu arbeiten und immer den Überblick zu bewahren.

Ihre Agentur hat zwei Standorte: Murielle Rousseau arbeitet in Freiburg und Sie in Berlin. Sind Sie oft auf Reisen, zu den Buchmessen zum Beispiel?
Ja, denn die Buchmessen in Frankfurt und in Leipzig sind zwingendes Programm. Wir sind bereits seit 17 Jahren mit eigenem Stand dort vertreten. Je zweimal im Jahr fahre ich zu Vertreterkonferenzen der Verlage, die wir komplett betreuen. Zusätzlich begleite ich Lese- oder Journalistenreisen oder besuche Redaktionen in Deutschland, Österreich und der Schweiz.

Wie sind Sie dahin gekommen, wo Sie jetzt stehen? Welche beruflichen Erfahrungen bringen Sie dafür mit?
Wir sind Literaturwissenschaftlerinnen mit der Mission, Bücher in Richtung Medien und Öffentlichkeit zu kommunizieren. Das geschieht nicht nur verbal, sondern auch schriftlich über Pressetexte, Pressemitteilungen, Presseinformationen. Ich persönlich habe mir dieses Handwerk direkt in Verlagen angeeignet. Es schadet aber nicht, berufliche Erfahrungen auch in Medienredaktionen oder anderen PR-Agenturen gesammelt zu haben, wenn man bei uns arbeitet.

Wie hoch ist der Anteil des Schreibens bei Ihnen und Ihren Mitarbeiter/-innen in Ihrem Beruf? Was macht PR-Texte aus?

Der schriftliche Anteil unserer Arbeit ist – neben dem verbal-kommunikativen und organisatorischen – ungefähr ein Drittel. Wichtig ist bei der Texterstellung, dass wir uns von Werbetexten abheben und den Wünschen der Journalisten entsprechen, indem wir eine informativ-sachliche Sprache beibehalten und gleichzeitig das Interesse an den von uns betreuten Büchern wecken.

Bei allen Buchmessen beklagen die Verleger, dass die wirtschaftliche Situation der Verlage nicht so rosig sei; welche Veränderungen bringt das Internet, und inwiefern stellen Sie sich darauf ein? Sind Sie gezwungen, stärker auch Social-Media-Aktivitäten anzubieten, oder bleiben Sie bei klassischer PR?

Da geht es um zwei unterschiedliche Sachverhalte:
Im Bereich der klassischen PR fällt natürlich auf, dass viele Multiplikatoren in Online-Kanäle abwandern oder sich dort neu erstmals etablieren. Gerade in zielgruppenspezifischen Foren lässt sich viel bewegen für entsprechende Bücher.
Social Media lebt von der Unmittelbarkeit und Authentizität der User. Wir sehen unsere Aufgabe daher eher darin, unsere Verlage und Autoren zu beraten hinsichtlich der eigenen Nutzung der digitalen Kanäle, statt sie im Internet durch die Agentur als Dienstleister zu vertreten. Der Bedarf der Verlage und Autoren ist in diesem Bereich sehr unterschiedlich, und wir holen die Kunden dort ab, wo sie sich gerade befinden in der Entwicklung mit Neuen Medien. Nach dem Erstellen eines Konzepts helfen wir bei der Umsetzung von Social Media Maßnahmen.

Was raten Sie Autoren, die ihr Debut planen?

Viel Geduld und die Bereitschaft der Selbstvermarktung über direkten Leserkontakt (siehe oben), egal ob man im großen Publikumsverlag oder im kleinen feinen Verlag veröffentlicht wird.

Was war Ihr schönstes Erfolgserlebnis?

Es gab in den 17 Jahren immer wieder ganz wunderbare Hurra-Momente ... Einer war, als die ZEIT über eine ganze Seite ein unscheinbar klingendes Werk über Alpenblumen (»Flora alpina« im Haupt Verlag) in Form Hunderter kleiner Blumenabbildungen, die zusammengesetzt das Matterhorn abbildeten, dargestellt hat. Dazu zähle ich auch das Erlebnis, als ein unbekannter amerikanischer Debut-Autor bei Roger Willemsen in »Willemsens Woche« eingeladen wurde. Live-Synchronisationen werden in deutschen Talkshows äußerst selten realisiert. Und der Vorabdruck eines spirituellen Titels in der BILD-Zeitung, der das Buch zum Bestseller avancieren ließ, ist ein weiterer wunderbarer Erfolg gewesen.

Was war der härteste Rückschlag?

Durch den wachsenden Erfolg der Hörbücher fingen immer mehr Publikumsverlage um die Jahrtausendwende an, ihre eigenen Hörbuchlabels zu gründen. Darunter litten diejenigen Hörbuchverlage, die von den Lizenzen der Printverlage abhängig waren. In Verbindung mit der aus dem Musikbereich bekannten Download-Problematik konnten auch die besten PR-Maßnahmen in dieser Krise nicht mehr helfen.

Was verdienen Sie im Jahr? Wie groß ist die Spanne, in der Ihre Autoren verdienen?

In die Verträge der Autoren mit den Verlagen haben wir keinerlei Einblicke. Und wir verdienen definitiv weniger als jeder Pressesprecher eines buchfernen Wirtschaftsunternehmens.

Wenn es um das schnelle Geld geht, ist man in anderen Professionen ganz bestimmt besser aufgehoben

Dafür haben wir die Befriedigung, in einem abwechslungsreichen »Traumjob« zu arbeiten. Wir dürfen Bücher vermarkten und müssen uns keine Slogans für Waschpulver ausdenken ... Selbst, wenn zu Messezeiten das Privatleben zurückstehen muss und der Buchstapel selbstverständlich auch im Strandkorb gelesen wird: Es ist ein Beruf, der mit Leidenschaft zu tun hat und sich nicht aus finanziellen Erwägungen allein speist.

Bitte fassen Sie die Erfolgsfaktoren zusammen, unter denen Schreiben Ihrer Ansicht nach gelingen kann und finanziell erfolgreich wird.

Der Begriff »Erfolg« ist ja sehr subjektiv, auch der des »finanziellen Erfolges« ist auslegbar: Bin ich erfolgreich, wenn meine Kosten gedeckt werden? Wobei ein angemessenes Stundenhonorar ja bei den wenigsten Autoren verbucht wird. Oder bin ich erfolgreich, wenn ich davon leben und womöglich noch meine Familie davon ernähren kann? Die Erwartungen von Autoren sind da ja durchaus sehr unterschiedlich. Wenn es um das schnelle Geld geht, ist man in anderen Professionen ganz bestimmt besser aufgehoben. In jedem Fall sollte sich jeder, der das Schreiben lukrativ betreiben will, immer wieder neu Gedanken machen über seine Leserschaft, sein Publikum, das Bereitschaft zeigen soll, für seine Texte Geld auszugeben.

Die »Macht der Worte«: Welche Assoziation löst das bei Ihnen aus? Nutzen Sie »Die Macht der Worte« in Ihrem Beruf?

Natürlich wollen wir mit Worten überzeugen und begeistern. Ein bisschen manipulativ geht man in der PR-Sprache sicher vor. Wir wissen schon, womit wir Redakteure und Leser 'ködern' können. Wir suchen immer nach dem emotionalen Kern des Buchs, wir wollen auf den Punkt bringen, was drinsteckt, und neugierig machen auf das, was der Leser selbst entdecken kann, was ihn berühren wird. Es hat mit »verlocken« und »verführen« zu tun. Immer so, dass danach keine Enttäuschung entsteht, denn das wäre kontraproduktiv.

Könnten Sie sich auch einen anderen Beruf vorstellen? Was ist Ihre Hoffnung für die Zukunft?

Trotz des digitalen Hypes hoffe ich, dass die Leidenschaft für das gedruckte Buch nicht ganz verloren geht und Berufe wie der des Buchhändlers um die Ecke und des traditionellen Kleinverlegers nicht irgendwann aussterben. Mein persönliches Interessenspektrum ist sehr breit angelegt, daher kann ich mir zwischendurch immer mal wieder auch ganz andere berufliche Tätigkeiten vorstellen.

Aber genau das ist wohl der Grund, warum ich letztendlich der PR für Bücher und Autoren treu bleibe: weil wir mit jedem Buchprojekt wieder unseren Horizont erweitern, spannende Künstler und Experten kennen lernen und uns mit neuen Themen auseinandersetzen. Dazu kommt, dass ich mein Wissen auch regelmäßig in Workshops und Vorträgen weitergebe und auch beratend tätig bin. Ich kenne kaum einen vielseitigeren Job als unseren.

•••

Über die Arbeit im Bereich Buch-PR

Ulrike Plessow beschreibt Buch-PR als Traumjob für Menschen, die nicht nur gerne lesen, sondern auch gerne über Bücher sprechen. Oder über Bücher schreiben, denn auch Rezensionen gehören zum Repertoire der Buch-PR. Grundsätzlich alles schriftliche Material, das dem Autor bei der Vermarktung seines Buches hilft. Das kann auch ein Porträt einer Autorin sein, das dann einer Frauen-Zeitschrift angeboten wird. Wenn die Autorin beispielsweise ein Sachbuch über das Thema »Karriere von Frauen in einer maskulin geprägten Gesellschaft« schreibt, dann bietet das Thema viele Möglichkeit für Buch-PR: Mit unterschiedlichem Aufhänger, Titel und Schwerpunkt könnte es einer wissenschaftlichen Redaktion angeboten werden, aber auch einem Frauenmagazin wie »Brigitte Forty«, das berufstätige Frauen als Zielgruppe hat und wo die Redaktion dann selbst entscheidet, ob sie das Buch empfiehlt.

Die Buch-PR-Frau muss in der Lage sein, klar zu formulieren und spannende Geschichten auf dem Papier entstehen zu lassen, um Interesse zu wecken. Denn es ist die Begeisterung für das Buch oder für die Person der Autorin, die den »Funken überspringen« lässt. Für Ulrike Plessow gehört als Grundvoraussetzung für den Job die Bereitschaft dazu, in der Freizeit die Bücher zu lesen. Damit benennt sie aber gleichsam auch die Tatsache, dass auch bei der Buch-PR teilweise unbezahlte oder insgesamt eher schlecht bezahlte Arbeit zu leisten ist.

Hinweis

Was verdient man mit Buch-PR?:
»Weniger als in der buchfernen bzw. nicht-buchbezogenen Wirtschaft.«
Und was kostet mich als Autor die PR für mein Buch?:
»Je nach Erwartungen und damit verbundenem Aufwand erstellen wir sehr individuelle Kalkulationen. Wichtig ist beispielsweise auch, ob wir in den Bereich der Autoren-PR oder Personality-PR hineingehen in Form von Interviewvermittlung u.Ä. Oder ob wir bei der reinen Buch-PR bleiben. Wir führen keine feste Preisliste.«

Und vielleicht macht das ja tatsächlich nur jemand, der wirkliche Leidenschaft für Bücher und Geschriebenes in sich trägt und die Lesezeit gar nicht als Arbeitszeit ansieht ... Im Angestelltenbereich wird das vor allem von Einsteigern in die Buchbranche erwartet. Auch die Fähigkeit gehört dazu, eine Ablehnung nicht persönlich zu nehmen und auch nach einem Rückschlag immer wieder neu anzusetzen, um das Bestmögliche für den Verlag oder Autor zu erreichen. Und selbst der besten Buch-PR wird es nicht immer gelingen, einem Buch die Aufmerksamkeit zu verschaffen, die der Autor sich wünscht. Wie der Name schon andeutet: BUCH CONTACT verfügt über beste Kontakte, langjährig gewachsen und immer aktualisiert. Aber ein Buch muss auch den Trend treffen, das Thema ansprechen, für das die Leser bereit sind – und auf das sie vielleicht schon warten.

Buch-PR – oder wie wir Bücher finden, die wir lieben

Bücher brauchen Menschen, die über sie reden – sonst werden sie nicht bekannt. Aufmerksamkeit ist ein knappes Gut, und wir können sie nur den Büchern schenken, die uns von Menschen und/ oder in den Medien nahegebracht werden. Wir nehmen nur die Bücher in die Hand, für die der so genannte Funke übergesprungen ist, die unser Interesse geweckt haben. Ob es eine Freundin ist, die uns für einen Roman begeistert, oder der Buchklappentext, der uns fesselt, ob uns ein Buch von der Bestsellerliste anspringt oder wir eine spannende Rezension bei Amazon lesen, das ist durchaus unterschiedlich. Doch jedes Mal sind es Worte, ist es die Beschreibung des Buches, die uns neugierig macht und in den Bann zieht. Und in vielen Fällen stammt diese aus der Feder eines Menschen, der für die PR des Buches zuständig ist. Es ist sein oder ihr Blick auf das Buch, der uns die Augen öffnet. Und es sind unsere Informations- und Konsumgewohnheiten, die uns zu den Büchern führen, die wir lieben.

E-Books auf dem Vormarsch

Der Buchmarkt durchläuft gerade eine tief gehende Veränderung: Es ist für Autoren relativ einfach geworden, bei Amazon oder Plattformen wie Lulu zu publizieren – und dies, ohne von einem Verlag ausgewählt, angenommen und für gut befunden worden zu sein.

Hinweis
Amazon zahlt Autoren bis zu 70% Honorar bei E-Books mit einem Verkaufspreis unter zehn Euro.

Ein gangbarer Weg auch für Autoren, die zuvor von einem Verlag abgelehnt wurden, und ein lukrativer auch: Denn über soziale Netzwerke und andere Aktivitäten erreichen sie beachtliche Verkaufserfolge. Da die Gewinnmarge pro Buch für selbst publizierende Autorinnen und Autoren wesentlich höher ist, wenn sie ihr Werk bei Amazon als E-Book einstellen, müssen sie weniger Bücher verkaufen, um auf eine angemessene Entlohnung zu kommen. Es gibt immer wieder Autoren, die im Verkauf die 100.000-Marke überschreiten – Jonas Winner zum Beispiel mit seinem Thriller in sieben Teilen »Berlin Gothic«. Eine Story wie die der »Shades of Grey«-Trilogie, die zuerst nur im Netz zu finden war, dann von einem Verlag entdeckt wurde und sich zig-millionenfach verkaufte, ist hingegen wohl eher noch die Ausnahme.

Für einen Autor, der selbst publizieren möchte, ist aber eben auch die Öffentlichkeitsarbeit für das Buch – über welche Medien und Wege auch immer – ein wichtiges Thema und durchaus für den Verkauf des Buchs entscheidend. Damit steht man vor der Frage: mit oder ohne PR-Agentur oder einem PR-Profi?

Die Alternative, selbst an den Start zu gehen und eigene PR-Aktivitäten durchzuführen, ist nicht nur aufwendiger als gedacht, sondern manchmal leider auch ohne Hilfe nur begrenzt erfolgreich. Persönliche Kontakte zu Journalisten sind nicht einfach herzustellen, denn in den wenigsten Fällen warten diese Medienmenschen darauf, dass man sich bei ihnen meldet. Und selbst wenn journalistische Kriterien für die Auswahl von News wie eine außergewöhnliche Geschichte, eine hervorragende Qualität oder die Aktualität des Buchthemas vorhanden sind, bleibt noch die Frage der üblichen Kommunikationsformen und -wege im Raum stehen. Auch die Vermarktung des Buches über Social-Media-Aktionen ist nicht einfach mal so nebenbei zu leisten. Auch sie verlangt Kenntnisse, Erfahrungen und Möglichkeiten.

Was Books on Demand rät

Was rät Book on Demand seinen Autoren? Unter *www.bod.de* sind eine Reihe von Tipps und Hinweisen gelistet, wie z.B. Pressearbeit, Buchevents wie Buchpartys und Lesungen oder auch »Netzwerken« gelingen kann. Ebenso wird der Wert von Werbeflyern, Postkarten oder Postern debattiert oder Beispiele von Give aways vorgestellt – Schneekugeln mit Fröschen, wenn es um den »Froschprinz« geht ... So können sich Autoren einen Überblick über Möglichkeiten und Grenzen der PR für ihr eigenes Buch verschaffen. Interessanterweise finden sie dort aber auch Adressen von Menschen oder Agenturen, die ihnen sinnvoll helfen können. Unter ihnen, wen wundert es: BUCH CONTACT.

| KAPITEL 7 |

Blogging

Ein neuer, demokratischer Schreibberuf entsteht

Christina Fuchs, hauptberufliche Bloggerin

Christina Fuchs studierte Informatik an der Friedrich-Alexander-Universität Erlangen-Nürnberg und war anschließend in der Softwareentwicklung tätig. Ihren Beruf hing sie familiär bedingt vorübergehend an den Nagel und entdeckte während der Elternzeit auf der Suche nach einer geistigen Herausforderung das Bloggen als Hobby. Seit 2011 bloggt sie mittlerweile erfolgreich auf mehreren Portalen und wagte Anfang 2012 den Schritt in die Selbstständigkeit als hauptberufliche Bloggerin.

Auf *www.vanvox.de* gibt sie ihre Erfahrungen als Bloggerin an alle weiter, die diesen zugegebenermaßen nicht ganz einfachen, aber doch sehr erfüllenden Beruf ergreifen möchten. Die Themen auf vanvox.de sind sehr vielfältig, beginnend mit der Erstellung von Blogs über die Optimierung bis hin zur Vermarktung und Informationen für Selbstständige. Weibliche Blogger werden besonders unterstützt unter anderem mit der Möglichkeit, ihren Blog auf *vanvox.de* vorzustellen.

In ihrem Blog *www.gewinnspiele-fundgrube.de* veranstaltet sie Gewinnspiele im Rahmen von Produkt- und Shopvorstellungen. Dazu bietet der Blog noch allgemeine Informationen zu diesem Thema sowohl für Teilnehmer als auch für Veranstalter. Ihr noch recht junger Blog zum Thema Suchmaschinenoptimierung (SEO) *www.seo-newsticker.de* berichtet über aktuelle News aus der SEO-Szene, liefert SEO-Tipps sowie Informationen für Anfänger und Fortgeschrittene und stellt auch das eine oder andere Tool zur Suchmaschinenoptimierung vor.

Interview mit Christina Fuchs

»Von Beruf: Bloggerin«, damit dürften Sie – zumindest derzeit noch – zu einer relativen Minderheit im deutschsprachigen Raum gehören. Blogger/-innen gibt es zwar viele, aber nur wenige trauen sich bislang, »mehr« aus ihrem Hobby zu machen. Wie reifte bei Ihnen der Entschluss, diesem ja noch sehr neuen Schreibberuf nachzugehen?

Das Bloggen war tatsächlich erst einmal nur ein Hobby, das ich während der Elternzeit für mich entdeckt habe. Zwei Dinge waren dafür verantwortlich, dass ich mich entschloss, aus dem Bloggen einen Beruf zu machen. Zum einen war dies familiär bedingt. Als Mutter hat man ja doch ein paar mehr Verpflichtungen und als Angestellte mit festen Arbeitszeiten ist man einfach unflexibel und zeitlich gebunden. Da besteht oft während der Woche nicht die Möglichkeit, mit dem Kind etwas zu unternehmen und sich an den Freizeitaktivitäten mit zu beteiligen. Nachdem ich da nicht allzu viele Abstriche machen wollte, musste eine freie Zeiteinteilung her, was ja beim Beruf Blogger im Großen und Ganzen gegeben ist. Was tagsüber nicht erledigt werden konnte, wird am Abend nachgeholt.

Der zweite Grund war, dass ich meinen bisherigen Beruf als Softwareentwicklerin in Anstellung nicht mehr als erfüllend empfunden habe. Vielen geht es ja so, dass die Arbeit nicht mehr Spaß macht, aufgrund von zu viel Druck und zu wenig Anerkennung seitens des Arbeitgebers. Ich wollte endlich einer Arbeit nachgehen, die mir richtig Freude macht.

Wie darf man sich den Arbeitsalltag einer hauptberuflichen Bloggerin vorstellen?

Meistens geht der Arbeitstag morgens um 9 Uhr los, wenn der Rest der Familie aus dem Haus ist, und da versuche ich auch, die ruhigen Stunden am Vormittag zu nutzen. Als Erstes gehe ich meine Mails durch und erledige diese. Davon sind ein Teil Benachrichtigungen für Kommentare, die ich freischalte und eventuell noch beantworte. Ein paar der Mails sind Kooperationsangebote, die ich annehme oder auch ablehne. Anschließend ist es an der Zeit, sich über die Neuigkeiten in der Blogosphäre zu informieren. Ich persönlich nutze da die Social-Media-Plattform Google+, wo ich die Meldungen der Personen in meinen Kreisen durchgehe, und zusätzlich überfliege ich im Google Reader die Überschriften der neuen Artikel der von mir abonnierten Blogs. Das sind mittlerweile mehr als hundert. Die interessanten Beiträge werden dann flott gelesen. Und dazu gehört es auch, diese auf meinen Social-Media-Kanälen zu verbreiten, damit auch meine Follower bestens informiert sind. Danach bin ich quasi up to date.

Den Rest des Tages gestalte ich recht flexibel. Meistens schreibe ich einen oder mehrere Artikel, für die ich mehr oder weniger recherchieren muss. Schreibe ich über ein SEO-Tool, dann kann es auch vorkommen, dass ich dieses erst ausprobieren und testen muss, was schon einmal einen Tag oder mehr in Anspruch nimmt. Oft bastle ich an meinen Blogs, baue ein neues Feature ein, entweder über ein Plug-in oder seltener programmiere ich dies selbst. Manchmal bekomme ich Gastbeiträge, die ich einpflege.

Einen Teil der Zeit verbringe ich mit Suchmaschinenoptimierung oder auch mit dem Optimieren der Einnahmen aus Affiliate-Programmen (*Diese werden gleich noch erläutert*). Und einmal am Tag schaue ich mir auch die Statistiken für meine Blogs an, um entsprechend reagieren zu können. Aktiv sein auf Social Media und das

Knüpfen und Pflegen von Kontakten gehört fast täglich mit dazu, denn im Internet kommt man ohne nicht aus. Hier ist Netzwerken angesagt. Der Arbeitstag ist somit recht abwechslungsreich und zwischendurch muss auch Zeit für die Familie oder den Haushalt sein.

In der Regel habe ich einen einigermaßen festen Plan, was ich alles an einem Tag erledigen möchte, der aber auch einmal spontan geändert wird, wenn ein dringender Auftrag eingeht und sofort erledigt werden muss. Irgendwann sollte auch Feierabend sein, was aber eher schwerfällt, denn wenn der Rechner aus ist, strickt das Gehirn noch weiter seine Pläne.

Womit verdient man als Bloggerin sein Geld?

In der Regel beginnt man die Vermarktung des Blogs mit Klickprogrammen wie AdSense oder Plista, wo ein geringer Betrag gutgeschrieben wird, wenn der Leser auf das Werbemittel klickt.

Hinweis

Die genannten Anbieter gehören zu einer Vielzahl von Dienstleistern, welche Werbekunden und Webseitenbetreiber zusammenbringen. Somit müssen gerade kleinere Portal-Betreiber und Blogger nicht selbst auf zeitaufwendige Akquise gehen. Der Blogger kann sich in einem solchen Fall ein passendes Werbemittel aussuchen, dieses wird ihm aktiv und passend zum Thema seiner Webseite angeboten, oder thematisch geeignete Werbeanzeigen werden gar automatisch durch den Dienstleister zugesteuert. Vor allem im letztgenannten Fall muss der Webseitenbetreiber den Programmcode für das zugehörige Werbemittel nur einmalig einbinden, er hat dann also wenig administrativen Aufwand.

Weitere Möglichkeiten sind das Einbinden von Werbebannern zu einem festen Preis pro Monat. Ein Blog ist ja eine große Werbefläche. Lukrativ sind auch bezahlte Gastbeiträge (so genannte Advertorials), die man in seinem Blog veröffentlicht und entweder der Blogger selbst verfasst oder geliefert bekommt. Ob Werbebanner oder bezahlter Artikel, beides sollte immer als Werbung gekennzeichnet werden und auch immer Google-Richtlinien-konform veröffentlicht werden. Die Monetarisierung des Blogs kann entweder über Selbstvermarktung geschehen oder aber über Plattformen wie Blogads, Textbroker usw.

Allzu einfach sollte man sich die Monetarisierung nicht vorstellen

Wer gerne und viel schreibt, kann natürlich auch als Texter Geld verdienen, wobei die Preise bei den Textbörsen sehr niedrig sind. Da lohnt sich der Einkauf von Artikeln mehr als der Verkauf. Und dann gibt es noch die so genannten Affiliate-Programme, die wie folgt funktionieren: Der Affiliate, in unserem Fall der Blogger, bindet ein Werbemittel eines Unternehmens ein und wird an den von ihm vermittelten Einnahmen beteiligt. Hier gibt es verschiedene Modelle wie Pay per Sale (Affiliate bekommt zum Beispiel 10% des Warenwertes bei einem Kauf) oder Pay per Lead (hier gibt es einen festen Betrag für eine Aktion, zum Beispiel »Newsletter abonnieren«).

Allzu einfach sollte man sich die Monetarisierung nicht vorstellen, denn erstens ist eine gewisse Menge an Besuchern notwendig, die am Anfang nicht vorhanden ist, und meistens dauert es auch eine gewisse Zeit, bis die richtige Form und das richtige Partnerprogramm gefunden wurde. Hier muss ständig optimiert werden und oft kommt es auch vor, dass ein Partnerprogramm, kaum dass es Einnahmen bringt, wieder einfach so vom Anbieter beendet wird. Nicht jeder Blog muss auch direkt monetarisiert werden, es können auch indirekt Aufträge aus der Aktivität als Blogger resultieren. Beispielsweise kann ein SEO-Blogger Suchmaschinenoptimierung für Unternehmenswebseiten betreiben oder der WordPress- und Webdesign-Blogger erstellt eben Webseiten.

Geht bei dem Schritt hin zu einer mehr kommerziellen Betrachtungsweise etwas von der bisherigen »Lockerheit« beim Schreiben

verloren, indem man doch zumindest ab und an auf die Aspekte der Vermarktung und der Refinanzierung achten muss?

Eigentlich nicht. Bei mir ist es eher umgekehrt, am Anfang hatte ich schon Hemmungen und habe meine Artikel recht lange nachbearbeitet, bis sie endlich veröffentlicht waren. Mit der Zeit kommt auch die Übung und man wird da eher etwas lockerer, vor allem, wenn das Feedback der Leser oder eventueller Auftraggeber positiv ist, denn dann scheinen ja die Beiträge trotz Lockerheit oder gerade deswegen zu gefallen.

Natürlich muss ich mehr darauf achten, zu welchen Themen ich schreibe, denn schließlich funktioniert die Vermarktung nur, wenn auch die entsprechenden Besucher da sind. Als Regel habe ich mir gesetzt: Wenn ich mich zwingen muss, einen bestimmten Artikel zu schreiben, dann verzichte ich lieber darauf, denn das merkt der Leser und dann ist das eher schädlich.

Noch können Sie rein von Ihren Blogs nicht leben. Wann möchten Sie so weit sein, und was fehlt noch bis hin zu einer relativen Unabhängigkeit von wirtschaftlichen Zwängen?

Davon leben können möchte ich natürlich so bald wie möglich. Im Moment bin ich auch noch nicht Vollzeit tätig, da ich mir und meiner Familie erst einmal eine Eingewöhnungszeit nach der Elternzeit gönnen möchte. Die Einnahmen steigern kann man mit noch mehr Blogs, die nach und nach hinzukommen werden.

Allzu viele wirtschaftliche Zwänge gibt es bei mir nicht. Für Geld tue ich nicht alles, und wenn ein Angebot nicht passt oder ich es nicht für vertretbar halte, dann verzichte ich darauf, auch wenn ich vergleichsweise eine ordentliche Summe Geld bekäme. Im Endeffekt lohnt sich das nicht, denn entweder der Leser oder Google fühlen sich auf den Schlips getreten (*siehe hierzu auch das Interview und die Nachbereitung zum Thema »Suchmaschinenoptimiertes Schreiben«*). Der Verzicht geht natürlich leichter, wenn genügend finanzielle Reserven und laufende Einnahmen da sind. Auch als Blogger sollte man darauf achten, mehrere Standbeine aufzubauen und regelmäßige Einnahmequellen zu erschließen.

Was braucht es an technischem Wissen, aber auch an persönlichem Know-how und an Leidenschaften, um erfolgreich einen Blog schreiben, betreiben und vermarkten zu können?
Fangen wir erst einmal an mit dem, was man nicht unbedingt braucht: Das sind die Programmierkenntnisse. Schön, wenn sie vorhanden sind, aber es geht auch gut ohne. Allerdings sollte man schon ein bisschen Technik-affin sein und sich im Internet zu Hause fühlen und Spaß daran haben.

Es geht auch ohne Programmierkenntnisse

Freude am Schreiben ist absolut Voraussetzung, denn mit dem Schreiben verbringt der Blogger einen großen Teil seiner Arbeitszeit. Ein paar Themengebiete, für die er sich interessiert, hat eigentlich jeder. Vorteilhaft ist es, wenn hier ein Expertenstatus vorhanden ist, denn dann lassen sich Dienstleistungen und Produkte viel leichter an den Mann bringen als ohne. Die Fähigkeit zu netzwerken ist ein Muss, denn ohne wird es eher schwierig sein, im Internet Fuß zu fassen. Konkurrenzdenken ist hier hinderlich.

Hinweis

Im gesamten deutschsprachigen Raum werden immer wieder Treffen von Bloggern für Blogger organisiert. Dort tauscht sich die so genannte »Blogosphäre« regelmäßig aus, teils auch auf regionaler Ebene. Generell gehen Blogger sehr offen damit um, sich gegenseitig mit Tipps und Tricks weiterzuhelfen, sowohl programmier- als auch vermarktungstechnischer Art. Meist werden diese Treffen auch unter dem Namen der führenden Blogger-Plattform WordPress veranstaltet, siehe beispielsweise *http://wpde.org/wordcamp/*. Lokale Initiativen können – da diese immer wieder einmal wechseln – unter dem Stichwort »WP Meetups« bei Google & Co. recherchiert werden.

Wer seine »Blogbabys« liebt und von seinem Vorhaben überzeugt ist, wird die etwas schwierige Phase zu Beginn, bis sich die ersten Erfolge eingestellt haben, eher durchhalten als jemand, der nur halbherzig an die Sache herangeht. Aber das ist ja nicht nur beim Bloggen so.

Ihr zweites Steckenpferd – quasi als Ergänzung zu den Blogportalen – ist die Disziplin der Suchmaschinenoptimierung (SEO) von Webseiten, auch und vor allem mit Mitteln qualitativ hochwertiger Inhalte. Was macht für Sie den Reiz dieser ja doch etwas trockenen Materie aus?
Qualitativ hochwertige Inhalte sind das A und O beim Bloggen und auch bei sonstigen Webseiten, denn nicht nur der Leser mag sie, auch Google ist darum bemüht, dem Suchenden hochwertige Inhalte zu bieten. Als Regel gilt: Was der Leser gut findet, wird normalerweise auch von Google in den Suchergebnissen bevorzugt.

Gute Inhalte sind aber nicht alles, sie sind der Grundstein für eine erfolgreiche Webseite. Mit zusätzlicher Suchmaschinenoptimierung lässt sich noch viel mehr erreichen. SEOs versuchen, die Suchmaschinen, allen voran Google, zu verstehen, um so eine Website für bestimmte Schlüsselbegriffe weiter nach oben in den Suchergebnissen zu bringen. Google macht aus seinem Algorithmus ein Geheimnis und tatsächlich ist es so, dass bei den Suchmaschinenoptimierungs-Methoden der Grundtenor zwar immer derselbe ist und sich die SEOs einig sind darüber, was zum Erfolg führt. Geht es aber um die Feinheiten, so sieht es hier ganz anders aus, da hat jeder seine eigenen Tricks, die oft ebenfalls nicht verraten werden und zum Berufsgeheimnis gehören.

Ich selbst sehe SEO als Herausforderung und eine Art Sport, denn der Wettbewerb ist groß und natürlich habe ich den Ehrgeiz, dass meine Seiten möglichst weit oben in den SERPs (*den Ergebnislisten der einzelnen Suchmaschinen*) erscheinen. SEO ist zwar etwas trocken, man kann mathematische Modelle und Statistiken aufstellen und Kennzahlen berechnen, aber am Ende bleibt auch genügend Platz für Spekulationen und Kreativität. SEO ist Spannung pur. Die hundertprozentig richtige für immer gültige Vorgehensweise gibt es nicht, denn schon morgen kann Google wieder eine kleine Schraube am Algorithmus drehen, was dann alle Theorien über den Haufen wirft.

Kann nur derjenige im Internet erfolgreich einem Schreibberuf nachgehen, der sich auch für die Grundlagen des SEO zumindest ansatzweise interessiert und sich in diese Richtung weiterbildet?

Es gibt auch erfolgreiche Blogs mit Tausenden von Newsfeed-Abonnenten und eher wenig Besucher von den Suchmaschinen. Es ist aber niemals verkehrt, mehrere Besucherquellen anzuzapfen. Und als Blogger sollte man versuchen, immer mehrgleisig zu fahren, damit die Verluste nicht so hoch ausfallen, wenn aus irgendeinem Grund eine der Quellen versiegt.

Bei meinem Hauptblog *vanvox.de* habe ich über 60% Besucher von den Suchmaschinen, man sollte das Potenzial der Suchmaschinen nicht unterschätzen. Insofern empfiehlt es sich schon, sich zumindest im Ansatz mit SEO zu beschäftigen, ein paar Dinge sollte jeder Blogger kennen und ein paar einfache Maßnahmen kann auch gewiss jeder umsetzen, wie die interne Verlinkung oder die Installation eines guten SEO-Plug-ins. Letzteres brachte schon mit den Standardeinstellungen mehr als 50% Besucherzuwachs.

Vor allem Firmenblogs sind oft auf diesen Traffic von Google angewiesen und hier sollte nicht gezögert werden, einen Experten zu konsultieren, denn die Investition kann sich um ein Vielfaches lohnen. Wobei man sich immer bewusst sein sollte, dass SEO-Maßnahmen keine einmalige Sache sind, sondern kontinuierlich durchgeführt werden sollten.

Viele Menschen träumen davon, eine eigene Publikation im Internet, eine eigene Onlinezeitung – denn um nichts anderes handelt es sich ja bei einem Blog – zu verwirklichen, scheuen sich aber gleichzeitig vor den eher technischen Aspekten. Wie leicht oder auch nicht leicht ist es heutzutage, sich in die Untiefen der Webseitenerstellung und -gestaltung einzuarbeiten, wenn man noch keine

vergleichbaren Vorkenntnisse hat? Wie sehr hemmt diese Tätigkeit die eher kreativen Schaffensphasen des reinen Schreibens?

Einen Blog zu erstellen ist heutzutage relativ einfach dank Blogsoftware wie WordPress, womit sich innerhalb von wenigen Stunden eine Rohfassung eines Blogs aufsetzen lässt. Wer noch gar keine Kenntnisse hat in dieser Richtung, besorgt sich am besten ein gutes Buch und arbeitet dieses einfach von vorne bis hinten durch. Ich sage immer: Wer sein Smartphone bedienen kann, kommt auch mit WordPress klar. Programmierkenntnisse sind eigentlich keine notwendig. Schön, wenn man sie hat, aber es gibt für praktisch alles eine leicht zu installierende Erweiterung (Plug-in).

Wer den Schwerpunkt auf das Schreiben legen möchte, der installiert (oder lässt dies machen) am Anfang den Blog und besorgt sich ein schickes Design, und wenn dies einmal fertig ist, braucht man zwischendurch nur ein paar Aktualisierungen am CMS und den Plug-ins vorzunehmen. Dazu sollte der Blogger allerdings schon in der Lage sein. Die großen Änderungen und die Ersteinrichtung des Blogs kann man ja auch machen lassen.

Ich hatte erst kürzlich eine Anfrage für einen Gastbeitrag, wo ich mir dachte: Den Blog kannst du so nicht vorstellen, da fehlen ja praktisch alle grundlegenden Funktionen. Mit ein paar wenigen Tipps hatte sich der Blog innerhalb von zwei Tagen derart verwandelt, dass ich selbst staunen musste und gar nicht mehr den Eindruck hatte, einen Bloganfänger vor mir zu haben. Ich denke, die wenigsten werden mit der Technik wirklich Probleme haben.

»Ich würde ja gerne im Internet schreiben, aber worüber denn«, so lautet eine ebenfalls gerne gehörte Ausrede, sich selbst mit der eigenen Schreibtätigkeit online zu verwirklichen. Wie sind Sie an das Thema »Ideenfindung« herangegangen und welche Ratschläge können Sie hieraus weitergeben?

Die Antwort ist ganz simpel: Schreibe über die Dinge, die dich interessieren, dich begeistern und dich bewegen. Denn nur dann wird auch der Leser von den Inhalten begeistert sein. Ein paar Hobbys hat eigentlich jeder Mensch und darüber kann auch jeder schreiben, auch wenn er in der Schule keine Eins in Deutsch hatte. Ich selbst habe in diesem Fach gar nicht mal so gut abgeschnitten. In meinem Blog schreibe ich über das, was ursprünglich nur ein Hobby gewesen ist: Bloggen und alles, was dazu gehört wie Social Media, Marketing und vor allem auch Suchmaschinenoptimierung.

Schreibe über die Dinge, die dich interessieren, dich begeistern und dich bewegen

Irgendwann fing ich an, mich für Gewinnspiele zu interessieren, weniger um mitzumachen und zu gewinnen, sondern eher, weil diese doch ein mächtiges Marketinginstrument sind, und fast jeder Blogger veranstaltet ab und zu welche. Daraus ist Blog Nr. 2 entstanden, wo ich selbst Gewinnspiele veranstalte, wobei ich in der Regel die Preise nicht selbst bereitstelle, sondern diese gesponsert bekomme und in diesem Rahmen dann den Sponsor und das zur Verfügung gestellte Produkt vorstelle. Hier achte ich ganz besonders darauf, dass die Rezensionen meine eigene Meinung widerspiegeln und die Verlinkung auch Google-konform erfolgt (*siehe beispielsweise http://support.google.com/webmasters/bin/ answer.py?hl=de&answer=35769*). Denn nur so kann auch eine gewisse Qualität bei diesem doch eher schwierigen Thema »Gewinnspiele« gewährleistet werden.

Nachdem ich jetzt immer tiefer in die Suchmaschinenoptimierung einsteige, wurde vor Kurzem Blog Nr. 3 geboren. Dort gibt es aktuelle SEO-News und Tipps für die Suchmaschinenoptimierung.

In Ihrem Blog vanvox.de machen Sie anderen Frauen Mut, über eine Existenzgründung im World Wide Web nachzudenken, hauptberuflich oder in Teilzeit. Steigt das Interesse an solchen Tätigkeiten an, was können Sie hierzu aus den Reaktionen Ihrer Leserinnen heraus beobachten? Und gibt es typische Situationen, aus denen

sich dieser Berufswunsch entwickelt, etwa um beruflich noch einmal in einer völlig neuen Richtung und mit einer neuen Herausforderung durchzustarten?

Das Interesse am Bloggen an sich ist bei den Frauen ja schon länger sehr groß. Was mir allerdings in letzter Zeit auffällt, ist, dass viele jetzt auch beginnen, mit ihrem Blog Geld verdienen zu wollen, oft über entsprechende Portale, die einem die Vermarktung erheblich erleichtern. Und damit betrachtet Frau ihre Schreibtätigkeit weniger als ein privates Hobby, sondern sieht eher einen Beruf darin.

Und es gibt auch die typischen Situationen, die zu einer Entscheidung für eine Existenzgründung im Netz führen. Oft ist dies familiär bedingt, so wie auch bei mir. Die Kinder sind da und Frau möchte dennoch weiter arbeiten, aber auch genügend Zeit für die Familie haben. Hier sehen viele in der Arbeit im Internet von zu Hause aus, wozu auch das Bloggen gehört, eine gute Möglichkeit, Familie und Beruf unter einen Hut zu bekommen.

Ein anderer Fall: Frau ist Hausfrau gewesen, die Kinder sind nun erwachsen und aus dem Haus und plötzlich hat sie viel Zeit und sucht nach einer neuen Herausforderung. Situation Nr. 3 betrifft nicht nur die Frauen: Aufgrund massiver Unzufriedenheit mit dem aktuellen Arbeitsplatz macht Mann oder Frau sich auf die Suche nach etwas völlig Neuem und entdeckt hierbei das Bloggen als äußerst kreativen und spannenden Beruf.

Gibt es – außerhalb der bereits genannten technischen und inhaltlichen Punkte – weitere typische Fragestellungen, die Ihnen von Ihren Onlinebesuchern immer wieder gestellt werden nach der Art »Wie machst du das bloß und wie kann ich das auch erreichen«?

Ein paar Fragen tauchen immer wieder auf, drei davon möchte ich auch hier gleich beantworten:

- Wie bekomme ich mehr Diskussion in den Blog, sprich mehr Kommentare? Schreiben Sie auch einmal über kontroverse Themen, fordern Sie Ihre Leser z.B. am Ende des Artikels zur Diskussion auf, fragen Sie sie nach ihrer Meinung und scheuen Sie sich nicht davor, auch einmal Ihre eigene ehrliche, vielleicht nicht ganz so von der Mehrheit der Leser vertretene Meinung kundzutun. Und wenn es dennoch nicht klappt: Dann haben Sie vielleicht ein Blog-Thema mit nicht kommentierfreudiger Leserschaft. Ein Blog kann auch ohne viel Diskussion groß werden.

- Ist es vertretbar, einen Blog zu monetarisieren und wie reagieren die Leser auf Werbung? Ja, ist es! Etwas anderes kann sich auch nur ein Blogger leisten, der nicht sein Brot damit verdient, sondern diesen nur privat betreibt. Bloggen ist ein Beruf, der es genauso verdient, entlohnt zu werden wie alle anderen, und die meisten Blogger investieren viel Zeit darin und sind mit Leidenschaft dabei und reich werden sie weiß Gott nicht dabei!
Wie reagieren die Leser darauf? Wenn nicht übertrieben wird, dürfte Werbung keinen negativen Effekt haben. Als ich Werbung auf *vanvox.de* eingeführt habe, sind weder die Besucherzahlen noch die Aufenthaltsdauer auf der Webseite gefallen. Erstaunt war ich, als ich über ein Werbenetzwerk eine Blinke-Werbung freigeschaltet hatte, die ich selbst als sehr störend empfand, und sich auch diese absolut nicht negativ auswirkte. Allerdings sollte die Werbung zum Blogthema passen.

- Brauche ich mehrere Social-Media-Kanäle und wie bekomme ich qualifizierte Follower, die auch zu Lesern oder Kunden werden? Social-Media-Aktivitäten gehören zum Bloggen dazu, je mehr Kanäle, umso besser, denn sie tragen maßgeblich dazu bei, dass unsere Botschaften verbreitet werden. Vor allem, wenn noch keine oder nur wenige Besucher von Google da sind, aber auch danach, können wir über Social Media viele neue Leser erreichen und auch die Stammleser auf dem Laufenden halten. Auf jeden Fall Pflicht sind Accounts bei Facebook, Twitter und Google+. Qualifizierte Follower bekommt man nicht durch Einsatz von Software, die eine große Menge an Followern in kürzester Zeit automatisiert generiert, die man als Anfänger vielleicht geneigt ist, einmal auszuprobieren. Hier ist eher Handarbeit angesagt.

Wem würden Sie einen solchen Sprung in das kalte Wasser der eigenen (Blogbetreiber-)Gründung empfehlen und wem eher nicht?
Wer beim Bloggen »schnell Geld« machen möchte, ist hier falsch, denn das wird kaum funktionieren und auch reich wird leider wohl kaum einer dabei werden. Es ist eher harte Arbeit und die Einnahmen können am Anfang lange auf sich warten lassen. Schwierig wird es auch sein, wenn gleich von Anfang an eine mehrköpfige Familie ernährt werden soll. Da sollten entsprechende Rücklagen vorhanden sein oder das Bloggen erst einmal nebenberuflich praktiziert werden.

Wer gerne kreativ ist, selbstständig denkt und handelt, der wird das Bloggen lieben

Optimal geeignet ist das Bloggen für Berufsanfänger, die noch nicht so gebunden sind und finanzielle Verpflichtungen haben. Hier ist es sinnvoll, schon während der Ausbildung ein paar Blogs aufzubauen, dann sollte der Start in den Blogger-Beruf ganz gut funktionieren. Ebenfalls gut geeignet ist der Beruf Blogger für Personen mit Kindern, deren Partner das Haupteinkommen verdient, wo das Bloggen also erst einmal nur ein Zusatzeinkommen einbringen soll, wie es ursprünglich auch bei mir der Fall gewesen ist. Und ansonsten gilt: Wer gerne kreativ ist, selbstständig denkt und handelt, wird das Bloggen lieben!

Was macht Sie glücklich an Ihrem Beruf als Bloggerin? Wie können Sie sich persönlich in diesem verwirklichen? Und haben Sie damit Ihr Wunschziel erreicht?
Das sind die vielen kleinen oder großen Erfolge. Ich freue mich wie ein kleines Kind, wenn ich irgendwo ein paar neue Einnahmen generieren konnte, auch wenn es nur ein paar wenige Euro sind.

Oder wenn ein Artikel eine gute Position in den Suchmaschinen erreichen konnte und ein paar neue Besucher in den Blog bringt. Und natürlich tragen auch die Leser dazu bei, denn nichts ist schöner, als wenn der Leser sagt: »Danke, du hast mir weitergeholfen.« Zum Glücklichsein gehören auch die Niederlagen, solange sie nicht überwiegen, denn ohne ist das Leben langweilig.

Als Blogger wie auch sonst als Selbstständiger habe ich selbst das Ruder in der Hand und kann meine eigenen Ideen umsetzen, ohne darin gebremst zu werden, wie es heutzutage leider viel zu oft auf Arbeitnehmerseite passiert. Ideen braucht man als Blogger in Hülle und Fülle, also Möglichkeiten genug, sich zu verwirklichen. Mein aktuelles Wunschziel habe ich dann erreicht, wenn ich auch tatsächlich vom Bloggen leben kann. Und danach kommt gewiss das nächste Ziel.

•••

Mehr zum Berufsbild Blogging

Blogs sind hierzulande in weiten Teilen der Bevölkerung – wenn überhaupt – als private Web-Tagebücher bekannt. Ob als Online-Reisebericht, Haustier-Blog, politisches Web-Statement oder die tägliche Berichterstattung über das eigene Hobby beziehungsweise die Lieblings-Musikgruppe, die thematische Bandbreite ist hierbei enorm groß. Schätzungen gehen davon aus, dass alleine in Deutschland deutlich über eine Million Menschen mehr oder weniger regelmäßig »bloggen«. Doch diese rein private Seite der Blogs stellt mittlerweile nur noch die halbe Wahrheit dar.

Denn wer dann im Freundes- oder Bekanntenkreis erzählt, dass er als hauptberuflicher Blogger arbeitet, sein ursprünglich meist hobbymäßig betriebenes Portal also zum Beruf gemacht hat, der wird schnell mit der Frage konfrontiert: »Wie, und davon kann man leben?« Ja, man kann, und eine nicht unerhebliche Zahl von Bloggern generiert mittlerweile einen großen oder gar den kompletten Teil seiner Einnahmen über ein oder mehrere eigenbetriebene Blogportale. Eine – allerdings nicht repräsentative – Umfrage unter über 600 regelmäßig bloggenden Webseitenbetreibern ergab Ende 2012, dass mehr als 10 Prozent der Befragten eine mindestens vierstellige Summe im Monat mit ihren Blogs verdienen, und jeder Fünfte immerhin bereits einen dreistelligen monatlichen Betrag auf diese Weise generiert. Befragt wurden dabei jedoch hauptsächlich jene Blogger, die bereits in irgendeiner Form schon einmal mit dem Thema »Geld verdienen mit Blogs« in Berührung gekommen sind.

Das »Geld verdienen« ist nicht nur den großen Onlinemagazinen vorbehalten

Damit kommen wir auch schon zur Frage, womit sich dieser im deutschsprachigen Raum noch sehr neue Berufsstand refinanziert. Nicht nur den großen Onlinemagazinen wie dem »Spiegel« oder

der »Süddeutschen« ist es heutzutage vorbehalten, mit Bannerwerbung und ähnlichen Formaten Geld zu verdienen. Mehr und mehr Blogger lassen sich die nicht unerhebliche Zeit, die sie in den Betrieb und in die Texte ihres Blogs investieren, mit derlei Werbepartnerschaften ausgleichen. Hierdurch wird gewährleistet, dass der Blogger seinen Lesern die qualitativ hochwertigen Inhalte kostenlos zur Verfügung stellen kann, denn so manches bekanntere Blogportal erfordert einen Betrieb im Rahmen eines »Fulltime-Jobs«. Und so verwundert es nicht, dass auf deutschsprachigen Bloggerkonferenzen Vorträge zur Thematik »Wie vermarkte ich meinen Blog« immer öfter sehr regen Zuspruch finden.

Dabei ist es nicht ganz unumstritten, wenn aus ehemals völlig unabhängigen, rein privaten Berichterstattern plötzlich kommerzielle Portalbetreiber werden, denn nichts anderes bedeutet dieser Schritt. Eine Art innerer Ehrenkodex unter den Bloggern – der etwa die sehr deutliche Trennung und auch Kennzeichnung zwischen redaktionellen Beiträgen und jeglicher Werbung beinhaltet – soll dieser Entwicklung entgegenwirken oder zumindest unangenehme Nebeneffekte einer reinen Kommerzialisierung der Szene abmildern. Die Blogs, die sich für den Weg der Refinanzierung entscheiden, sollen weiterhin genauso kritisch und reflektiert berichten und sich nicht abhängig von potenziellen Werbepartnern machen. Die inhaltlichen, aber auch technischen Voraussetzungen hierfür können durchaus auf jedem Blog geschaffen werden. Und dennoch sind die Grenzen fließend: Auf der einen Seite stehen die Blogger, die neutral berichten, aber sich dennoch ganz oder teilweise mit vom redaktionellen Teil getrennten Werbeflächen refinanzieren. Und auf der anderen Seite gibt es jene Webseitenbetreiber, die einen Blog lediglich als Mittel zum Zweck »Geld verdienen« ansehen.

Blogs funktionieren meist sehr gut in Nischenbereichen

Dass Spiegel Online & Co. Geld mit ihrem Onlinemagazin verdienen, das mag einleuchten. Aber ein kleiner Blog, zu einem sehr speziellen Thema? Blogs funktionieren oftmals sehr gut in ganz bestimmten inhaltlichen Nischen und werden deswegen für die werbende Wirtschaft – gerade für kleinere und mittelständische Unternehmen – immer interessanter. Selbst ein Blog – um ein beliebiges Beispiel zu nennen –, der sich rund um das Thema »Stricken für Anfänger« mit eigenen Bastelanleitungen und zugehörigen Diskussionen zwischen den Leser/-innen dreht, kann somit unter Umständen Werbeeinnahmen im monatlichen drei- oder gar vierstelligen Bereich generieren, und dies, ohne über Hunderttausende von Abonnenten zu verfügen. Denn für die werbenden Kunden fällt bei diesen Nischenthemen der Streuverlust weg, wie er bei der Anzeigenschaltung in großen Print-, aber auch Online-Magazinen anfällt. Genau deswegen sind die werbenden Auftraggeber mehr und mehr dazu bereit, auch bei kleineren Auflagen beziehungsweise Reichweiten eine – im Verhältnis betrachtet – bessere Vergütung dem Blogbetreiber gegenüber zu leisten.

Quasi jeder kann also mit fast jedem beliebigen Thema erfolgreich bloggen, und genau das ist das Demokratische an diesem Medium, für dessen Betrieb man eben keinen Verlagsleiter und keinen Finanzgeber überzeugen muss. Noch können die wenigsten hauptoder nebenberuflichen Blogger jedoch von einem Portal alleine leben, in der Regel betreiben sie zur Diversifizierung zwei bis vier oder gar mehr Blogs, von denen jedoch nicht immer alle kommerziell betrieben werden. Beruflich zu bloggen erfordert in der Regel also deutlich mehr Kraft und Engagement als ein normaler 8-Stunden-Job. Denn außerhalb der Erstellung eigener Beiträge muss sich ein professioneller, damit Geld verdienender Blogger zumeist mit nachfolgenden, nicht immer heiß geliebten administrativen Arbeiten beschäftigen oder diese zumindest an eine geeignete Stelle delegieren:

- Technische Installation, aber auch fortlaufende Wartung des Blogportals
- Pflege der bestehenden Inhalte sowie der eingebundenen Werbemittel
- Akquise neuer Werbepartner

Interview mit Christina Fuchs | 125

- Vermarktung des Blogportals, Suchmaschinenoptimierung (siehe das Interview in diesem Buch)
- Erfolgskontrolle, Rechnungslegung, Beauftragung und Bezahlung von externen Dienstleistern für das Blog-Hosting etc.
- Betreuung von beauftragten Textern, Gastautoren, Kooperationspartnern
- Betreuung von Kommentar- und Leseranfragen aus dem eigenen Blog heraus, aber auch in den angebundenen sozialen Medien wie Facebook, Twitter oder Google+
- Berücksichtigung der sich ändernden rechtlichen Anforderungen an den Betrieb einer Internetseite (Stichwort »Impressumspflicht«)
- Steuerliche Abrechnung, in der Regel als Gewerbetreibender und selbstständiger Unternehmer
- U.v.m.

Nicht selten verfügen Berufsblogger zudem über weitere Einkünfte in ähnlichen Disziplinen, indem sie beispielsweise ihre technischen Fähigkeiten der Blogerstellung als Dienstleistung anbieten, E-Books zum Thema schreiben und vieles weitere mehr. Denn nur über eine derartige Diversifizierung lässt sich das Risiko eines Bloggers minimieren: Ein Blogportal – wie überhaupt jede Webseite – kann angesichts der sich ständig ändernden Anforderungen der Suchmaschinen von heute auf morgen einen Großteil seiner Besucher verlieren, die über den berühmten Google-Suchschlitz auf diese gelangten. Und dann können natürlich ebenso die Einnahmen aus dem Blog sehr plötzlich wegbrechen. Vorteilhaft ist es in einem solchen Fall, wenn man über mehrere thematisch voneinander unabhängige Blogportale verfügt.

Die Vielfalt der Einnahmequellen ist wichtig

Aus dieser Diversifizierung lässt sich gleichzeitig unschwer erkennen, dass die meisten Blogbetreiber über einen Quereinstieg zu ihrem Beruf kommen. Viele bloggen neben dem normalen Beruf und machen irgendwann mehr aus dem ehemaligen Hobby. Denn nur so lässt sich relativ risikofrei antesten, ob sich die eigenen Blogs und deren Themen auch tatsächlich für eine kommerzielle Vermarktung eignen, beziehungsweise ob diese überhaupt die notwendigen Besucherzahlen hierfür erreichen können. Und einen solchen Besucherstamm aufzubauen, das kann je nach Thema des Blogs aber auch abhängig von der Regelmäßigkeit der Berichterstattung gut und gerne einmal ein bis zwei Jahre und mehr dauern. Andere Einsteiger in diesen Beruf machen aus der Not eine Tugend. Sie bloggen – etwa auch als ehemalige Journalisten – aus der Arbeitslosigkeit heraus, in der Elternzeit, als Nebenverdienst und vieles weitere mehr. Nicht wenige bleiben dann bei diesem sehr spannenden und vielfältigen Beruf hängen.

Vielfältig ist das Bloggerdasein vor allem, da sich ein professioneller Blogbetreiber neben der Disziplin des Schreibens immer auch die Fertigkeiten der Vermarktung sowie des technischen Betriebs aneignen muss, um dauerhaft bestehen zu können. Beide Fertigkeiten lassen sich jedoch in der Regel relativ schnell und unkompliziert erlernen, nicht zuletzt deswegen, weil die Gemeinschaft der Blogger – die so genannte Blogosphäre – sehr offen mit der Verbreitung zugehöriger Tipps umgeht. Regelmäßige Bloggertreffen in den meisten größeren Städten sowie mittlerweile zahlreich erhältliche Fachliteratur zum Thema tun ihr Übriges dazu, die Anzahl der Berufsblogger stetig weiter zu erhöhen.

Gleichzeitig muss man – gerade bei Fachblogs – auch nicht den Anspruch haben, mit den eigenen Texten gleich einen Pulitzerpreis gewinnen zu müssen. Viele Einsteiger in die Thematik scheuen sich zunächst, ihr spezifisches Wissen über ein eigenes Portal an den Mann oder die Frau zu bringen, ganz nach dem Motto »Ich kann doch gar nicht schreiben«. Es wäre nicht das erste Mal, dass genau hieraus gelungene Blogportale entstehen, die nach und nach eine begeisterte Stammleserschaft anziehen. In einer bestimmten Nische einen spezifischen Mehrwert generieren, in dem man über die Blogbeiträge das eigene Wissen kostenlos weitergibt, darauf kommt es meist mehr an als auf eine allzu perfekte sprachliche oder gar wissenschaftliche Ausarbeitung. In einem solchen Fall zählt mehr die fachliche Qualität als nur das rein journalistische Können, denn auch dieses kann man sich aneignen. Und zu viel Perfektionismus kann der Vermarktung eines Blogs sogar schaden. Denn wer stundenlang an ein und demselben Blogartikel »feilt«, der wird selten die notwendige Menge an regelmäßigen Inhalten erreichen können, welche von den meisten Webseitenbesuchern, aber auch von den Suchmaschinen erwartet wird. Dennoch sollte einem Blogger das Schreiben vor allem Spaß und Freude bereiten, und dies auch dauerhaft, ansonsten wird man mit diesem Beruf wohl kaum glücklich werden.

Fachblogs benötigen keine perfekte »Schreibe«

So vielfältig wie die genannten Einstiegsmöglichkeiten und Blogthemen sind demzufolge auch die Ausbildungen und Berufe, aus denen sich zukünftige Blogbetreiber entwickeln. Meist gelangen Blogger nicht etwa über journalistische oder technische Fähigkeiten und Bildungswege zu ihrem Hobby und späteren Beruf, sondern rein über die Inhalte. So gehört der ausgebildete Fotograf, der über die eigene Szene berichtet und schreibt, ebenso der Blogosphäre an wie – um am vorangehenden Beispiel zu bleiben – die strickende Hausfrau und Mutter mit dem Handarbeiten-Blog oder aber auch der Jurastudent, der seinen eigenen Blog beziehungsweise sein eigenes Onlinemagazin rund um Rechtsfragen gründet. Die Blogger-Szene wird also vielfältiger. Denn während diese noch vor wenigen Jahren hauptsächlich aus technikbegeisterten, meist männlichen Mitgliedern bestand, so öffnet sich der zugehörige Berufsstand immer mehr allen möglichen Themen und Disziplinen. Und dies stellt durchaus eine Bereicherung für die Blogosphäre an sich dar.

Die Zukunft für Blogger lässt sich durchaus positiv einschätzen. Ein Blick über den großen Teich – auch hier sind uns die USA um einige Jahre voraus – zeigt, dass es mittel- und langfristig im deutschsprachigen Raum eine bis zu sechsstellige Anzahl von Freiberuflern und Selbstständigen geben dürfte, die mit und über Blogs ihr Einkommen oder einen größeren Teil davon bestreiten. Sei es rein über den Betrieb eines eigenen Onlinemagazins oder aber auch in peripheren Berufsfeldern (siehe das Interview zum Thema »Corporate Blogging«). Dennoch: Allzu einfach darf man sich den Einstieg in diese Berufswelt nicht vorstellen. Nicht wenige Blogbetreiber scheitern daran, nicht über den notwendigen »langen Atem« zu verfügen, um ein Blogportal dauerhaft zu etablieren. So kann es durchaus sein, dass man – je nach Thema – über sehr viele Monate hinweg idealerweise täglich beträchtliche Energie in neue Blogbeiträge und zugehörige Arbeiten stecken muss, bis sich die Besucherzahlen allmählich deutlich spürbar erhöhen. Und dies auch auf die Gefahr hin, erkennen zu müssen:

- Dass die spezifische inhaltliche Ausrichtung vom potenziellen Publikum nicht oder zumindest nicht in dieser Form wie gewünscht akzeptiert wird
- Dass sich die Inhalte des Blogs nur ungenügend zur Refinanzierung bzw. Monetarisierung eignen

Auch das ist ein Grund dafür, dass sich viele Blogger, die »mehr« aus ihrem Hobby machen wollen, für die Arbeit über mehrere Themen und Blogs hinweg entscheiden. Denn somit steigt natürlich die Chance, dass sich eines der Portale schneller sowie nachhaltiger durchsetzt und demnach auch erfolgreich vermarktet werden kann.

Weiterführende Quellen:

- *http://de.wordpress.org*
- *www.vanvox.de*
- *www.blogprofis.de*
- *www.selbstaendig-im-netz.de*
- Michael Firnkes, »Blog Boosting: Marketing / Content / Design / SEO«, mitp-Verlag, ISBN 978-3826692383

- Moritz Sauer, »Blogs, Video & Online-Journalismus«, O'Reilly Verlag, ISBN 978-3897219731
- Darren Rowse, Chris Garrett, »ProBlogger: Secrets for Blogging Your Way to a Six-Figure Income«, John Wiley & Sons, ISBN 978-1118199558
- Charlie White, John Biggs, »Blogger's Boot Camp: Learning How to Build, Write and Run a Successful Blog«, Focal Press, ISBN 978-0240819174

| Kapitel 8 |

Corporate Blogging

Neuer Mehrwert für Unternehmen und ihre Kunden

Tanja Wolf, Corporate Bloggerin

Tanja Wolf ist Social-Media-Managerin von Conrad Electronic, einem der größten Technik-Versandhändler. Ihre berufliche Laufbahn begann mit der Ausbildung zur Kauffrau für Marketingkommunikation bei Conrad Electronic, während der sie alle Marketing-Abteilungen durchlief. Nach Abschluss ihrer Ausbildung blieb sie dem Unternehmen treu, um sich einem spannenden Projekt zu widmen: Als eines der Gründungsmitglieder hob sie das Conrad Electronic Corporate Blog (blog.conrad.de) im Jahre 2010 mit aus der Taufe. Seitdem hat sie die Entwicklung des Blogs hautnah miterlebt: Waren es anfangs noch einige wenige, kann das Portal heute mehrere tausend Leser und rund 850 Blogbeiträge verzeichnen. Heute ist sie außer für den Blog auch für die Social-Media-Auftritte Conrads in Facebook, Google+, Twitter und YouTube verantwortlich.

Das Oberpfälzer Familienunternehmen Conrad Electronic ist einer der führenden Multichannel-Anbieter für Technik in Europa. www.conrad.de gehört seit Jahren zu den Top Ten der meistbesuchten Internet-Shops in Deutschland.

Interview mit Tanja Wolf

Für nahezu alle größeren Unternehmen ist ein eigener Firmenblog heutzutage ein »Muss«. Doch nur wenige sind konsequent genug, dafür ein eigenes kleines Team zusammenzustellen, welches diesen inhaltlich betreut. Wie kam es zu dieser Entwicklung bei Ihrem Arbeitgeber?

Er hat schlicht das Potenzial erkannt: Ein Firmenblog macht das Unternehmen und die Menschen dahinter erlebbar. Hier ist es nicht nur möglich, Themen zu positionieren, interessante Geschichten über Arbeit und Produkte zu erzählen, sondern es ist auch ein Ort, an dem wir authentisch und »auf Augenhöhe« kommunizieren können. Die Entscheidung, ein festes Team zu bilden und trotzdem auch zu ermöglichen, dass jeder Mitarbeiter mitmachen kann, der gerne etwas sagen möchte, hat sich als die richtige herausgestellt.

Wie sind Sie selbst zu diesem ja noch sehr seltenen Beruf der »Corporate Bloggerin« gekommen, war die Stelle von Anfang an so ausgeschrieben und geplant oder entwickelte sich dies erst allmählich?

Ich wurde dafür angefragt, weil es sich anscheinend herumgesprochen hat, dass ich gern schreibe ☺. Ich hatte meine Ausbildung zur Kauffrau für Marketingkommunikation beinahe beendet und wollte in der Marketing-Abteilung eine kreative, anspruchsvolle Tätigkeit übernehmen – die Stelle einer Corporate Bloggerin erschien mir als perfekte Möglichkeit, mich zu verwirklichen und eigenverantwortlich erste Erfahrungen im Social Web zu sammeln. Mein Alter und meine Affinität zu Facebook schienen mir dabei zugutezukommen, denn meine Generation ist ja wie selbstverständlich mit Sozialen Netzwerken groß geworden.

Welche Voraussetzungen haben Sie persönlich besonders geeignet gemacht für diesen Job und wie entstand bei Ihnen der Wunsch, aus dem Schreiben eine berufliche Herausforderung zu machen?

Ich habe mich schon immer sehr für das Schreiben interessiert. Bevor ich bei Conrad beruflich zum Schreiben kam, habe ich in meiner Freizeit Berichte für eine Zeitung geschrieben und mit einem Kurzgeschichten-Projekt einen Wettbewerb gewonnen. Da wusste ich, dass mein Beruf unbedingt etwas mit dem Schreiben zu tun haben sollte.

Mein Alter und meine Affinität zu Facebook schienen mir zugute zu kommen

Dass ich dann eine Arbeit gefunden habe, die mir noch dazu so viele gestalterische Freiheiten einräumt und in der ich mich sprachlich frei ausdrücken kann, war für mich ein Glücksfall und eine willkommene Herausforderung.

Wie gelingt es Ihnen, den richtigen »Ton« zu treffen, also Beiträge zu verfassen, für die sich die Leser und Kunden Ihres Unternehmens auch tatsächlich interessieren? Und welche diesen einen Mehrwert oder eine unterhaltsame Abwechslung bieten?

Ich versuche in regelmäßigen Abständen, Bilanz zu ziehen und zu reflektieren, welche Beiträge auf das meiste Interesse stießen. So kann ich ein Gefühl dafür entwickeln, welche Themen ansprechend sind. Wertvoll ist natürlich auch das Feedback aus dem Kollegen- und dem Freundeskreis, die mich auch öfter mal auf diesen oder jenen Beitrag, den sie im Blog gelesen haben, ansprechen und Anregungen geben. Oft sind es aber auch Nachrichten oder Meldungen, die einem selber so gut gefallen, dass man meint, dass sie andere auch begeistern könnten.

Zum Corporate Blogging gehört weit mehr als einfach »nur« zu schreiben. Die Themenfindung, die Vermarktung des Blogs, die Berücksichtigung der Leser-, aber immer eben auch der Unternehmensinteressen, die Beauftragung von Texten, das Redigieren und die redaktionelle Arbeit, die Gestaltung. Welche Aspekte machen Ihnen persönlich am meisten Freude?

Mir persönlich macht das Schreiben und die Themenplanung am meisten Freude. Natürlich gehört auch die Vermarktung und der administrative Aspekt dazu, denn schließlich muss sich ein Blog auch weiterentwickeln und darf nicht stehen bleiben. Leider bleibt im Arbeitsalltag oft zu wenig Zeit, noch mehr Blogger-Kontakte zu knüpfen oder im Dialog mit anderen Bloggern hilfreiche Ideen für die eigene Arbeit zu entwickeln. Das tut mir persönlich immer ein wenig leid. Aber wenn im Hintergrund trotzdem alles gut zusammenspielt, die Qualität der Beiträge stimmt und man sich auf das Wichtigste, die Ideen für neue Blogbeiträge konzentriert, geht die Arbeit wunderbar flüssig voran.

Welchen Anteil Ihres Arbeitsalltags nimmt das Schreiben selbst ein und welche Aufgabenpakete gehören noch mit dazu?

Mittlerweile tanze ich als Social-Media-Managerin Conrads ja auf mehreren Hochzeiten, das heißt, ich muss mir meine Zeit gut einteilen. Aber trotzdem entsteht ein Blogbeitrag meistens in mehreren Schritten: Es entsteht ein Grobentwurf, der mit zeitlichem Abstand betrachtet nochmals von mir gelesen und dann ins Endstadium versetzt wird. Hierbei fließen dann auch alle Bilder, Illustrationen oder Videos mit ein.

Hinweis

Der Hauptvorteil eines (Corporate) Blogs ist es, dass dessen Inhalte – im Vergleich zu eher statischen Webseiten – »leben«. Insofern werden die hier erläuterten Schritte zur Entstehung eines solchen Beitrags auch im Nachhinein noch einmal verlängert.

Leserkommentare, Antworten der Redaktion auf diese, Ergänzungen und so genannte »Updates« zum bestehenden Artikel durch den Autor, Verweise anderer Blogportale auf den Inhalt und weiteres mehr sorgen dafür, dass das Ergebnis auch nach der Veröffentlichung immer wieder sein Gesicht und damit unter Umständen auch seine Ausrichtung verändert. Dabei gehört es mit zu den Aufgaben des Corporate Bloggers, diese Veränderungen fortlaufend zu begleiten.

Gibt es Vorbilder, die Sie haben, Blogger anderer Unternehmen, deren Arbeit Sie schätzen und von denen Sie lernen können?

Ich verfolge eine ganze Reihe an Blogs und da tummeln sich wirklich Unmengen interessanter Autoren, die oft über ganz andere

Themen als ich schreiben, aber das so erfrischend, provokant oder geistreich, dass ich immer wieder beeindruckt bin. Ganz allgemein schätze ich das Autoren-Team des Blogs »Basic Thinking« (*www.basicthinking.de/blog/*) für seine offene und natürliche Kommunikation und verfolge mittlerweile auch viele kritische Social-Media-Blogs.

Seit ich ab dem Frühjahr 2012 als Social-Media-Managerin für alle öffentlichen Kommunikationskanäle wie Facebook, Google+, Twitter, YouTube und den Conrad Electronic Corporate Blog verantwortlich zeichne, orientiere ich mich zudem noch stärker an gesamtheitlichen Aufritten großer Marken über ebendiese Kommunikationsmaßnahmen hinweg.

Gibt es eine Art »Corporate-Blogger-Szene«, das heißt, treffen Sie – etwa im Rahmen von Veranstaltungen – auf andere Firmenblogger, mit denen man sich regelmäßig austauscht?

Ich halte Augen und Ohren offen, aber bislang ist mir noch keine Szene bekannt. Leider! Ich wäre gerne einmal bei einem Blogger-Event dabei und wenn es dann wirklich nur im Kreise von Firmenbloggern stattfände, wäre das ideal.

Als Firmenblogger muss man immer auch Kritik seitens der Leser einstecken, und dies zu Fragestellungen, die man selbst oft nur wenig beeinflussen kann. Wie gehen Sie damit um, und wie gelingt es Ihnen, solche Kritik nicht persönlich zu nehmen?

Natürlich weiß man, dass sich die Kritik selten auf mich als Person bezieht. Wenn mir ein Leser einen kritischen Kommentar hinterlässt, gehe ich erst einmal in mich und versuche, mich in die Situation des Lesers oder Kunden hineinzuversetzen, ehrlich zu antworten und ihm eine faire Antwort zu geben. Natürlich bin auch ich nur ein Mensch und neige wie jeder andere dazu, den eigentlichen Hintergrund oder die Anregung zu verkennen. Aber schließlich spricht man als Corporate Blogger nicht als Privatmensch, sondern ist das Sprachrohr für die Marke, ein Sprecher für das Unternehmen. Allerdings weiß ich, wie sich Kritik online und wie sich Kritik im direkten Gespräch anhören kann. Online wird Kritik oft direkt und unverblümt geäußert. Die Erfahrung hat mich darum gelehrt, dass man nicht alles »auf die Waagschale« legen kann, was da kurz und knapp steht.

Beim Thema Blogs und Social Media warten viele Fettnäpfchen auf die Verantwortlichen. Schnell kann sich eine unbedachte Reaktion oder auch Nicht-Reaktion zu einem so genannten »Shitstorm« im Netz ausbreiten, also einer sich selbst immer weiter verstärkenden Empörungswelle, die sich kaum kontrollieren lässt. Sind Sie selbst schon einmal in eine solche Situation geraten? Und wie wappnet man sich dagegen?

Ja, Shitstorms sind natürlich ein großes Thema in Facebook. Im Blog wohl eher weniger. Mitunter verspürt man negative »Vibes« unter seinen Fans und weiß um die Kraft, die daraus werden kann, wenn sich die Kritik hochschaukeln würde. Ich bin bislang noch nicht in die Situation gekommen, glaube aber, dass Shitstorms bis zu einem gewissen Grad vermeidbar sind. Sie entstehen eigentlich erst dann, wenn ein Unternehmen falsch, gar nicht oder nicht schnell genug reagiert oder eine Beschwerde nicht ernst nimmt und den Shitstorm damit entfacht.

Hinweis

Das – wenig vornehme – Wort »Shitstorm« bezeichnet in der Internet-szene eine sich über das World Wide Web und dessen soziale Netzwerke immer weiter verbreitende berechtigte öffentliche Kritik bis hin zur unberechtigten Anprangerung, die am Ende kaum mehr zu kontrollieren ist. Schwere Image- und Rufschädigungen können der Fall eines solchen Phänomens sein. Zumal man gegen deren Urheber und die unzähligen Nachahmer oft nur schwer vorgehen kann, selbst wenn die zugrunde liegende Meldung nachweislich nicht den Tatsachen entspricht.

Weitere der angesprochenen »Fettnäpfchen« im Bereich Blogs und Social Media können beispielsweise sein:

- Das Nicht-Reagieren auf kritische Leserkommentare
- Die Entfernung missliebiger Äußerungen

> - Die nachträgliche, nicht kenntlich gemachte Änderung eines Beitrags, welche durch ihren inhaltlichen Stellenwert als Manipulation aufgefasst wird
> - Versteckte Werbebotschaften in Blogs, die als solche entlarvt werden
>
> und Ähnliches mehr. Derartige Handlungen sind im Internet nicht nur teilweise dauerhaft nachvollziehbar, sie finden unter Umständen auch schnell eine breite Öffentlichkeit. Umso verantwortungsvoller muss ein Corporate Blogger mit den ihm vorliegenden Informationen umgehen, um nachhaltig schädliche Auswirkungen für das Unternehmen vermeiden zu können. Insofern überwacht und vertritt er immer auch die Außenwirkung seines Arbeitgebers.

Wie unabhängig kann man als Corporate Blogger berichten und von welchen Faktoren hängt dieses ab? Wie kann man sich in diesem Zusammenhang möglichst viel Freiheit erkämpfen, wie ist es Ihnen gelungen, Ihre Vorgesetzten von einer weitestgehend autarken Arbeitsweise zu überzeugen?

Man muss sich seine Unabhängigkeit insofern wahren, als man versuchen muss, neutral zu bleiben. Nichts ist schlimmer als ein Blog oder eine Facebook-Seite, die anscheinend in ihrem eigenen »Firmen-Mikrokosmos« lebt und stur die eigenen Produkte und Leistungen in den Himmel lobt. Wenn es Ihnen gelingt, auch mal über den eigenen Tellerrand hinweg zu berichten und zu zeigen, dass das eigene Unternehmen einen offenen Blick auf die Welt hat, bleiben Ihnen Ihre Fans auch langfristig gewogen.

Was meinen Sie: Für wen eignet sich warum der Beruf als Firmenblogger/-in und für wen eher nicht? Welche Eigenschaften sollte man mit sich bringen und welche sind eher hinderlich?

Der Beruf eignet sich mit Sicherheit für alle, die eine Leidenschaft fürs Schreiben hegen. Wer gerne und viel schreibt und sich freuen würde, dafür auch ein Feedback zu erhalten und Stammleser zu gewinnen, wird sich über jeden einzelnen Kommentar freuen und dadurch mit der Zeit sein eigenes Profil stärken. Aber man muss sich bewusst darüber sein, dass sich der Erfolg nicht über Nacht einstellt – selbst wenn man für eine bekannte Marke schreibt.

Wer sich für den Beruf interessiert, sollte aber auch überlegen, ob er mit Reaktionen auf seine Texte umgehen kann. Nicht jeder Kommentar ist sachlich, und mitunter kann man das Gefühl haben, dass Kommentatoren es darauf anlegen, zu provozieren und zu verunsichern. Dann gilt es, im Sinne des Unternehmens zu reagieren.

Muss ein guter Corporate-Blog-Mitarbeiter aus dem Marketing kommen oder haben hier auch Quereinsteiger eine Chance, wie schätzen Sie die Situation in den meisten Unternehmen und bei den dortigen Verantwortlichen ein? Und was ist Ihre persönliche Meinung hierzu?

Ein Corporate-Blog-Mitarbeiter kann aus dem Marketing-Bereich kommen, aber das ist kein Muss! Oft lese ich sogar, dass davon abgeraten wird, ein Team aus Marketing-Mitarbeitern zu bilden. Das würde ich so nicht unterschreiben, aber ich glaube, dass ein spannender Mix für den Leser entsteht, wenn Mitarbeiter aus unterschiedlichsten Bereichen und Positionen zu Wort kommen.

Ein Corporate-Blog-Mitarbeiter muss nicht aus dem Bereich Marketing kommen

Außerdem demonstriert das das Vertrauen des Unternehmens in seine Mitarbeiter. Wir haben damit gute Erfahrungen gemacht, denn diese Beiträge werden stets gut von unserer Leserschaft angenommen.

Wie lernt man das Bloggen, woher haben Sie Ihr Wissen bezogen und welche Quellen können Sie interessierten Lesern hier nennen?

Ich glaube nicht, dass man versuchen sollte, zu lernen, wie man bloggt. Denn dann verfällt man wahrscheinlich schnell dem Glauben, es müsste die eine passende Standard-Schreibform oder eine

Standard-Floskelsammlung dafür geben. Das nimmt dem Blog jede Natürlichkeit. Ich mag es, zu schreiben, aber ich will nicht einem besonderen Vorbild nacheifern oder so schreiben, dass ich jede Kritik von vornherein vermeide. Darum geht es nicht beim Bloggen. Ein Blog muss mir das Gefühl geben, dass da eine real existierende Person bloggt, ob sie für Conrad oder für sich schreibt, ist egal.

Kann man als Corporate-Blog-Verantwortlicher »Karriere« machen?

Dazu kann ich aus persönlicher Erfahrung sagen: ja. Ein Corporate Blogger kann zum Beispiel Social-Media-Manager werden, so wie ich es nun geworden bin. Man muss aufmerksam bleiben und auch intern für sich und seine Fähigkeiten, mit Menschen zu sprechen, werben: Erhält man wichtiges Feedback, sollte man es sofort weitergeben. Hat man ein Gespür für die richtige Ausdrucksweise und hat man Freude daran, ein Unternehmen in der Öffentlichkeit zu präsentieren, dann gäbe es die Möglichkeit, in Richtung PR weiterzugehen.

Glauben Sie, dass dieser Beruf hierzulande in Zukunft bekannter, verbreiteter und anerkannter sein wird?

Das hoffe ich sehr und ich glaube, es auch beobachten zu können: Der Trend geht eindeutig dazu, nicht nur eine eindimensionale Präsenz online zu haben, sondern Interessierte auch in Facebook, Google+, Twitter, YouTube und im eigenen Blog abzuholen. Der Blog ist von allen Möglichkeiten die persönlichste: Er bietet darum einen unwahrscheinlichen Mehrwert, weil sich Leser hier bewusst mit Unternehmen auseinandersetzen. In Facebook erreiche ich dafür eine große Zielgruppe, das sehen viele Unternehmen noch als den einen Grund an, in Facebook aktiv zu werden. Aber wenn ein Unternehmen sich für einen Blog entscheidet und das Team es schafft, dass regelmäßig Menschen auf diesem Blog vorbeischauen – dann ist das Kunststück geschafft, dass ein potenzieller Kunde bewusst mit einem Unternehmen interagiert.

Bloggen Sie auch privat oder bleibt hierfür nach einem anstrengenden Blogger-Alltag keine Energie mehr?

Privat blogge ich noch nicht, aber man soll niemals nie sagen ... Wenn ich es doch einmal tun sollte, wird sich der Blog aber wahrscheinlich nicht um Technik drehen ☺.

Was sind die Momente, bei denen Sie sich ganz besonders freuen, genau diesen Beruf auszuüben?

Immer dann, wenn ein »Fan« sich selbst als echter »Conrad-Fan« bezeichnet. Und immer auch dann, wenn jemand sich mit einem Lob oder einem »Danke« an mich wendet und ich spüre: »Da freut sich jemand über den persönlichen Kontakt mit einem Mitarbeiter meines Unternehmens.«

•••

Über den Beruf des Corporate Bloggers

Corporate Blogs, auch Unternehmensblogs genannt, dieses Thema und Medium gilt in (Online-)Marketingkreisen derzeit als genauso angesagt wie überhaupt alles, was mit »Social Media« und sozialen Netzwerken zu tun hat. Doch was ist ein Corporate Blog denn eigentlich? Etwas vereinfacht formuliert könnte man einen Firmenblog auch als Online-Kundenzeitschrift bezeichnen. Das, was bislang oftmals monatlich in gedruckter Form ins Haus der Verbraucher und Kunden flatterte – ob nun als Magazin des Stromversorgers oder aber auch als exklusivere Variante im B2B-Bereich (Business to Business, also von Unternehmen für Unternehmenskunden) –, wird zumindest in Teilen immer mehr von Online-Content-Portalen abgelöst: den Blogs. Diese sind in der Regel deutlich kostengünstiger und einfacher zu handhaben als ein gedrucktes Journal. Zudem hat man mit einem Firmenblog sehr gute Chancen, eben nicht nur die eigenen Kunden, sondern auch potenzielle Neukunden auf sich aufmerksam zu machen. Des Weiteren wirken sich Corporate Blogs meist sehr gut auf die Sichtbarkeit eines Unternehmens in den Suchmaschinen wie Google & Co. aus (siehe das Interview zum Thema »Suchmaschinenoptimiertes Schreiben«).

Die neue Art, mit den eigenen Kunden zu kommunizieren

In den USA gibt es in manchen Branchen kaum mehr ein Unternehmen, welches nicht über einen eigenen Firmenblog mit regelmäßiger Online-Berichterstattung zur eigenen Firma, deren Produkten oder Dienstleistungen verfügt. Meist werden diese Blogs dann als weniger »offizielles« beziehungsweise weniger werbliches Pendant zum eigentlichen Online-Unternehmensauftritt genutzt, bieten also Raum für einen Blick hinter die Kulissen, die Vorstellung geplanter Produkte, Kunden- und Neukundenaktionen, Ratgeberbeiträge, Anleitungen, Kundenstimmen sowie -umfragen und vieles weitere mehr. Im deutschsprachigen Raum setzt sich die

Erkenntnis, wie mächtig dieses Medium zur Kundenbindung, aber auch -gewinnung sein kann, erst allmählich durch. Dementsprechend jung ist auch der Beruf des oder der Corporate-Blog-Redakteurs/Redakteurin. Nicht selten wird die Pflege eines solchen Portals von der ursprünglichen Marketing- oder PR-Belegschaft gleich mit übernommen. Dabei braucht es ein sehr spezielles Wissen, um das volle Potenzial dieses Mediums entfalten zu können. Dazu gehören unter anderem fundierte Kenntnisse in den Disziplinen:

- Onlinemarketing und SEO (Search Engine Optimization, also die Optimierung zur besseren Auffindbarkeit eines Onlineportals in den Suchmaschinen wie Google & Co.)
- Social-Media-Ansprache der (potenziellen) Kunden via Twitter, Facebook & Co. und somit der Einbindung entsprechender Kampagnen
- Ein Gespür für die Gestaltung von Onlinetexten im Gegensatz zu Offline-Texten
- Markenbildung im Internet
- Aber auch fundiertes Wissen über die Mechanismen der Online-Reputation sowie der Online-Redaktion, diese weisen meist einen deutlich weniger werblichen Charakter auf, als es bei den Marketingkampagnen des »alten« Schlages der Fall war

In diesem Zusammenhang reicht es heutzutage nicht mehr aus, in einem Online-Kommunikationsmedium wie einem Corporate Blog einfach nur eine weitere, billige Werbefläche für das eigene Unternehmen zu sehen. Ganz im Gegenteil. Mit den neuesten Entwicklungen auf dem Markt der Suchmaschinenoptimierung ist hier mehr denn je Qualität gefragt (auch hierauf gehen wir in dem SEO-Interview weiter ein). Nur Inhalte, die einen echten Mehrwert bieten, werden von den Lesern überhaupt noch wahrgenommen und akzeptiert. Bildhaft ausgedrückt reicht es im Blog eines Baumarkts also nicht mehr, zu schreiben »Wir sind die besten, größten und billigsten«. Es »gewinnt« ganz im Gegenteil der Mitbewerber, der seinen Kunden in seinem Blog beispielsweise ausgefeilte, bebilderte und detaillierte Anleitungen dazu präsentiert, wie und mit welchem Material man auf ideale Weise die schon lange geplante Baumhütte für den Nachwuchs realisiert. Und dies auch noch, ohne die (umsatzträchtigsten) Produkte des Unternehmens in den Vordergrund zu stellen.

Ein Corporate Blog ist idealerweise kein werbliches Medium

Von daher ist die Kommunikation in einem Corporate Blog eine sehr nachhaltige. Sie geht weg vom oftmals nicht allzu guten Ruf, welches den Marketing-Spezialisten vergangener Tage immer noch anhaftet. Man muss also keineswegs seine »Seele verkaufen« können, um als Corporate-Blog-Spezialist für ein Unternehmen tätig zu werden, ganz im Gegenteil. Authentizität und Natürlichkeit im sprachlichen Umgang sind als Onlineredakteur heutzutage mehr denn je gefragt.

Je nach Ausgestaltung des Arbeitsplatzes beziehungsweise der Stellenbeschreibung sollte ein Corporate-Blog-Redakteur zudem ein zumindest grundlegendes Verständnis für technische Fragestellungen mit sich bringen. Wobei sich das Publizieren mit modernen Blog-Systemen wie etwa WordPress heutzutage sehr einfach gestaltet und demnach schnell erlernen lässt.

Hinweis

Bei WordPress (*http://wpde.org*) handelt es sich um eine frei verfügbare, flexible und sehr weit verbreitete Blog-Software, die quasi zum Standard-Repertoire aller Blogger gehört. Schätzungen gehen davon aus, dass bis zu 60 Millionen Webseiten weltweit mit diesem System betrieben werden. Dieses so genannte Content Management System (siehe auch *http://de.wikipedia.org/wiki/Content-Management-System*) steuert dabei nicht nur das Aussehen eines Blog-Internetportals. Über ein integriertes Autorensystem können an einen (Corporate) Blog angeschlossene Redakteure und Texter ihre Beiträge und Artikel einreichen, gegebenenfalls freigeben lassen und danach veröffentlichen. Die onlinebasierte Software ist dabei von jedem Computer mit Internetanschluss aus erreichbar und selbst für Anfänger der Informationstechnologie sehr einfach zu bedienen.

Die genannten Spezialkenntnisse machen diesen Beruf enorm abwechslungsreich und spannend, setzen gleichzeitig jedoch voraus, dass man ständig »am Ball bleibt« und sich dementsprechend weiterbildet. Nicht selten bloggen Firmenblog-Verantwortliche auch in ihrer Freizeit, um die neuesten Trends aus SEO, Social Media & Co. gleich ausprobieren zu können.

Auch für Quereinsteiger interessant

Als Ausbildungsinstanzen eignen sich unter anderem folgende Berufsbilder:

- PR & Corporate Communications, Kommunikations- und Medienmanagement
- Marketingmanagement und Online-Marketing-Management
- Journalismus, Wirtschaftskommunikation und weiterführende Bereiche
- Oder auch praxisnahe Informatikstudiengänge und Ausbildungen mit der Vertiefung Multimedia, Mediengestaltung und Ähnlichem, Sales Management mit Kommunikationsbezug und viele weitere mehr

Selbst Quereinsteiger haben gute Chancen, wenn sie denn erste fundierte eigene Erfahrungen im Online-Publizieren beziehungsweise -Journalismus aufweisen. Wer sich einen solchen Beruf als Erstberuf oder aber auch als beruflicher Umsteiger vorstellen könnte, der kann nicht früh genug damit beginnen, über einen eigenen privaten Blog seine Eignung, aber auch sein Interesse für das Thema zu überprüfen. Nicht wenige ursprünglich rein privat tätige Blogger schreiben heute für teils namhafte Firmenportale und -blogs. Wobei eine »Firma« im Zusammenhang mit dem »Corporate Blogging« ebenso gut eine sonstige Institution wie ein Verband, eine Partei, eine Hilfsorganisation oder eine sonstige Interessensgruppe sein kann. Denn auch diese sind heutzutage zwingend darauf angewiesen, online mit ihrer jeweiligen Zielgruppe zu kommunizieren. Wer also nicht unbedingt zum Sprachrohr eines kom-

Interview mit Tanja Wolf | 145

merziellen Unternehmens werden möchte, für den bieten sich in diesen Umfeldern weitere Chancen.

Wer gerne fundiert online kommuniziert und publiziert, für den können Tätigkeiten im Umfeld der Firmenblog-Redaktion eine gute Möglichkeit darstellen, diese Leidenschaft mit einem wirtschaftlich relativ gesicherten beruflichen Umfeld zu kombinieren. Zumal mit dem steigenden Interesse an Online-Unternehmenspublikationen hierzulande immer mehr auch der Bedarf an entsprechenden Fachkräften wachsen wird. Themenportale und Dienstleister, die sich mit den Entwicklungen rund um die Firmenblog-Szene im deutschsprachigen Raum beschäftigen, stellen derzeit eine rasant ansteigende Nachfrage nach diesen Unternehmensmedien der etwas anderen Art fest.

Weiterführende Quellen:

- *www.blogprofis.de/category/corporate-blogs/*
- *http://pr-blogger.de/category/corporate-blogs/*
- *www.gruenderszene.de/marketing/corporate-blogs*
- Klaus Eck, »Corporate Blogs. Unternehmen im Online-Dialog zum Kunden«, Orell Fuessli, ISBN 978-3280052228
- Robert Scoble & Shel Israel, »Unsere Kommunikation der Zukunft: BLOGS – Der Meilenstein in der Direktvermarktung«, FinanzBuch Verlag, ISBN 978-3898792578
- Ansgar Zerfaß & Thomas Pleil, »Handbuch Online-PR: Strategische Kommunikation in Internet und Social Web«, UVK, ISBN 978-3896695826
- Uwe Hettler, »Social Media Marketing: Marketing mit Blogs, Sozialen Netzwerken und weiteren Anwendungen des Web 2.0«, Oldenbourg Wissenschaftsverlag, ISBN 978-3486591156
- David Meerman Scott, »Die neuen Marketing- und PR-Regeln im Social Web«, mitp-Verlag, ISBN 978-3826690709
- Michael Firnkes, »Blog Boosting«, mitp-Verlag, ISBN 978-3826692383

Hinweis

Einige der genannten Bücher sind bereits vor mehreren Jahren publiziert worden. Da es kaum moderne deutschsprachige Literatur zum Thema »Corporate Blogs« gibt – und da die darin beschriebenen Grundlagen größtenteils nach wie vor zutreffen –, wurden sie dennoch mit aufgeführt.

| KAPITEL 9 |

Online-Ratgeber

Die Macht der Worte online

Heike Thormann, Kreative Kombi aus Online-Autorin und Online-Trainerin

Ich habe zwar auch als Schreibtrainerin gearbeitet und noch heute schreibe ich Lehrkurse fürs Schreiben. Doch Schreiben war für mich nie Selbstzweck. Ich schreibe nicht um des Schreibens willen. Schreiben ist für mich ein Handwerk, ein Werkzeug. Es ist ein wunderbares Mittel, um die Menschen zu erreichen und ihnen etwas zu geben.
Ich schreibe, um Wissen zu vermitteln, weiterzuhelfen, eine Stimme zu haben und etwas zu bewegen. Ich komme von »ganz unten«. Meine Eltern sind »einfache Arbeiter«. Doch schon früh habe ich gelernt, dass Wissen ganz konkret »Macht« sein kann. Die Macht, Probleme zu bewältigen, Lösungen zu finden, etwas aus seinem Leben zu machen. Und die »Welt des Wissens« – das waren lange Zeit Bücher, Texte und Schreiben.
Und so bin ich zur Ratgeberin geworden. Ich habe das erfolgreiche Online-Magazin *www.kreativesdenken.com* aufgebaut, Lehrkurse ge-

schrieben und betreute (Online-)Kurse gehalten. Und ich bin glücklich über den schönsten Beruf der Welt: Ich werde für meine Leidenschaft bezahlt, zu lernen und den Menschen Wissen zu geben. Mit Schreiben. ;-)

Webseite: *www.kreativesdenken.com*

Kontakt: *info@kreativesdenken.com*

Interview mit Heike Thormann

Heike Thormann ist kreative Denkerin und »Gestaltwandlerin« in einem: Begonnen hat sie mit einem Online-Magazin und Online-Kursen. Besonders profitiert hat die Historikerin von ihrer vorherigen Berufserfahrung bei einem E-Learning-Anbieter. Dort lernte sie viel über Internetkommunikation, Selbstlern- und Online-Kurse und darüber, wie man Interesse dafür weckt. Heike Thormann gelang es in relativ kurzer Zeit, über ihre Seite www.kreativesdenken.com und den dazugehörigen Newsletter Interesse für ihre Angebote zu schaffen und für dessen Qualität geschätzt zu werden. Ihren Newsletter lesen mittlerweile mehr als 16.000 Menschen. Nachdem online alles erfolgreich läuft, bietet die kreative Denkerin jetzt Präsenz-Kurse in Klöstern oder ähnlich inspirierenden Rückzugsorten an, weil sie gerne wieder in direktem Kontakt mit ihren Kunden stehen möchte. Passend dazu ist die kreative Lebensgestaltung neuer thematischer Schwerpunkt geworden. Wir dürfen gespannt sein auf die Änderungen, die sich dadurch in ihrem Angebot und für sie selbst ergeben werden ...

Wie hat es bei Ihnen begonnen? Wollten Sie von Anfang an in diesem Feld und über die Webseite Ihr Geld verdienen? Ist es Ihnen gelungen?

Ja, ich wollte von Anfang an von meiner Webseite leben. Das war mein Traum. Ich hatte immer schon nach einer Möglichkeit gesucht, mir mit Schreiben meinen Lebensunterhalt zu verdienen, ohne dafür als Texter, Ghostwriter und Co. für andere schreiben zu müssen. Ich wollte »mein eigenes Ding machen«, meine eigenen

Texte schreiben, über das schreiben, was mich interessiert und was mich bewegt.

Hinweis

Heike Thormann präsentiert ihre Produkte und Dienstleistungen über ihr Onlineportal. Darüber hinaus bietet sie eine Reihe von Hinweisen und Tipps für Menschen an, die schreiben lernen wollen: Zum Beispiel »Texten für Flyer & andere PR-und Werbematerialien«, »Bücher und Texte konzipieren und planen« und Informationen zu biografischem Schreiben.

Im Journalismus ist das nur bedingt und zu vergleichsweise geringem Honorar möglich, im Bereich Werbetext so gut wie gar nicht. Ich habe dann etwa zwei Jahre gebraucht, um davon wirklich leben zu können. In dieser Zeit habe ich fleißig mein Magazin mit Artikeln gefüllt, Kurse und Produkte entwickelt und mir einen Kundenstamm aufgebaut.

Hinweis

Ein angestellter Online-Journalist verdient laut Angaben eines Gehaltsvergleichs z.B. in Thüringen ca. 2.000 Euro brutto. In Bayern oder Hessen erhält er für die gleiche Arbeit um die 3.000 Euro. Beim Werbetexter sind die Unterschiede noch krasser: Er verdient je nach Bundesland zwischen 1.500 bis 3.500 Euro (*www.gehaltsvergleich.com*).

Welche Ausbildung(en) oder Studien haben Sie absolviert?

Ich bin von Haus aus Historikerin und habe als Geisteswissenschaftlerin immer viel geschrieben. Dazu kommen ein paar Semester in Erwachsenenbildung/ Bildungsmanagement mit Berufserfahrungen als Dozentin und als Autorin von Kursunterlagen sowie in der Entwicklung und im Vertrieb von Seminaren.

Welche beruflichen Erfahrungen waren für Sie am hilfreichsten?

Neben den erwähnten waren für meine Webseite zudem besonders meine zwei Jahre bei einem E-Learning-Anbieter hilfreich. Hier habe ich die Redaktion geführt, als Online-Trainerin gearbeitet und kurze Zeit auch im Marketing mit angepackt. Ich war auch zwei Jahre Stamm-Autorin im Redaktionsteam eines großen Online-Magazins. Daneben habe ich hin und wieder auch für weitere Online-Magazine Artikel geschrieben.

Was ist Ihrer Meinung nach der entscheidende Unterschied zwischen einem E-Mail-, einem Selbstlern- und einem Online-Kurs? Welcher läuft am besten?

Jede Kursform hat ihre Vor- und Nachteile, und jede spricht einen anderen »Teilnehmer-Typ« an.

Hinweis

E-Mail-Kurs: Die Teilnehmer erhalten Kursunterlagen, Aufgaben, Ergebnisse sowie Feedback per E-Mail. Keine Form von Präsenztreffen. **Online-Kurs/Training:** Teilnehmer und Dozent arbeiten gemeinsam in einem virtuellen Klassenraum im Internet.

Die E-Mail-Kurse habe ich beispielsweise als Einzelkurse gehalten. Dort war es mir möglich, meine Teilnehmer besonders intensiv zu betreuen. Dafür waren die Kurse auch teurer. Sie wurden in der Regel von Leuten gebucht, denen diese Form von »Intensiv-Coaching« den Preis wert war.

In den Gruppenkursen im virtuellen Klassenraum herrschte dafür mehr »Leben«, war mehr Interaktivität und Arbeit mit der Gruppe möglich. Die Teilnehmer haben hier auch viel voneinander gelernt. Die Selbstlernkurse richten sich an Leute, die gern autodidaktisch und im eigenen Tempo lernen.

Hinweis

Selbstlernkurs: Ein didaktisch aufgebautes Dokument zum Selbststudium, das der Dozent einmalig per E-Mail zuschickt.

Natürlich ist das auch die günstigste Kursform. Ich gebe zwar kein Feedback auf die Ergebnisse. Doch wenn es mal Probleme gibt, bin ich immer für Fragen da.

Was sind die Vor- und Nachteile der Online-Beratung/des Online-Trainings?

Von Vorteil ist, dass Sie an einem Online-Kurs teilnehmen können, egal, wo Sie wohnen. Ob auf dem »platten Land« oder in den Schweizer Alpen. Zudem können Sie sich die Zeit oft frei einteilen. Sie müssen sich nicht beurlauben lassen. Und natürlich entfallen teure Anfahrtskosten.

Der Nachteil: Online-Kurse erfordern einen höheren Grad an Selbstmanagement. Ein guter Kursleiter motiviert seine Teilnehmer zwar. Trotzdem fallen erfahrungsgemäß, gerade bei längeren Kursen, früher oder später diverse Teilnehmer aus, wenn der ganz normale Alltags-Stress oder der »innere Schweinehund« zuschlagen. ☺ Und es ist natürlich auch kein persönlicher Kontakt zwischen Teilnehmern und Kursleitung möglich. Alles läuft über den Computer und das Internet. Es müsste dann schon häufigere Präsenz-Phasen geben, um das auszugleichen – damit greifen aber die gerade genannten Vorteile von Online-Kursen nicht mehr.

Sie stellen auf »Live«-Kurse um. Warum? Was von Ihrem bisherigen Angebot behalten Sie bei? Was hat sich bewährt und macht Ihnen weiterhin Spaß?

Ganz ehrlich? Ich habe diesen besagten direkten Kontakt mit meinen Teilnehmern vermisst. Es ist doch etwas ganz anderes, persönlich mit den Leuten zu arbeiten, statt über ein Zwischen-Medium wie das Internet.

Und ich war auch die manchmal »halbtoten«, stillen Kurse leid, in denen nicht genug Leben im Forum war. Denn anders als bei Präsenz-Kursen, in denen man sogar besser als kleine Gruppe arbeiten kann, gilt für Online-Kurse: Die Masse macht's. Nur ab einer bestimmten Teilnehmerzahl nehmen auch genug Leute aktiv und rege an einem Kurs teil. Viele andere konsumieren nur. Und wieder andere fallen dem »inneren Schweinehund« zum Opfer. Das Ergebnis: Ich als Kursleiterin habe mich mitunter doch sehr allein in meinem Klassenraum gefühlt. Man sollte sich dann vielleicht weniger als »Vollblut-Trainer« sehen, sondern sich eher damit begnügen, Fragen zu beantworten oder Ähnliches.

Deshalb habe ich meine Online-Kurse bis auf Weiteres eingestellt. Ich konzentriere mich stattdessen erstens auf betreute Kurse vor Ort (die »Live-Kurse« bzw. die erwähnten Präsenz-Kurse). Und zweitens schreibe ich weiter Selbstlernkurse und -produkte, mit denen die Leute auf eigene Faust lernen können.

Hinweis

Kurse zu konzipieren und anzubieten, die Ideen dazu zu entwickeln und dann die Kunden dafür zu gewinnen: Jeder Dozent weiß, wie aufwendig das ist. Damit sich diese Arbeit rechnet, muss man möglichst ein »Abonnement-System« starten: Entweder, indem man die gewonnenen Kunden dazu verlockt, weiterführende Kurse zu besuchen, oder indem man es schafft, einen einmal konzipierten Kurs immer wieder an den Mann/die Frau zu bringen. Konkret kann das bedeuten, dass sich ein Kurs nur dann wirklich lohnt, wenn er in mehreren Regionen Deutschlands gut läuft.

Unabhängig von Ihrem Wunsch, wieder mehr im direkten Kontakt mit Menschen zu sein: Glauben Sie, dass Online-Kurse für Anbieter, die aus privaten Gründen auf dem Land leben, eine gute Einnahmequelle sein können?

Ja, wenn man entweder der Typ dafür ist, also sowieso eher einzelgängerisch veranlagt ist. Oder wenn man auf eine gute Mischung achtet: Ich bin ja nach wie vor im Internet aktiv und werde das auch bleiben. Ich würde nur davon abraten, sich voll und ganz dem Internet und dem Schreiben zu widmen. Dafür bleibt zu viel Soziales und Zwischenmenschliches auf der Strecke. Und zur Frage nach der Einnahmequelle: Ja, sicher. Und auch hier ist eine gute Mischkalkulation wichtig, würde ich sagen.

Interview mit Heike Thormann

Ich nehme an, der Anteil des »Schreibens« ist sehr hoch in Ihrem Job. Wie hoch ist er genau?

Als ich noch Online-Kurse gegeben habe, war er sehr hoch. Ich habe praktisch nichts anderes getan. Ich habe Artikel für mein Magazin geschrieben. Ich habe neue Kurse geschrieben. Ich habe meine Teilnehmer meistens schreibend betreut. Erst in den letzten ein, zwei Jahren habe ich auch eine spezielle Form der heute populären Webinare angeboten. Dort durfte ich dann auch reden und über Mikrofon meinen Lernstoff zum Besten geben.

Mittlerweile pendelt es sich etwa auf 50:50 ein. Ich schreibe nach wie vor Artikel und neue Produkte, Kurse und Bücher. Doch meine Kurse und Coachings gebe ich jetzt »live« und vor Ort. Und ich übe mehr und mehr eine Art »Management-Funktion« aus und »steuere« die Leute, die für mich und meine Webseite arbeiten.

Was assoziieren Sie, wenn Sie »Die Macht der Worte« hören? Spielen Sie mit der »Macht der Worte«?

Ja, natürlich spiele ich mit der Macht der Worte. So wie jeder, der schreibt. Manche machen das bewusst, manche unbewusst. Meistens dürfte es eine Mischung aus beidem sein. Und was ich damit assoziiere ... Die Fähigkeit, mein eigenes Ich in Sprache und Text zu kleiden und ein Gegenüber damit zu erreichen. Und das sogar über Jahrhunderte. Wenn das kein Ansporn ist.

Schreiben Sie immer wieder gerne oder haben Sie auch Tage, an denen Sie sich an den Schreibtisch quälen? Bedienen Sie sich bestimmter Schreib- oder Mentaltechniken, damit es flutscht?

Nein, gar nicht. Ich schreibe gern. Und wenn ich mich mal nicht aufraffen oder konzentrieren kann, mache ich Pause oder schiebe andere Arbeiten ein, die einen weniger wachen Geist erfordern. Hier hilft eine Mischung aus Flexibilität, unterschiedlichen Arbeitsaufgaben und guter Selbstorganisation. Denn wenn ich zu viele Pausen einlege, komme ich natürlich nicht zum Arbeiten.

Wie ist das mit dem Abschalten: Ich habe die Erfahrung gemacht, dass man immer und überall die Augen und Ohren offen hat, wenn man viel schreibt. Zumindest, wenn man Prosa schreibt. Dauernd stolpert man über kleine oder größere Geschichten, die man in sein Schreibtagebuch eintragen könnte, um sie später vielleicht für ein Buchprojekt zu verwenden. Dieses mit allen Sinnen dauernd auf Empfang zu sein birgt aber auch die Gefahr, irgendwann nicht mehr abschalten zu können. Ist das in Ihrem Bereich auch so?

Mmh, teils, teils. Ich stolpere auch ständig über Einzelheiten oder Ideen für meine Artikel und Kurse, ja. Diese halte ich dann schleunigst irgendwo fest, damit sie nicht verloren gehen. Das ist eine Angewohnheit, die mir kaum noch auffällt.

Ich lerne mittlerweile immer besser, mir meine »Auszeiten« zu nehmen und meinen Geist zur Ruhe zu bringen

Doch ich lerne mittlerweile immer besser, mir meine »Auszeiten« zu nehmen und meinen Geist zur Ruhe zu bringen. Yoga, Körper-Meditationen, Fokussierung auf mich selbst können helfen. Oder mit allen Sinnen in das eintauchen, was ich gerade tue, und einfach nur genießen. So wie ich letzten Sonntag segeln war – und einen Heidenspaß hatte, ohne jeden Gedanken an Schreiben oder Bücher.

Was war Ihr schönstes Erfolgserlebnis in Ihrem Beruf?

Da gibt es sicher viele. Doch es hatte für mich schon eine besondere Bedeutung, als ich meinen zweiten Geburtstag als Anbieterin feiern und meinen Lesern in meinem Newsletter mitteilen konnte, dass ich mittlerweile von dieser Arbeit leben könne. Das war so ein Moment, wo ich dachte: Ja! Das war es wert. Dafür habe ich all die letzten Jahre – auch schon vor meiner eigenen Webseite – gearbeitet.

Was war der härteste Rückschlag?

Das ist jetzt komisch, doch ich kann mich an keine wirklichen Rückschläge erinnern. Sicher waren die ersten Jahre hart: viel

Arbeit, wenig Geld, ständige Unsicherheit, ob ich auch im nächsten Monat über die Runden komme. Auch Zweifel, ob das Ganze überhaupt Hand und Fuß hat oder ich nicht nur kostbare Lebenszeit vergeude. Doch irgendwie ging es immer weiter. Mit Kreativität, um auftauchende Probleme zu lösen, Ausdauer, Geduld und viel Liebe zu dem, was ich tue.

Was muss man mitbringen, damit die Selbstständigkeit in diesem Bereich gelingt? Was sind die Erfolgsfaktoren?

Sie brauchen vor allem viel Ausdauer. Denn es dauert seine Zeit, alles aufzubauen. Die meisten, die etwas Ähnliches versuchen, scheitern genau daran. Und Sie müssen bereit sein, finanzielle »Opfer« zu bringen – also zunächst für deutlich weniger Geld zu arbeiten, als Sie in einem anderen Beruf verdienen könnten. Mit anderen Worten: Diese Art von Selbstständigkeit ist nichts für Leute, die schnell reich werden wollen. Obwohl das Internet natürlich oft genau solche Leute anzieht. Dafür müssten Sie aber komplett anders ansetzen.

Familie, Freunde, Beruf und Balance – wie ist das bei Ihnen? Lässt sich alles gut verbinden?

Ja, mittlerweile kann ich alles ganz gut verbinden und in eine Balance bringen. Die ersten Jahre, in denen ich noch unter der Woche für andere gearbeitet habe, um mein Geld zu verdienen, und nach Feierabend bzw. am Wochenende an meinem eigenen Angebot gestrickt habe, ging das deutlich zulasten von Hobbys und Privatleben.

In Ihrem Job können Sie leben, wo Sie wollen – spricht das für eine erhöhte Lebensqualität?

Ja, ich genieße meine in meinen Augen sehr hohe Lebensqualität. Auch das war ein Traum von mir: Dort arbeiten zu können, wo ich leben will; nicht umgekehrt dorthin ziehen zu müssen, wo ich arbeiten kann. Diesen Traum hat mir in der Tat das Internet erfüllt.

Gibt es auch Zukunftsängste?

Zukunftsängste ... Nun, ich war schon immer der Meinung, dass eine funktionierende Selbstständigkeit erheblich »sicherer« ist als eine Angestellten-Tätigkeit, in der man von Wohl und Wehe der Firma oder vom Gutdünken der Vorgesetzten abhängig ist. Als Selbstständige »muss« ich, aber ich kann auch für mich selbst sorgen.

Hinweis

Wie baut man effizient einen großen Kundenkreis über einen Newsletter auf? Heike Thormann macht es vor: Sie bietet Content kostenlos an. Inhalte, die für die Zielgruppe wichtig sind und direkt genutzt werden können. Zum Beispiel Informationen, die Schreibende interessieren. Mit »Best of kreativesdenken.com« bietet sie ein E-Book für diese Zielgruppe. Passend dazu gibt es weiterführende Kurse, die dann allerdings kostenpflichtig sind. Dieses Konzept des »Anfütterns mit Inhalt« scheint sehr gut zu funktionieren. Man darf aber nicht vergessen, dass die Entwicklung und Umsetzung viel Zeit und Mühe kosten!

Was verdienen Sie im Jahr?

Die Frage ist etwas schwierig zu beantworten, da ich mich in den letzten zwei Jahren mehrmals von einer Einnahmequelle getrennt habe, um Zeit für den Aufbau von neuen Dingen zu haben bzw. um endlich auch eigene Bücher schreiben zu können. Zudem musste ich aus gesundheitlichen Gründen im letzten Jahr eine Auszeit nehmen.

> *Ich war schon immer der Meinung, dass eine funktionierende Selbstständigkeit erheblich »sicherer« ist als eine Angestellten-Tätigkeit*

Ich sage mal so: Sie können gut auf eine Summe von etwa 2.000 EUR netto im Monat kommen, wenn Sie die Aufbauphase hinter sich haben. Das ist mehr, als viele Autoren oder Dozenten mit ihren notorisch schlecht bezahlten Berufen sonst verdienen. Nach oben ist natürlich alles offen.

•••

Wie wird man Online-Ratgeberin mit einem Online-Magazin und Online-Kursen?

Im Beruf der Erwachsenenbildung via Internet ist solides Wissen in vielerlei Hinsicht unabdingbar. Heike Thormann bringt durch ihre Persönlichkeit, ihre Vorkenntnisse und beruflichen Erfahrungen die perfekten Voraussetzungen für ihren Beruf mit: Nicht nur die theoretische Ausbildung über das Studium, sondern auch praktisch hat sie sich solides Wissen bei einem E-Learning-Anbieter angeeignet. So gelang es ihr, über ihre Seite und den dazugehörigen Newsletter Interesse für ihre Angebote zu schaffen.

Heike Thormanns Weg ist sicher individuell und immer wieder kreativ, aber viele der einzelnen Schritte sind durchaus verallgemeinerbar: Online-Ratgeberin wird man nur, wenn man über profundes Wissen verfügt, das man gut aufbereitet und – den Bedürfnissen der Zielgruppe entsprechend – anbietet. Eigenes lebenslanges Lernen und das Bemühen darum, ständig auf dem neuesten Stand zu sein, sind weitere Voraussetzungen. Ergänzend sind spezifische Kompetenzen im Umgang mit dem Internet entscheidend. Denn es macht Sinn, einen Blog oder eine Website selbst betreiben zu können. Und ohne betriebswirtschaftliches Know-how (zum Beispiel erworben durch Fortbildungen bei der IHK) und Marketing- und PR-Kenntnisse wird es nur schwer möglich sein, auf dem Markt zu bestehen. Darüber hinaus sind didaktische beziehungsweise Trainingskompetenzen nötig. Und alles in einem macht den Erfolg aus: Denn nur so lässt sich ein überzeugendes Gesamtkonzept entwerfen, das gewinnbringend ist. Eine wesentliche Grundvoraussetzung ist dabei aber noch gar nicht genannt: schreiben zu können und zu wollen.

Und auch hier wird deutlich, dass Heike Thormann die wesentlichen Voraussetzungen mitbringt. Denn sie hat schon immer viel geschrieben: Für die Schülerzeitung über das wissenschaftliche und das journalistische Schreiben sowie die Tätigkeit als Autorin bis hin zu ihren jetzigen Texten. Beim Blick auf Heike Thormanns Themenarchiv zeigt sich ein weiterer wesentlicher Gesichtspunkt ihres Erfolgsrezepts: Wertvolles Wissen wird den Lesern konsequent und kostenfrei in kleinen anregenden Häppchen serviert. Ob in Artikeln, Checklisten oder Formularen – alle Tipps kommen frei Haus. Mit dem Newsletter wächst ihr Bekanntheitsgrad und sie kann darin für ihre Kurse werben.

Auf die Kundenorientierung und den Schreibstil kommt es an

Darüber hinaus sind es vor allem ihre absolute Kundenorientierung und ihr Schreibstil, die bestechen. Im Tonfall frisch und fröhlich, nicht zu abgehoben, sondern leicht verständlich geht sie mit viel Know-how in ihren Texten genau auf die Fragen und Nöte ihrer Leser ein. »Wann ist ein Selbstverlag sinnvoll?« Diese Frage beantwortet sie Schritt für Schritt mit einer Checkliste, die sie gedanklich gemeinsam mit ihrem Gegenüber durchzugehen scheint. Ganz automatisch wachsen die Leser in ein Thema hinein. Heike Thormann beantwortet die Fragen, die sich Menschen stellen. »In 10 Schritten zum Selbstverlag« bietet sie z.B. einen Leitfaden an, der kaum eine Frage offen lässt (vgl. *www.kreativesdenken.com/artikel/ verlag-gruenden.html*).

Doch man soll sich nicht täuschen. Selbst wenn Heike Thormann eine Schnellschreiberin ist: Hinter so viel Leichtigkeit und fundiertem Wissen steckt viel Arbeit und Zeit. Denn wie erwähnt, dafür muss sie viel gelesen und recherchiert haben. Bücher, Fachartikel, im Internet. Ihre journalistische Ader kommt ihr da zu Hilfe und auch ihr pragmatischer Ansatz (»Was nutzt meiner Zielgruppe?«). Sie scheint eine Spürnase dafür zu haben, was ihre Leser wollen und was sie passend dazu anbieten kann. Sicher hat sie den Finger am Puls der Zeit, auch durch Kontakte und Gespräche, die während ihrer Kurse stattfinden. So lässt sich über die Kurse der Content und die Finanzierung des Online-Magazins sicherstellen. Man sieht den Texten auf den ersten Blick nicht an, wie viel Gehalt sie haben, aber man kann sicher sein, dass hier ein Profi am Werk ist, der die Szene kennt und die wichtigsten Infos kundengerecht zusammenbaut.

| KAPITEL 10 |

(Online-)Texten im Kundenauftrag

Mit Vielfältigkeit und Disziplin zur Macht der Worte

Jutta Reinert, Autorin und Texterin mit eigenem Verlag

Jutta Reinert, geb. 1952 hat schon als Kind mit viel Freude und Spaß geschrieben.

1993 erschien ihr erstes Buch »Schwiegermütter machen dick«, das damals von der Presse begleitet und als »der frechste Titel auf der Frankfurter Buchmesse« betitelt wurde.

Danach folgten weitere Bücher, darunter auch ein Gesundheitsbuch. Als Texterin hat sie schon für viele große Firmen geschrieben und ist bis heute als Autorin tätig. Der Trendy-Verlag hat Bücher und Ratgeber der Autorin als E-Books herausgebracht. Webseite: *www.trendy-verlag.de*

Interview mit Jutta Reinert

Sie haben einen eigenen Verlag für E-Books ins Leben gerufen, schreiben mit Ihrer Agentur gleichzeitig im Kundenauftrag, zum Teil auch beauftragt über die Online-Texterbörse Textbroker. Dort können Unternehmen und Auftraggeber unterschiedlichster Art Fachbeiträge erstellen lassen, zum Beispiel für den eigenen Online-auftritt. Sie kommen dabei – zumindest auf »virtuellem Weg« – sicherlich mit sehr vielen Menschen, aber auch spannenden Themen in Kontakt. Woher nehmen Sie die Kraft, aber auch das Wissen, so interdisziplinär schreiben zu können?

Ich glaube, das ist schon ein wenig eine Charaktersache. Man muss sehr diszipliniert arbeiten können bei solch facettenreichen Themen, das gehört für mich unbedingt dazu. Die Vielfältigkeit der eigenen Interessen, dass man sich gerne mit Aufgaben wie der Recherche beschäftigt, bereit ist, immer auch dazuzulernen. All dies sind weitere Bausteine, welche einem die Schreibarbeit erleichtern. Ich selbst etwa schreibe gerne ein wenig »blumig«, kann mich also auch ausführlich mit einem Sachverhalt auseinandersetzen. Ebenso gehört eine gewisse Offenheit mit dazu. Man sollte schlicht und einfach »Interesse für das Leben« haben, so könnte man all diese Eigenschaften zusammenfassen.

Ein kleines Beispiel: Neulich schrieb ich einen Artikel nur über »Flip Flops« – jeder kennt sie, doch keiner weiß, woher diese eigentlich stammen. Manch einem mag ein solches Thema langweilig vorkommen, ich fand es spannend. Ich schreibe jedoch nicht für alle Themenfelder, bei Texten zu Finanzen & Co. beispielsweise kenne ich mich zu wenig aus, und auch mein Interesse daran wäre zu gering. Hier sollte man sich als Autor im Vorfeld festlegen: Was liegt mir und was liegt mir nicht.

Nicht wenige Autoren und Journalisten versuchen heutzutage, sich zumindest einen Teil ihres Verdienstes über vergleichbare Online-börsen zu sichern. Doch wenn man nicht – so wie Sie – ausschließ-

lich in der höchsten Qualitäts- und damit auch Entgeltsstufe arbeitet, muss man eine Menge Texte verfassen, um davon leben zu können. **Was raten Sie in diesem Zusammenhang Kollegen und Kolleginnen, aber auch Nachwuchsautoren, welche sich für eine Tätigkeit als Auftragsautor interessieren?**

Zunächst einmal muss man bei den Anbietern einen Probetext verfassen, über diesen wird dann die Qualitätsstufe, für die man anfangs schreiben darf, festgelegt. Bei diesem Text sollte man sich viel Mühe geben, wobei mehr als nur die korrekte Grammatik zählt. Leider reicht meines Erachtens der oft gehörte Satz »ich möchte eigentlich nur ein klein wenig nebenbei schreiben« nicht aus, um sich dauerhaft als Auftragsautor etablieren und einen Namen machen zu können. Man muss sich beispielsweise einen eigenen Kundenstamm aufbauen, und das gelingt nur durch gute Arbeit, die man liefert. Ich selbst schreibe – was meine Arbeit bei dieser Plattform anbelangt – nur in der obersten Qualitätsstufe, denn dort stimmt für mich die finanzielle Gegenleistung.

In den meisten Fällen arbeite ich für Stammkunden

In den meisten Fällen arbeite ich dabei für meine Stammkundschaft und tausche mich mit dieser auch aus, abseits einer reinen Anonymität. Dann kann eine solche Texterbörse durchaus Vorteile haben, so kann man sich beispielsweise sicher sein, dass nach einem erledigten Auftrag die Bezahlung auf jeden Fall erfolgt.

Wie schafft man es bei solchen Tätigkeiten ganz »nach oben«, um ausschließlich besser bezahlte Aufträge annehmen zu können, die Konkurrenz in diesem Umfeld ist ja doch recht groß?

Im oberen Qualitätssegment ist die Konkurrenz nicht so groß, da die meisten der Autoren eben eher nebenbei schreiben. Dann kann man von solchen Aufträgen bei einer Texterbörse durchaus leben, aber auch nur, wenn man mit viel Fleiß und Engagement an die Sache herangeht.

Gerade zu Beginn muss man sicherlich manchmal auch (lukrative) Textaufträge annehmen, hinter denen man inhaltlich nicht immer zu 100 Prozent stehen kann. Auch ist die Arbeit mit einzelnen Auftraggebern wohl nicht immer allzu einfach. Wie gingen oder gehen Sie persönlich damit um?

Wenn mir ein Auftrag nicht liegt, dann nehme ich ihn nicht an, da bin ich konsequent. Etwa wenn ich selbst zu viel Recherche in ein Thema stecken müsste oder ich nicht hinter diesem stehen kann beziehungsweise das Anliegen dahinter nicht unterstützen möchte. So sollte ich einmal für ein Unternehmen schreiben, welches eine Art Escort-Service anbietet, das habe ich klar abgelehnt. Auch Produkt-Reviews nehme ich nicht an, wenn ich mich nicht damit identifiziere. Dass die meisten Aufträge einen zumindest teilweise werblichen Charakter haben, darüber sollte man sich im Klaren sein, wenn man seine Arbeit auf einem Schreibportal anbietet. Dennoch sollte man sich nicht verbiegen und den eigenen Prinzipien stets treu bleiben, und dies hat man über die Annahme oder Ablehnung eines Auftrags stets selbst in der Hand.

Meine Texte im Nachhinein überarbeiten muss ich zum Glück sehr selten, auch wenn dies – etwa aufgrund eines unklaren Briefings seitens des Auftraggebers – schon einmal vorkommen kann. Bei der zweiten Abgabe passt dies dann aber eigentlich immer. Und wenn es einmal Probleme oder Unstimmigkeiten mit einem Auftraggeber geben sollte, so sind auch die Mitarbeiter der Börse aus meiner Erfahrung heraus sehr hilfsbereit und vermitteln zwischen beiden Parteien.

Ist diese Auftragsarbeit für Sie auch ein gewisser Ausgleich zu den eigenen Werken und E-Books oder wie kam es zu diesem zweiten Standbein Ihrer Agentur?

Ich selbst bin zu der Texterbörse quasi wie die »Jungfrau zum Kinde« gekommen. Ich wollte schlicht und einfach einmal wissen, um was es sich dabei handelt und wie eine solche funktioniert. Ursprünglich hatten mich Kunden von mir auf diese Möglichkeit hingewiesen. Also habe ich mich angemeldet, mir schnell die ersten Stammkunden aufgebaut, und so nutze ich diese Form der Auftragsarbeit mittlerweile seit 2009. Damals war dies alles für mich noch Neuland, doch es hat mir schnell gut gefallen, denn es funktioniert für die Autoren einfach und man muss sich, was die Administration um den Auftrag herum anbelangt, um nichts kümmern.

Ihre E-Books verlegen Sie selbst, diese Möglichkeit gehört ja gerade zu einem der großen Vorteile des noch recht neuen Mediums. Wie haben Sie sich die entsprechenden technischen Kenntnisse angeeignet? Und kann diese jeder erlernen, was meinen Sie?

Das macht glücklicherweise mein Mann, ich selbst konzentriere mich auf das Texten und das Lektorat. Von daher haben wir hier eine sehr gute Arbeitsteilung gefunden. Leider kann ich selbst nicht beurteilen, wie schnell man sich die entsprechenden Fähigkeiten beibringen kann. Für mich selbst wäre diese technische Komponente wohl weniger etwas, aber – ein gewisses Grundinteresse vorausgesetzt – so ist der Prozess dahinter mit den heutigen Möglichkeiten und Werkzeugen wohl relativ einfach zu erlernen.

Wir profitieren deutlich von der ehemaligen Arbeit mit gedruckten Büchern

Die Vermarktung der E-Books hingegen läuft bei uns viel über persönliche Kontakte aus meiner ehemaligen Arbeit mit gedruckten Büchern, davon profitieren wir deutlich. Heutzutage ist es oftmals schwerer, Kontakte etwa zu den Medien aufzubauen, was an der Vielzahl der Publikationen, aber auch an einer generell unpersönlicheren Arbeitsweise liegt. Früher war der Begriff »Autor« oftmals noch ein Türöffner, doch diese Zeiten sind wohl vorbei. Heute muss man, was die Vermarktung anbelangt, selbst aktiv werden und kann sich nicht immer nur auf einen Verlag verlassen. Etwa über die Onlinevermarktung, ein eigenes Onlineportal oder einen eigenen Blog. Auch hier gilt wieder: Dazu gehört viel Fleiß und Durchhaltevermögen.

Der Nachteil an E-Books und anderen Eigenpublikationen ist, was eben schon anklang: Das zugehörige Marketing muss man komplett in Eigenregie übernehmen. Wie ist es Ihnen gelungen, für Ihre ersten Werke einen Markt zu finden und die potenziellen Leser auf diese aufmerksam zu machen?

Ich hatte den Vorteil, meine Stammleserschaft quasi bereits mitbringen zu können, unter anderem aus meinem damaligen erfolgreichen Buch »Schwiegermütter machen dick«, das im Fernsehen, dem Radio und vielen Zeitschriften besprochen wurde. Hier hatte ich Glück, heutzutage hätte man es mit einem solchen Titel – der damals recht provokant und ungewohnt war – wohl um einiges schwerer, aus der Masse an ähnlichen Publikationen herauszustechen. Dieser Titel hilft mir manchmal heute noch bei der Vermarktung meiner Arbeiten und E-Books.

Wie entscheiden Sie, über welches Thema Sie ein neues Buch auf den Markt bringen? Richtet sich dies rein nach den Themen, für die Sie sich interessieren und in denen Sie sich auskennen, oder analysieren Sie zuvor die zugrunde liegenden Marktchancen?

Es erfolgt schon eine grundlegende Analyse der Art: Was ist bereits auf dem Markt, was noch nicht und was kommt derzeit bei den Lesern an? Was gestern gut funktioniert hat, das muss heute noch längst nicht funktionieren. Bleiben wir beim Beispiel des »Schwiegermutter«-Buches. Damals standen eher bildhafte, gefühlvolle Schilderungen im Vordergrund, heute geht es »frecher«, pfiffiger, aber auch direkter zu. Und darauf muss man sich dann auch ein gutes Stück einlassen, um erfolgreich zu sein. Trotzdem gilt auch hier: Man sollte stets authentisch bleiben und sich nicht in seinem Schreibstil oder der Themenfindung verbiegen, nur um auf einen kommerziellen Erfolg zu hoffen. Denn das wird kaum funktionieren. Die Frage bleibt dennoch: Wie viel Individualität und Abweichung von aktuellen Lesegewohnheiten kann man sich als noch unbekannter Autor erlauben?

Gleichzeitig sollte man sich stets nach den persönlichen Interessen richten, wenn es um die Auswahl eines Themas für ein Buch oder E-Book geht. Über etwas zu schreiben, was einem eigentlich nicht liegt, das wird wohl zum Scheitern verurteilt sein. Um eine Marktbeobachtung nach der Devise »welche Themen sind derzeit überhaupt gefragt« wird man dennoch kaum herumkommen.

Was sicherlich viele Leser interessiert: Ab wann kann man rein vom Absatz eigener E-Books leben, zum einen ist der Markt noch im Wachstum, andererseits die Konkurrenz nicht unerheblich, da heutzutage jeder ein eigenes elektronisches Buch herausbringen kann?

Von einem E-Book alleine wird man wohl kaum leben können, zumindest derzeit geht dies wohl nur über die Skalierung. Das bedeutet, man muss schon einige E-Books auf den Markt bringen, um entsprechende Einnahmen zu generieren. Es kommt natürlich auf das Genre an. Ich kenne Kollegen, die bereits 50 E-Books und mehr herausgebracht haben. Andere sind schon mit fünf oder sechs E-Books erfolgreich. Das wird wohl auch die ungefähre Schwelle sein, um zumindest bescheiden davon den eigenen Unterhalt bestreiten zu können.

Von einem E-Book alleine wird man wohl kaum leben können

Rein ein Zwang nach dem Motto »ich muss mindestens so viele Bücher auf den Markt bringen« funktioniert meines Erachtens nicht. Man muss mit Freude an diese Tätigkeit herangehen, so wie es bei allen kreativen Berufen der Fall ist.

Diese deutlich gesunkene Markteintrittsbarriere bringt es mit sich, dass nicht nur qualitativ hochwertige E-Books verlegt werden. Spüren Sie in diesem Zusammenhang manchmal bestimmte Vorurteile Ihrer potenziellen Kunden nach der Art »Ob ein gedrucktes

Buch eines ›echten‹ Verlags nicht mehr wert und inhaltlich hochwertiger ist«?

Ich selbst spüre das nicht, aber es ist ja auch als Autor schon schön, das eigene Werk »in der Hand halten« zu können. Durch die zunehmende Verbreitung der E-Book-Reader ändert sich diese Einstellung jedoch zunehmend. Statt – wie bislang – die E-Books etwa am PC anschauen zu müssen, kommt nun quasi eine Art haptisches Erlebnis zurück, man hält die Bücher wieder in der Hand, wenn auch nicht in gedruckter Form. Hinzu kommt, dass diese Geräte einige äußerst praktische Eigenschaften mit sich bringen, wie elektronische Lesezeichen, das praktische Format statt kiloschwerer »Wälzer« und Ähnliches. Die Vorurteile gegenüber den E-Books im Vergleich zu konventionellen Werken bauen sich also so langsam immer mehr ab.

Wie gehen Sie selbst mit solchen Vorurteilen um, beziehungsweise welche Rückschlüsse ziehen Sie hieraus für Ihre eigene Arbeit?

Gute Bücher gibt es auf beiden Seiten, genauso wie weniger gute. Wir stecken sehr viel Mühe in unsere E-Book-Projekte und machen dabei keine Unterschiede zu den Inhalten eines gedruckten Buches. Die Qualität muss einfach stimmen, unabhängig von dem eigentlichen Medium selbst.

Was macht Ihnen mehr Spaß: die eigenen Bücher oder die Auftragsarbeit? Oder befruchtet das eine eher das andere und umgekehrt?

Das ist sehr unterschiedlich und verläuft bei mir auch phasenweise. Manchmal konzentriere ich mich lieber auf meine Bücher, dann denke ich wiederum »Du kannst deine Kunden nicht enttäuschen« und konzentriere mich wieder mehr auf die Auftragsarbeiten. Es sind zwei unterschiedliche Ansätze: In die Bücher fließt natürlich viel von mir persönlich ein, beim Texten für meine Kunden lerne ich hingegen meist viel dazu. Und manchmal fließt die Recherche für ein bestimmtes Auftragsthema später dann sogar mit in ein neues Buchprojekt ein. Dann profitieren beide Handlungsfelder in direkter Weise voneinander. Von daher könnte ich mich kaum für das eine oder das andere entscheiden, beides bereitet mir große Freude.

Jeder, der viel schreibt, kennt diese Situation: Wird Ihnen das Texten manchmal auch zu viel und wie schaffen Sie es dann, sich zu entspannen oder eine Auszeit zu nehmen, um neue Schreib-Kraft zu gewinnen?

Das kenne ich eigentlich nicht, und wenn, dann höchstens tageweise und dann will ich auch schon wieder schreiben. Es ist für mich fast schon wie eine kleine Sucht und gehört zu meinem Leben mit dazu. Die Kraft ziehe ich aus den Projekten selbst. Ich habe einen solchen Spaß an dieser Tätigkeit, dass es mir nur sehr selten zu viel wird, eher vermisse ich das Texten, wenn ich einmal nicht dazu komme. Nur unter Zeitdruck zu arbeiten – und dies ist bei der Auftragsarbeit manchmal unumgänglich –, das gehört nicht unbedingt zu meinen Lieblingsbeschäftigungen.

Wer ist für einen Beruf, wie Sie ihn ausüben, geeignet und wer eher nicht?

Wer an sich wenig diszipliniert ist, der wird aus meiner Erfahrung heraus kaum eine Chance haben. Fleiß und Disziplin gehört einfach mit dazu, egal ob man nun an einem eigenen Buch oder an externen Aufträgen arbeitet. Und – was ebenfalls gerne missverstanden wird – wer gerne und viel spricht, also gerne mündlich kommuniziert, der muss nicht gleichzeitig auch gut für das Schreiben geeignet sein. Meistens sind erfolgreiche Autoren eher sogar ein wenig introvertiert, von der »ruhigen Sorte« also.

Es kommt also auf das Durchhaltevermögen an, aber das ist bei jeder selbstständigen Tätigkeit der Fall. Man muss – gerade im Kundenkontakt – nach und nach zu überzeugen wissen, ein schneller Erfolg wird eher die Ausnahme als die Regel sein. Dazu gehören auch noch weitere Disziplinen, so muss man in der Lage sein, sich nachhaltig Kunden, Kontakte, aber auch Referenzen aufbauen zu können. Ein weiterer Aspekt: Als Autor sollte man bereit dazu sein,

168 | 10 • (Online-)Texten im Kundenauftrag

die eigene Persönlichkeit mit in das Schreiben einzubringen. Nur dann wird das Ergebnis authentisch und glaubwürdig. Eine gewisse Lebenserfahrung kann meiner Meinung nach ebenfalls nicht schaden, um diesen Beruf erfolgreich auszuüben.

Sie arbeiten und schreiben von Spanien aus, sicherlich ein Traum vieler Autoren. Ist es ausschließlich ein Traum oder gibt es hierbei auch Dinge zu berücksichtigen, an die man vor einem solchen Schritt des Auswanderns nicht unbedingt denkt?

Das ist der Vorteil dieser Tätigkeit: Schreiben kann man von überall aus und nicht wenige Autoren nutzen dies auch. Wenn ich mich selbst in das Schreiben vertiefe, dann vergesse ich oftmals alles um mich herum, und auch, wo ich mich gerade befinde. Wer jedoch über das Auswandern als Autor nachdenkt unter dem Motto »Dort wird alles besser«, der wird wohl scheitern. Denn man muss immer daran denken, dass man sich selbst mitnimmt. Bereits bestehende Probleme löst ein solcher Schritt also nicht. Man sollte mit sich im Reinen sein und nicht vor irgendetwas flüchten.

| *Der Vorteil: Schreiben kann man von überall aus* |

Die Lebensqualität, die ich hier in Spanien habe, ist schon von Vorteil und das genieße ich auch. Aber in jedem Land gibt es stets Vor-, aber auch Nachteile. Und das Positive wird von außen betrachtet manchmal überschätzt, beziehungsweise Probleme, die auftreten können, werden verdrängt. Auswandern aus einem Traum heraus, das ist gefährlich.

Gerade durch die Kommunikation mit E-Mail & Co. spielt es heutzutage fast keine Rolle mehr, von wo aus man als Texter arbeitet. Wie reagieren Ihre Auftraggeber, wenn diese sehen, dass Sie in Spanien und nicht in Deutschland sitzen? Stellt dies für manche eine Hürde dar?

Das ist heutzutage kein Problem mehr. Dem Auftraggeber ist dies egal, wenn nur die Infrastruktur stimmt, er mich also jederzeit erreichen kann. Nur wenige meiner Kunden bemerken überhaupt, dass ich nicht von Deutschland aus arbeite. Und wenn, dann reagieren sie eher interessiert als skeptisch.

Hat man als Autor einen finanziellen Vorteil, wenn man aus dem Ausland schreibt, kann man sich also gerade zu Beginn eher »über Wasser halten«, etwa durch niedrigere Steuern oder auch geringere Lebenshaltungskosten?
Früher hätte ich dieser These zugestimmt, doch im Fall von Spanien ist dies längst nicht mehr der Fall. Die Lebenshaltungskosten sind mittlerweile quasi gleich, diese haben sich nach der Euro-Einführung recht rasant entwickelt. Rein aus ökonomischen Gründen lohnt sich ein solcher Schritt kaum mehr.

Wenn Sie sich heutzutage mit den modernen Entwicklungen eine Existenz als Autorin oder Texterin aufbauen wollten, wie würden Sie beginnen? Würden Sie anders an die Sache herangehen, als Sie es damals getan haben? Was können Sie jungen Nachwuchstalenten in diesem Zusammenhang raten?
Die Situation als Autor ist nicht gerade einfacher geworden, darüber sollte man sich im Klaren sein, wenn man über einen vergleichbaren Schritt nachdenkt. Heutzutage hat man dank Internet & Co. mehr Möglichkeiten, in diesem Umfeld tätig zu werden. Auch die Kosten sind niedriger, im Internet kann man quasi zum Nulltarif veröffentlichen. Somit kann man diesen Beruf auch einfacher ausprobieren, als dies früher der Fall war. Gleichzeitig stelle ich fest, dass es nicht mehr so einfach ist, private und berufliche Kontakte aufzubauen, die einem bei der Vermarktung der eigenen Tätigkeit als Autor helfen.
Ich kann Berufseinsteigern in diesem Zusammenhang nur raten:

- Lassen Sie erste Texte im Freundes- und Bekanntenkreis testen, wie kommen diese dort an? Welches Feedback erhalten Sie?
- Bringen Sie ein eigenes E-Book auf den Markt und vermarkten Sie dieses über eine eigene Internetseite. Beides geht heutzutage

mit relativ wenig Aufwand. Machen Sie sich somit nach und nach einen Namen.

- Suchen Sie sich gegebenenfalls einen passenden Verlag oder entscheiden Sie sich für die Eigenvermarktung.
- Unter Umständen kann Ihnen eine Agentur bei der Vermarktung behilflich sein, hier muss man jedoch unbedingt auf die Seriosität achten. Eine Internetrecherche oder ein schlichter Anruf hilft hier oftmals bereits weiter.
- Auch mit den sozialen Medien wie Facebook, YouTube etc. sollte man sich zwecks Vermarktung der eigenen Inhalte, aber auch zum Aufbau von Kontakten auseinandersetzen, für junge Leute stellt dies ja aber oftmals kaum mehr eine Herausforderung dar.

Man muss viel ausprobieren und zu Experimenten bereit sein, um als Autor seinen eigenen Weg zu finden. Wenn Sie Freude am Schreiben haben: Halten Sie durch, das Ganze benötigt seine Zeit. Und mit den ersten Erfolgserlebnissen wird es dann auch immer einfacher.

•••

Über den Beruf als Online-Texter

Die Arbeit als Texter/Texterin für den Onlinebereich ist natürlich kein »neuer« Beruf im eigentlichen Sinne. Oftmals wird diese Dienstleistung von den gleichen Autoren und Agenturen angeboten, die bereits in der Vergangenheit als Experten für die Print-Kommunikation und -PR geschätzt wurden. Denn nicht immer haben Unternehmen jeglicher Art die notwendigen Mitarbeiter und/oder die freien Kapazitäten zur Hand, um sich selbst um Texte für werbende Botschaften oder die Kundenkommunikation zu kümmern. Und dann werden genau hierfür Autoren oder das Texterbüro des Vertrauens beauftragt, und dies meist auf freier Basis, also je nach gerade anfallendem Auftragsvolumen. Wobei in der Regel jene Freiberufler oder Agenturen am ehesten zum Zuge kommen, die nicht nur in der Erstellung guter und wirksamer Texte fundierte Kenntnisse haben, sondern die sich zudem fachlich auf das jeweilige Gebiet des Auftraggebers spezialisieren können. So wird man als Spielwarenhersteller kaum einen Texter beauftragen, der ansonsten hauptsächlich für die Metall verarbeitende Industrie tätig ist, um ein beliebiges Beispiel zu nennen.

Nach und nach bieten jedoch die ersten jungen Dienstleistungsunternehmen und Freiberufler ihre Dienste an, die sich fast komplett auf Onlinetexte jeglicher Art spezialisiert haben. Denn nahezu jedes Unternehmen und jeder Selbstständige verfügt mittlerweile über eine eigene Internetpräsenz. Und eine solche verlangt ihrem Besitzer jeweils jede Menge an regelmäßig anfallenden Texter-Aufgaben ab. Sei es in der Erstellung neuer Inhalte oder in der Überarbeitung sowie der Pflege bereits vorhandener Beiträge. Entsprechende Auftragsarbeiten, die an einen Spezialisten für Web-Texte vergeben werden, können demnach beispielsweise sein:

- Die Erstellung und fortlaufende Überarbeitung von Produktbeschreibungen für die rasant wachsende Zahl von Onlineshops
- Texteraufgaben für zugehörige redaktionelle Online-Kundenzeitschriften, Firmenblogs und mehr

- Erstellung von Inhalten für Firmen-Newsletter
- Verfassung von speziellen Online-Pressemeldungen
- Bis hin zu Content, der für die inhaltliche Betreuung der diversen Social-Media-Kanäle benötigt wird (Facebook & Co.)

Die fachspezifische Ausrichtung auf den Online-Kanal ist in diesem Zusammenhang keineswegs zu unterschätzen. Nicht wenige traditionelle PR- und Marketingagenturen haben heutzutage damit zu kämpfen, dass sie zwar jede Menge Erfahrung und auch Referenzen im Print-Bereich vorweisen können, was aber nicht immer automatisch bedeuten muss, davon auch für den Kanal »Online« zu profitieren.

Die Regeln der Onlinekommunikation

Denn die Onlinekommunikation – gerade im werblichen und kommerziellen Umfeld – folgt ihren ganz eigenen Regeln, etwa hinsichtlich:

- Die Texte sind oftmals auf wenige Schlagworte und Inhalte hin zu optimieren, mit denen sie später über die Suchmaschinen wie Google aufgefunden werden sollen. Dies wiederum erfordert fundierte Spezialkenntnisse wie das Interview zum Thema »Suchmaschinenoptimierung« zeigt.
- In vielen Bereichen muss Online-Content mit deutlich weniger Raum auskommen als in bunten Hochglanzbroschüren vergangener Tage. Mit zunehmenden mobilen Zugriffen über Smartphones und ähnliche Endgeräte wird diese Anforderung zudem immer wichtiger.
- Gleichzeitig gehen viele Web-Botschaften auch inhaltlich weniger in die Tiefe. Denn Links – also Online-Verweise auf weiterführende Quellen und Erklärungen – lösen auf den Webseiten die klassische, fundierte Erläuterung erklärungsbedürftiger Begrifflichkeiten ab.
- Rein werbliche Botschaften funktionieren im Zeitalter der Interaktion des so genannten »Web 2.0« nicht mehr wirklich.

- Der Mehrwert eines Onlinebeitrags muss unmittelbar und auf den ersten »scannenden« Blick des Lesers ersichtlich sein, nur dann hat dieser eine Chance, in den sozialen Medien möglichst »viral« weiterverbreitet zu werden (siehe auch *http://de.wikipedia.org/wiki/ Virales_Marketing*).

Dies alles wiederum bedeutet, dass gerade junge, onlineaffine Unternehmer und Gründer nicht selten den reinen Webtext-Dienstleistern den Vorzug geben, denn die Onlinevermarktung von Inhalten gehört zu deren »täglich Brot«. Bei einer konventionellen Agentur wird dies nicht in jedem Fall gewährleistet sein.

Hinzu kommt, dass Printtext-Agenturen in der Regel noch in Preisstrukturen beziehungsweise Gebühren für ihre Dienstleistung denken, die sich online kaum mehr durchsetzen lassen. Dieser Preisunterschied liegt darin begründet, dass »online« noch deutlich mehr Tempo und Geschwindigkeit verlangt wird. »Zeit ist Geld« lautet dann oft die Devise. Den Luxus, einen Webtext über Stunden oder gar Tage entstehen und reifen zu lassen, das mag sich heutzutage kaum mehr ein Unternehmen leisten. Dieser Umstand wirkt sich im Umkehrschluss dann leider aber auch auf eine geringere Qualität der Ergebnisse aus, etwa was das Fehlen einer fundierten vorausgehenden Recherche anbelangt. Sprich: Beim Onlinetexten wird den Autoren und Agenturen nicht selten deutlich weniger Zeit und damit Ressourcen eingeräumt, als dies offline der Fall war. Wer sich neu oder aus einem Print-Beruf heraus für das Aufgabengebiet des Online-Textens interessiert, der sollte diesen nicht immer sehr schönen Aspekt durchaus berücksichtigen.

Vorsicht vor der finanziellen Ausbeutung

In Teilbereichen – wenn man nicht wie unsere Interviewpartnerin Jutta Reinert nur für Stammkunden beziehungsweise im preislich sehr hochwertigen Segment arbeitet – kann dies durchaus zur Folge haben, dass man als Texter auch ausgebeutet wird. Etwa dann, wenn journalistische Höchstleistungen zum Schnäppchen-Wortpreis verlangt werden. Dem lässt sich nur mit einer konsequenten Konzentration auf wertigere Auftragsarbeiten entgegnen, die man jedoch – gerade als Einsteiger noch ohne »Namen« – erst einmal finden muss. Wohl dem, der dann – gerade in den Anfangszeiten – nicht rein auf die Einnahmen aus seiner Online-Texterarbeit angewiesen ist. Ist die erste Akquise-Hürde genommen und hat man die ersten Stammkunden für sich gewinnen können, so lockt dieser Beruf jedoch mit einer relativen örtlichen, aber auch zeitlichen Unabhängigkeit. Denn im Zeitalter der Online-Beauftragung ist es in der Regel nahezu gleichgültig, ob man als Auftragstexter seine Arbeit zu den üblichen Bürozeiten am heimischen Schreibtisch erledigt oder aber am Ostsee- oder auch Mittelmeer-Strand beziehungsweise mitten in der Nacht.

Hinweis

Online-Texterbörsen, über die man Webtext-Auftragsarbeiten akquirieren kann, ordnen die teilnehmenden Autoren in so genannte Qualitätsstufen ein. Je länger und besser ein Autor für dieses Portal arbeitet, umso eher hat er in der Regel die Chance, in eine der höheren Stufen aufzusteigen. Die Preise, die dabei je Wort eines zu erstellenden Beitrags bezahlt werden, beginnen oft ab etwas mehr als ein bis zwei Cent. Erstellt man einen typischen Onlinebeitrag mit 500 Wörtern, so fließen hierfür also gerade einmal um die sechs bis zehn Euro. Benötigt man für einen solchen Beitrag inklusive Recherche bis zu einer Stunde an Arbeitszeit, so kann sich jeder selbst ausrechnen, dass der – ja noch zu versteuernde – Verdienst nicht allzu hoch ausfällt.

In höheren Qualitätsstufen sind dem hingegen Wortpreise bis zu sechs Cent und deutlich mehr möglich. Davon lässt sich dann schon eher »leben«, vor allem wenn man inhaltlich umfangreichere oder sich regelmäßig wiederholende Aufträge akquirieren kann.

Für Berufsumsteiger – etwa Print-Journalisten und -Marketer bzw. -Texter – lässt sich aus den genannten Unterschieden der beiden Kommunikationskanäle »Online« und »Offline« schließen, dass sie sich meist erst einmal mit den spezifischen Gegebenheiten, aber auch Gepflogenheiten der Onlinekommunikation auseinandersetzen müssen, wenn sie ihre Auftraggeber für Onlinetexte wirklich zufriedenstellen wollen. Denn nicht wenige Unternehmen beauftragen gleich mehrere freie Texter für ihre Auftragsarbeiten. Sie werden dabei schnell feststellen, dass insbesondere die Inhalte jener Autoren gut und oft im Internet gefunden und damit gelesen werden, welche die zuvor aufgeführten Regeln der Web-Kommunikation bestmöglich berücksichtigen. Onlineaffine Berufseinsteiger – vor allem jene, die mit eigenen Content-Portalen und Blogs bereits erste Praxiserfahrung sammeln konnten – werden sich mit diesen doch recht spezifischen Anforderungen meist deutlich leichter tun als reine Print-Verfechter, die den modernen Medien gegenüber nur wenig aufgeschlossen sind. Wer erwägt, vom Arbeits-Kanal »Print« auf »Online« umzustellen, der sollte sich über diese Tatsache im Klaren sein.

Doch die Onlineaffinität beim Texten lässt sich auch erlernen. Zum einen bieten immer mehr Ausbildungsstellen und Fortbildungsinstitute Lehrgänge sowie Seminare zum Thema »Texten im und für das Web« an, wobei man darauf achten sollte, dass die zugehörigen Referenten über die notwendige Praxiserfahrung auf diesem Gebiet verfügen. Auch lässt sich die Erstellung wirkungsvoller Onlinetexte wohl kaum in einer vierstündigen Abendveranstaltung erlernen. Zum anderen sei im Anschluss an diesen Text auf einige weiterführende Literatur verwiesen.

Die in dem Interview angesprochenen Online-Texterbörsen bieten – abseits der reinen Preisdiskussion – eine gute Möglichkeit, diesen Beruf erst einmal »anzutesten«. Gefühlt die deutliche Mehrzahl der dort verfügbaren Autoren bietet ihre Dienste rein im Nebenerwerb an, zumindest wenn man sich die Auftragnehmer-Struktur der beiden großen deutschsprachigen Dienste Textbroker (*www.textbroker.de*) und content.de (*www.content.de*) anschaut. In einem solchen Testlauf lässt sich überprüfen, ob man klarkommt mit

1. dem Zeitdruck
2. den Qualitätsvorgaben und inhaltlichen Vorstellungen der Auftraggeber sowie
3. dem Preisdruck, der dort nicht selten herrscht.

In qualitativ und preislich hochwertigere Einstufungen und damit Aufträge wird man dabei – wie bereits angedeutet – erst dann vordringen können, wenn man sich mit zahlreichen gut bewerteten, bereits abgeschlossenen Texteraufgaben ein eigenes Online-Renommee aufgebaut hat. Von daher kann man gar nicht früh genug damit starten, dort die eigene Dienstleistung versuchsweise anzubieten, möchte man sich diesen Vertriebskanal auch für die Zukunft offen halten. Und sei es, um diesen später nur dann zu nutzen, wenn man abseits der Regelaufträge mit eigenen Kunden über freie Kapazitäten verfügt, die man auslasten möchte.

Hinweis

Wie funktionieren die hier angesprochenen Plattformen nun genau? Man kann sich eine solche Texterbörse wie eine Art Marktplatz für Texte vorstellen. Als Autor meldet man sich – anonymisiert oder auch unter dem »echten« Namen – an, und kann sich fortan auf Aufträge bewerben, die von den zahllosen Auftraggebern eingestellt werden (so genannte »open order«).

Dabei lässt sich angeben, für welche Themengebiete man schreiben kann und auch will beziehungsweise welche Inhalte man ausschließen möchte. Diese können von Rubriken wie etwa »Fachaufsätze & Lexika« über Wirtschaftsthemen bis hin zu »Tourismus«, »Bildung & Gesellschaft«, »Lifestyle & Mode«, Sport, Technik, Medien, Marketing und mehr gehen. Der Wortpreis und das Thema ist bei jedem der Aufträge fix vorgegeben, so dass man selbst entscheiden kann, ob man sich um diesen bewerben möchte oder nicht. Der Zuschlag erfolgt dann in der Regel nach dem Prinzip »first-come, first-served«.

Die Auftraggeber können passende Autoren aber auch direkt beauftragen, über so genannte »direct order«. Sogar komplette Serienaufträge lassen sich hierüber vergeben, etwa wenn ein Onlinemagazin zwei Mal wöchentlich einen Beitrag zu einem bestimmten inhaltlichen Thema anfordert. Solche Aufträge wird man in der Regel jedoch erst dann erhalten, wenn man zuvor über einen »open order« einen sehr guten Eindruck bei dem jeweiligen Auftraggeber hinterlassen hat. Trotz des ständig vorherrschenden Konkurrenzdrucks lohnt es sich also, jeden nicht direkt vergebenen Auftrag sehr sorgfältig und gut zu erledigen, zumindest wenn man auf Folge-Order spekuliert.

> Zudem können die Auftraggeber die Qualität der abgelieferten Texte bzw. der dahinter stehenden Autoren bewerten. Und es versteht sich von selbst, dass ein Texter mit eher neutralen oder gar negativen Bewertungen kaum mehr Chancen auf die lukrativen Direktaufträge hat.

Kann man davon leben?

Kann man von diesem Beruf nun leben? »Es hängt davon ab«, muss man leider auch hier wieder unterscheiden. Wer auf Dauer nicht über Auftragsarbeiten bei den genannten Dienstleistern und in einem der unteren Preissegmente hinauskommt, für den dürfte der Traumjob eher zur Qual werden. Wer es jedoch schafft, mit Beharrlichkeit und vor allem Qualität eine eigene kleine oder später auch größere Online-Texter-Agentur aufzubauen, mit festen Kunden, eventuell mit einem kleinen Stamm freier Mitarbeiter, um dieses Modell skalieren zu können und nicht immer von der eigenen »Feder« abhängig zu sein, der dürfte sich angesichts der sprunghaft ansteigenden unternehmerischen Onlinekommunikation nicht über Langeweile beklagen. Und gegebenenfalls wächst hieraus in Kombination mit dem Verfassen eigener Texte und (E-)Books, so wie dies im vorangegangenen Interview angesprochen wurde, ein äußerst spannender und abwechslungsreicher Job.

Weiterführende Quellen:

* Sabrina Kirnapci, »Erfolgreiche Webtexte: Online-Shops und Webseiten inhaltlich optimieren«, mitp-Verlag, ISBN 978-3826690846
* Stefan Heijnk, »Texten fürs Web: planen, schreiben, multimedial erzählen«, dpunkt Verlag, ISBN 978-3898646987
* Walburga Wolters, »Wirkungsvoll Schreiben für digitale Medien«, Cornelsen, ISBN 978-3589237180
* Heiko Lenz, »Suchmaschinenoptimiert schreiben«, UVK, ISBN 978-3867642842
* Michael Firnkes »Professionelle Webtexte: Handbuch für Selbstständige und Unternehmer«, Hanser Verlag, ISBN 978-3446433342

| KAPITEL 11 |

Audioguides & Audiowalks
Die hörbare Macht der Worte

Dr. Matthias Morgenroth, Audioverlagsleiter und Autor

Dr. Matthias Morgenroth leitet seit über zehn Jahren in Berlin den Audioverlag geophon – Urlaub im Ohr. Zu seinen Büroleidenschaften gehört es, Ideen zu entwickeln, Töne aufzunehmen, zu schneiden und zu bearbeiten, Konzepte in die Runde zu werfen und als Autor für Reise-Hörbücher und Audioguides unterwegs zu sein. Vor der Gründung von geophon hat Matthias Morgenroth in Münster, Bochum und Berlin Germanistik und Philosophie studiert und als Kulturjournalist und Comedyautor für die ARD gearbeitet.

Der Audioverlag geophon bietet in einem umfangreichen Programm Audioguides für das Hören vor Ort sowie Reise-Hörbücher auf CD und im Download (ca. 60 bis 85 Minuten). Die Hörreisen sind eine sinnliche Ergänzung zum konventionellen Reiseführer: Interviews, Klänge, Berichte und Musik lassen die Atmosphäre der Ferne lebendig werden. Das Programm umfasst sowohl Audioguides über Berlin, Hamburg und Frankfurt als auch Reise-Hörbücher über Metropolen wie New York, Berlin und Istanbul und Länder bzw. Regionen wie Mallorca, Mexiko und Schottland.

Infos und Hörprobe unter *www.geophon.de*.

Interview mit Dr. Matthias Morgenroth

Ihr Verlag entwickelt und entwirft seit zehn Jahren Reise-Hörbücher, die den Leser vom Sofa aus in die Ferne entführen. Neu dazugekommen ist in letzter Zeit die Produktion von Audioführungen, die neudeutsch als »Audioguides« bezeichnet werden und durch den Abruf mit dem Smartphone & Co. eine Art Renaissance erleben. Zwar liegt das Ergebnis hierbei in der akustischen Umsetzung für die Ohren vor, dennoch müssen die zugrunde liegenden Geschichten auch ganz konventionell geschrieben werden. Entsteht hier gerade ein neuer Schreibberuf?

Ja, das kann man so sagen. Und das Spannende daran ist, dass die Anforderungen an diesen Beruf gerade ganz neu entstehen. Hierfür gibt es drei Eckpunkte, die sich derzeit entwickeln und die Grundlage für die neuen Anforderungen mit prägen:

- Die technischen Voraussetzungen der Geräte (zumeist Smartphones), mit denen man die Audioführungen hört, und die Entwicklung der Software bzw. der Apps, mit denen man die Touren abrufen kann.
- Die Bedingungen des Ortes, der im Audioguide thematisiert wird
- Die Zielgruppe für den Guide

Wer heutzutage in unserem Umfeld arbeitet, der schreibt nicht nur, er wird mehr und mehr auch zum Produzenten. Daraus entwickeln sich neue Anforderungen an die Autoren, das Texten ist dann nur noch ein Bestandteil des umfangreichen Prozesses, an dessen Ende der hörbare Guide steht. Man gibt als Autor also nicht mehr einfach nur seine Texte ab, sondern kümmert sich auch um die akustische Umsetzung beziehungsweise die Lieferung des akustischen Materials, zum Beispiel der Interviewtöne.

Der Trend geht mehr und mehr dahin, das komplette Endprodukt zu erschaffen. Das birgt Herausforderungen in sich, aber auch neue

Potenziale. Es entstehen immer mehr Plattformen für Audioguides, die dann den Autoren oder Produzenten den Vertriebskanal für die Guides bieten.

Hinweis

Beispiele für solche Plattformen im deutschsprachigen Raum sind etwa *www.pausanio.de, www.storytude.de, www.guidemate.de, www.tourschall.de oder www.yopegu.de.*

Wie darf man sich die Produktion eines neuen Titels bei Ihnen vorstellen, welche Protagonisten müssen hierbei zusammenarbeiten oder stammt das gesamte Ergebnis ebenfalls aus einer »Feder«?

Meistens haben wir eine Idee im Kopf bzw. ein Konzept vor Augen und suchen Autoren speziell für den jeweiligen Ort und das jeweilige Thema. Die Autoren kümmern sich dann im Rahmen einer Produktion – in enger Abstimmung mit uns – um sehr viele Punkte: das Ausarbeiten der Route und Themen, die Wahl der Erzählform, die Recherche, das Sammeln von Materialien, das Führen der Interviews und den Schnitt der O-Töne, die Suche nach Musik und eventuell den Geräuschen, die Klärung von Rechten, um Fotos und eventuell zusätzliches Bildmaterial etc. Die Produktion besteht im Wesentlichen aus der Konzeptionsphase, der Materialsammlung und den Interviewaufnahmen, der Texterstellung, der Produktion im Tonstudio mit Sprachaufnahmen, Schnitt und Mischung und dann der Veröffentlichung beziehungsweise Einstellung in ein Audioguideportal (App).

Im Moment übernehmen wir in den meisten Fällen die akustische Umsetzung, da meistens nicht die Autoren, sondern etablierte Sprecher für uns sprechen und wir auch die Aufnahmen und die Mischung stets mit einem erfahrenen Tonmeister zusammen machen. Auf jeden Fall ist es ein sehr interdisziplinäres und abwechslungsreiches Arbeiten, mit vielen unterschiedlichen Facetten, welche dieser Beruf mit sich bringt.

Woher stammen die Ideen für einen neuen Guide, und wie wird entschieden, welche Produktion sich lohnen könnte bzw. ob hierfür ein Markt besteht?

Im Moment gibt es noch keinen fassbaren Markt für Audioguides im öffentlichen Raum. Man kennt die Guides aus dem Museum, aber dass es Touren für das eigene Handy gibt, ist noch zu wenig bekannt. Hier hängt viel von der zukünftigen Entwicklung ab. Die meisten Anbieter von Audioguide-Apps befinden sich noch in der Experimentierphase. Keiner weiß so genau, was in Zukunft gefragt sein wird und was sich vor allem auch vermarkten lässt. Die Audioguide-Apps werden im Moment ganz gut angenommen, nur wollen die Kunden in den meisten Fällen nicht für die Inhalte bezahlen. Konkrete Erlösmodelle befinden sich hier meist noch in der Erkundungsphase. Es wird auch noch getestet, welche Preise in diesem Segment vom Endkunden akzeptiert werden. Es ist dabei auch schwierig, Referenzprodukte, zum Beispiel andere touristische Apps zu finden, an denen man sich, was Preis, Themen und Nutzung betrifft, orientieren kann.

Keiner weiß so genau, was in Zukunft gefragt sein wird

Weiterhin machen zahlreiche kostenlos verfügbare Inhalte die Situation für uns Produzenten und Autoren nicht gerade einfacher, auch wenn sie im Moment notwendig sind, um das Interesse für das Medium erst mal zu wecken. Hinzu kommen Hindernisse wie etwa die unterschiedlichsten Zielgruppen, die bedient werden wollen und die man an unterschiedlichen Stellen »abholen« muss. Man denke etwa an Familien, Touristen, Geschäftsleute und viele weitere mehr. Für Berufseinsteiger ist dies zwar ein spannendes, aber aus wirtschaftlichen Aspekten heraus betrachtet nicht gerade ein sicheres Umfeld. Darüber sollte man sich im Klaren sein.

Interview mit Dr. Matthias Morgenroth

Was funktionieren kann, das sind etwa ergänzende Produkte zu Print-Produktionen wie etwa zu Reiseführern. Hier können z.b. die Informationen des Reiseführers durch den Guide vertieft werden. Auch Auftragsarbeiten im touristischen oder im unternehmerischen Umfeld sind denkbar, wenn beispielsweise eine Stadt oder Region seine Besonderheiten und Sehenswürdigkeiten durch einen Audioguide innerhalb einer App auf innovative Weise herausstellen möchte oder wenn es um imagefördernde Produktionen geht.

Welche zukünftigen Entwicklungen sind in diesem Zusammenhang bereits absehbar?

Man wird sehen, inwiefern in Zukunft auch werbefinanzierte Formen, Couponing, regionales Targeting die Entwicklung beeinflussen werden – all dies sind spannende Entwicklungen, die erst noch getestet werden müssen. Hinzu kommt die Tatsache, dass man nicht absehen kann, in welche Richtung sich die Technik weiterentwickeln wird. Statistisch gesehen verbreitet sich die Zahl der Smartphone-Nutzer, aber inwiefern sich die mobilen Geräte entwickeln werden, welche Software welche Darstellungsformen möglich macht und welche Erwartungen die Nutzer dann auch an die Guides stellen, das steht in den Sternen. Im englischsprachigen Raum ist man beim Thema Apps und Reiseinformationen bzw. Audioguides oftmals schon viel weiter. Von daher lohnt sich ein Blick über die Landesgrenzen hinaus, was neue mögliche Geschäftsmodelle anbelangt.

Wie finden Sie geeignete Autoren/Autorinnen für Ihre Audioguide-Produktionen und was sollte man an persönlichen Eigenschaften mitbringen, um in diesem Bereich erfolgreich arbeiten zu können?

Typischerweise kommen unsere Autoren aus dem Umfeld des Radiojournalismus. Diese haben den entscheidenden Vorteil, dass sie die akustische Umsetzung bei einer Produktion und das Schreiben fürs Hören mitdenken und kennen. Printautoren hingegen sind nicht in allen Fällen geeignet für diese doch spezielle, akustische Form der Kommunikation. Generell sollte man auch über eine gewisse Technik-Affinität verfügen, was zum einen den Umgang mit Aufnahmegeräten anbelangt und zum anderen die Nutzung der Smartphones betrifft.

Typischerweise kommen unsere Autoren aus dem Umfeld des Radiojournalismus

Es gibt vereinzelte Quereinsteiger, denn die technischen Voraussetzungen kann man durchaus schnell erlernen. Hier kommt es dann auf Eigenschaften wie Neugier, Flexibilität, aber auch Experimentierfreudigkeit und auf ein Maß an kommunikativen Fähigkeiten an, u.a. für die Interviews und die Recherchen. Entscheidend ist auch ein guter Blick für die Zielgruppe. So wäre etwa ein Kinderbuchautor oder jemand, der Kindersendungen im Rundfunk macht, sicherlich gut geeignet für Kinder-Audioguides, da er auch die Erzählform, den Ton etc. gut kennt.

Was hingegen könnte in diesem Zusammenhang eher hinderlich sein?
Man darf in unserem Beruf nicht zu kleinteilig, zu spezifiziert, zu detailliert, zu faktenlastig vorgehen. Und: Man sollte sich stets auf die Situation vor Ort, aber auch auf die Bedürfnisse der Hörer und Konsumenten einlassen können. Wichtig ist auch der Unterhaltungsaspekt: Viele Wissensinhalte über Gebäude, Orte und Sehenswürdigkeiten sind kostenlos verfügbar. Wenn der Guide etwas kosten soll, dann muss er mehr bieten als das, was ich auch so im Netz finden kann. Bei einer gelungenen Produktion eines Audioguides entscheiden oftmals Kleinigkeiten. Fragen wie »Wie navigiere ich den Zuhörer durch das Viertel«, ist die Route linear oder als Rundweg anzulegen oder »eignet sich ein Ort als Standort für den Zuhörer oder ist er zu laut, zu belebt, zu schwer zu finden ...« gehören mit dazu und müssen mitbedacht werden.

Interview mit Dr. Matthias Morgenroth

Was ist an technischem Wissen und Ausrüstung notwendig? Welche Leistungen hiervon übernimmt der Autor und welche Ihr Verlag?
Die meisten Autoren bringen ihre bereits vorhandene Ausrüstung mit, andere rüsten wir aber auch mit Aufnahmegeräten aus oder schulen diese gar im Umgang mit den Geräten. Typischerweise gehören ein Digitalrekorder sowie ein Arbeitsplatz bzw. die Software für den Schnitt des Audiomaterials zum Equipment der Autoren.

Bei den meisten, die sich für dieses berufliche Umfeld interessieren, mangelt es hingegen an anderen Vorkenntnissen. Dazu gehören etwa: das Mitdenken der akustischen Realisation, die Anforderungen an das Hören vor Ort und das sehr wichtige Thema der Urheberrechte. Nicht selten scheitern tolle inhaltliche Ideen daran, dass sie aus rechtlicher Sicht nur sehr schwierig oder überhaupt nicht umzusetzen sind. Etwa wenn ein für die Produktion existenzieller O-Ton gar nicht verwendet werden darf, weil jemand anderes die Rechte daran besitzt, oder wenn eine Tour darauf beruht, dass man die entsprechende Musik einer bekannten Popgruppe vor Ort hört, deren Rechte man aber kaum bezahlen kann. Gerade beim letzteren Punkt wünschen wir uns oftmals mehr Wissen, aber auch mehr Sensibilität seitens der Autoren.

Unter Ihren Produkten sind – teils in Auftragsarbeit – auch innovative Motto-Touren, die nur noch wenig mit den bekannten Stadtführungen früherer Tage zu tun haben. Arbeiten Sie hierfür mit ganz bestimmten Mitarbeitern oder sollte ein Audioguide-Autor möglichst klassische als auch unkonventionelle Formate entwickeln und schreiben können?
Die wenigsten Autoren arbeiten formatübergreifend, sondern sie spezialisieren sich in der Regel. Und man darf nicht vergessen: Die meisten verdienen mit dieser Arbeit auch nicht ihr Geld, zumindest nicht hauptberuflich. Wir suchen eher gezielt nach Autoren, die zu einem ganz bestimmten Thema oder zu einer speziellen Erzählform passen. Will ich z.B. eine Tour als Hörspiel oder als Comedy

anlegen, suche ich Autoren, die auch mit diesen Formen Erfahrung haben.

Welche generellen Einsatzmöglichkeiten gibt es für Audioguides aller Art, sei es im Tourismus, in Museen, in Behörden, Unternehmen?

Bestimmte Typen von Audioguides – zum Beispiel in Museen – haben ganz eigene Anforderungen und funktionieren auch in einem ganz eigenen Markt. Wenn man an Touren durch Städte oder Regionen denkt, dann gibt es thematisch schier unbegrenzte Möglichkeiten, wobei der Fantasie kaum Grenzen gesetzt sind. Das kann beispielsweise sein, dass man einen Prominenten bei einer Tour durch seinen Kiez begleitet und man auf diese Weise eine Art Aufhänger für eine neue Art gefunden hat, einen Ort zu präsentieren, man kann anhand von literarischen Zitaten Touren passend zu einem Buch oder einem Autor machen etc. Es geht bei den Touren im öffentlichen Raum eigentlich immer darum, einen Raum zu thematisieren und das Sprechen über den Raum neu zu perspektivieren. Gleichzeitig geht es für uns immer auch um die akustische Realisation.

Die Frage im Moment ist, wenn der Markt der Endkunden noch nicht trägt, wer denn ein Interesse an welchen Touren hat – aus Sicht von Auftraggebern und aus Sicht der Nutzer. Immer mehr Orte versuchen, ihre regionalen Stärken herauszustellen und Informationen und Serviceangebote über die Smartphones abrufbar zu machen. Das ist eine interessante Entwicklung, die auch die Produktion beflügeln könnte. Auch in diesem Umfeld eröffnen sich zahlreiche Möglichkeiten für Autoren.

Können Sie abschätzen, wie viele Ihrer freien Mitarbeiter hauptberuflich Audioguides erstellen oder ob dies meist nur ein Zuverdienst ist? Oder anders gefragt: Kann man von diesem neuen Berufsbild leben?

Wenn man sich für dieses Umfeld interessiert, so sollte man jetzt über einen Einstieg nachdenken. Man darf dann allerdings nicht das große Geld erwarten, sondern muss sich gegebenenfalls über ein zweites Standbein absichern. Unsere Autoren engagieren sich im Moment in den meisten Fällen, um mit uns gemeinsam zu experimentieren, nicht, um damit Geld zu verdienen. Für manche könnte das Thema Audioguides eventuell auch zur Zweitvermarktung bereits bestehender Inhalte spannend sein. Oder man sucht sich seinen eigenen Nischenbereich. Von diesem Beruf zu leben, ist im Moment nicht denkbar. Die neuen Audioguide-Plattformen bieten Vertriebswege an, die man als Autor und Produzent auch direkt nutzen kann. Man produziert seinen Audioguide, stellt ihn ein und schaut was passiert. Das ist immerhin möglich.

Man hat in diesem Umfeld viele Möglichkeiten zu experimentieren, braucht aber Geduld

Man hat in diesem Umfeld viele Möglichkeiten, zu experimentieren, sich vom reinen Texter hin zum Produzenten zu entwickeln sowie sein Wissen und die eigene Perspektive zu erweitern, denn die Konzepte klassischer Stadtführungen müssen weitergedacht werden, man denke nur etwa an neue Technologien wie Augmented Reality (*wird im Anschluss an das Interview erklärt*) und an den Einsatz von multimedialen Inhalten. Die Zeit der rein aufgesagten Texte ist vorbei. Einsteiger brauchen hier Geduld, und sie dürfen sich nicht frustrieren lassen. Denn hinzu kommt das Problem, dass sich mit der heutigen Technik Erfolg, aber auch Misserfolg exakt messen lässt. Dies war bei den traditionellen Medien nicht immer der Fall. Dann darf man nicht gleich unruhig werden, wenn ein Projekt einmal nicht so gut funktioniert, wie ursprünglich geplant und wenn man gehofft hat, mit der Provision »richtig« Geld zu verdienen.

Gibt es eine Art Audioguide-Szene, in der sich Produzenten, aber auch Autoren regelmäßig austauschen?

In einigen Sub-Bereichen entwickelt sich eine solche Szene allmählich, etwa im Rahmen der Internationalen Tourismus-Börse (ITB) in Berlin, bei der sich Audioguide-Produzenten und -Vermarkter austauschen oder auf einzelnen, allerdings selten stattfindenden Messen. Dies hat aber bislang weniger eine Content-bezogene Ausrichtung, sondern konzentriert sich mehr auf Fragen der Technik und Anwendung. Im Rahmen der Diskussionen um die Barrierefreiheit bzw. das »Design for all« und die Anforderungen einer immer älter werdenden Gesellschaft entwickeln sich gerade neue Diskussionen über Audioguides, die auch von Blinden und Sehbehinderten bzw. von gehörlosen Menschen genutzt werden können. Dazu gibt es immer wieder Veranstaltungen im kleinen Kreis. Zudem gibt es im Museumsumfeld eine kleine Gruppe von Experten, die sich mit unserem Medium und dessen Möglichkeiten auseinandersetzen und z.B. auch auf Museumsmessen präsent sind.

Sie selbst sind nach wie vor als Autor tätig. Wie kam es ursprünglich zu der Idee von geophon und über welchen beruflichen Hintergrund sind Sie zu den Reise-Hörbüchern und den Audioguides gekommen?

Während und nach meinem Studium der Germanistik und Philosophie habe ich immer wieder Radio gemacht und sowohl Kulturbeiträge als auch Comedy für die ARD-Programme geschrieben und produziert. Die vielfach sehr szenisch angelegte Comedy habe ich damals zusammen mit einem Tonmeister selber produziert, das heißt Regie geführt, Musik und Geräusche ausgewählt, gemischt und alles sendefertig produziert. Das war eine Art Schlüsselerlebnis für mich. Der frühe Einstieg in das Thema Radio und die praktische Arbeit im Sender hat mir sehr geholfen. Später habe ich dann zusammen mit Reinhard Kober den Audioverlag geophon gegründet und mit den Reise-Hörbüchern, die über den Buchhandel vertrieben werden, eine Nische besetzt.

Die Audioguides für den öffentlichen Raum sind erst in den letzten zwei Jahren als ein neues Schwerpunktthema dazugekommen. Der Weg ging also vom Radiojournalismus über die Produktion zum Verleger. Die Lust zu reisen, die Erfahrung aus der Rundfunkarbeit als Autor und Produzent haben sich ideal ergänzt. Das Unternehmerische habe ich dann durch die praktische Arbeit gelernt.

Was macht Ihnen persönlich mehr Spaß: die Konzeption, das Schreiben neuer Guides oder mehr das Arbeiten im Hintergrund und die Vermarktung?

Die Konzeption ist für mich das Spannendste. Ich lerne gerne neue Räume kennen und gestalte die Guides dann im Rahmen einer Produktion. Man erhält so einen ganz neuen Zugang zu Orten, die man eigentlich bereits zu kennen glaubte. Ich bin heute manchmal noch überrascht davon, was scheinbar bekannte Orte an spannenden Neuigkeiten bieten können. Und: Durch die vielen Interviews kommt man in meinem Beruf mit vielen interessanten Persönlichkeiten ins Gespräch. Ich bin der Meinung, dass man aus jedem Ort eine spannende Geschichte mit neuen Perspektiven machen kann. Und diese Möglichkeit bereitet mir immer wieder aufs Neue große Freude.

•••

Medien für die Ohren

Wer glaubte, mit dem zunächst text- und danach auch grafiklasti-
gen Zeitalter des World Wide Web sowie seiner späteren Evolu-
tionsstufe an Bewegtbildern – siehe YouTube & Co. – sei die reine
Tonspur dem Tode geweiht, der irrte gewaltig. Nicht erst seit dem
Siegeszug des Medien-Players iPod von Apple sind die »Medien für
die Ohren« wieder schwer im Kommen, auch die Gerätegeneration
der Smartphones unterstützt diesen Trend nachhaltig. Was früher
die gute alte Hörspiel-Kassette war – wer erinnert sich nicht an die
Abenteuer etwa der »Die drei Fragezeichen« oder von »TKKG« –,
das wird auf eine andere, modernere, interaktivere und dennoch
irgendwie ähnliche Art und Weise in modernen Audioguides fort-
gesetzt. Zumindest wenn man sich den schönen Berlin-Mystery-
Audioguide namens »Triff mich im Dunkeln« eines Anbieters aus
der Hauptstadt betrachtet. Dies zwar mittlerweile mit einem ernste-
ren beziehungsweise praktischeren Hintergrund und dennoch steht
die Unterhaltung meist nach wie vor im Mittelpunkt.

Audioguides oder Audiowalks – teilweise auch als Multimedia-
Guides oder »Apps« in der Kombination mit Bild und Bewegtbild
weitergeführt – entstanden ursprünglich rein aus dem Anwen-
dungsfall elektronischer Museumsführer heraus. Wohl fast jeder
kennt die kleinen Kastengeräte, welche – an einen Kopfhörer angeschlossen – die Besucher kultureller Einrichtungen durch deren
Schätze führen oder besser führten. Denn heutzutage benötigt man
hierfür keine speziellen, teuren Mietgeräte mehr. Fast jedes
moderne Mobiltelefon ist nun in der Lage, entsprechende Formate
abzuspielen. Und so erweiterte sich der Anwendungskreis nach
und nach hin zu

- Innovativen Städte- und sonstigen Reiseführern
- Messe- und Eventguides
- Formaten für Unternehmensdarstellungen und -führungen
- E-Learning-Angeboten

Interview mit Dr. Matthias Morgenroth

- Interaktiven Sprachkursen, Koch- und Sportkursen, Musikführern, Einkaufsführern, Kindergeschichten

und weiterem mehr, wie das Interview mit Matthias Morgenroth eindrucksvoll aufzeigt. Auch ein Blick in das Leistungsspektrum unter anderem seiner Agentur lässt erkennen, wie vielschichtig Audioguides und ähnliche Formate heutzutage eingesetzt werden können. Ob Audio-Begleitformate für Zeitschriften, Audiomailings etwa mit Botschaften zur Kundenwerbung, elektrische Visitenkarten, unterstützende Materialien zu Veranstaltungen, Sportveranstaltungen und Ähnlichem, auch zahlreiche Spezialisierungen sind somit möglich.

Innovativ, aber auch kommerziell nutzbar?

Was uns das Interview ebenso verraten hat: Dass es nicht gerade einfach ist, für diese Anwendungsfälle und Technologien Kunden zu finden, die auch bereit sind, hierfür Geld auszugeben. So spannend Audioguides & Co. sein mögen, mindestens ebenso viel Kreativität wie bei der Erstellung ist demnach auch für die Vermarktung und Monetarisierung eben dieser vonnöten. Dazu passt: Innovative Plattformen aus Deutschland wie beispielsweise *yopegu.de, hoersport.de* oder *storytude.com* locken zwar zahlreiche interessierte Nutzer an, müssen ihr nachhaltig tragfähiges Geschäftskonzept jedoch oft noch unter Beweis stellen.

Neben den Audioguides, aber auch Multimedia- und reinen Videoanwendungen, existieren noch weitere neue Technologien und Medien, die zwar nicht vom geschriebenen Text leben und dennoch meist eine erzählte Geschichte als Grundlage benötigen:

- Podcasts: Hierbei handelt es sich um eine Art abonnierbare Newsletter im Audio- und/oder Videoformat, meist als Zusatzleistung von redaktionellen Onlineportalen angeboten. Als Alternative etwa zu E-Books können über diese Podcasts Anleitungen, Ratgeber, Produktvorstellungen und mehr an einen in der Regel festen Zuhörer- beziehungsweise Zuschauerstamm verbreitet werden.

- Screencasts: Eine recht spezielle Form digitaler, animierter Kurzfilme mit Audio-Kommentar, die in der Regel als eine Art bildhafte Gebrauchsanleitung und Tutorial für Software- und Internetanwendungen dienen, aber auch im Bereich Marketing zur Vorstellung neuer Produkte und Produktfeatures zum Einsatz kommen.
- Audio- und Video-Blogs: Special-Interest-Portale, welche in Eigenregie redaktionelle Inhalte hauptsächlich im Ton- und/oder Bewegtbild-Format bereitstellen. Zu diesen Inhalten gehören etwa Video- und Audio-Interviews, Produktrezensionen, Making-of-Erzählungen, die kulturelle Berichterstattung oder dokumentarische Formate.
- Streaming Audio sowie Audio-on-Demand: Eine Art Online-Hörfunk mit Unter-Anwendungsgebieten, die bis zur Organisation von Online-Schulungen, Web-Konferenzen und Ähnlichem mehr reichen.
- Wie bereits angedeutet: »Erzählende« Apps für iPhone, Android & Co.

Wobei es zwischen den Bereichen nicht selten fließende Übergänge gibt. All diese Formate haben ihre eigene kleine Nutzer- sowie Ersteller-Szene hervorgebracht und damit immer auch ein – wenn auch meist sehr selten vertretenes – Berufsbild. Gemein ist all diesen Communities, dass hier aus amateurhaft experimentierenden technologischen Vorreitern nach und nach Experten werden. »Studieren« oder nach dem Schulbuch lernen kann man die Berufe in der Regel nicht.

Die nächsten Trends und Technologien warten schon auf ihren Einsatz

Und der nächste Trend wartet schon auf neue Erzähl-Berufe: so genannte Augmented-Reality-Anwendungen. Dabei handelt es sich um Anwendungen, die etwa auf dem Smartphone virtuelle Informationen zu den soeben besuchten realen Orten bereitstellen. Ein sehr einfach gestrickter Beispielfall: Man richtet die Smartphone-Kamera auf ein historisches Gebäude und schon werden Eckdaten, Geschichten, zugehörige Menschen und Videos zu eben diesem Gebäude eingeblendet. Wohin sich diese spannende Technologie in der Zukunft entwickeln wird, ist noch weitestgehend offen, aber auch hier wird es mit Sicherheit genügend Möglichkeiten geben, mittels Augmented-Reality-Techniken Geschichten jeglicher Art zu transportieren.

Wer sich für eines dieser Berufsbilder interessiert, der sollte vor allem von dem zugehörigen Medium durch und durch begeistert sein und dieses auch privat oder über einen ähnlichen, vorangegangenen Beruf tagtäglich leben. So wie Radiomacher und Audio-Journalisten typischerweise eine Eignung für die Erstellung von Audioguides und ähnlichen Formaten haben, so wird aus einem begeisterten Hobby-Videokamera-Filmer mit Affinität für Computertechnologien wohl deutlich eher ein erfolgreicher YouTube-Autor als aus einem Verfechter des geschriebenen Wortes. Aus dem Hobby eine Berufung und wenn möglich gar einen Beruf zu machen, begleitet etwa durch eine periphere, unterstützende technische oder kreative Ausbildung, dies wird wohl der typische Werdegang dieser Nischenjobs bleiben. Hierfür eignen sich unter anderem Studiengänge und Ausbildungswege der Richtungen:

- (Online-)Journalismus
- Kommunikationswissenschaften
- Neue Medien, Druck- und Medientechnik
- Medien- und angewandte Informatik

Aber auch – je nach Ausprägung des Wunschberufes – Gestaltung & Design, Musikwissenschaften, Kunstwissenschaften, Bibliotheks-, Informations- und Dokumentationswesen und Ähnliches.

Weiterführende Informationen:

- *www.geophon.de*
- *http://de.wikipedia.org/wiki/Multimedia-Guide*

- *http://de.wikipedia.org/wiki/Erweiterte_Realit%C3%A4t*
- *www.dbsv.org/presse/pressemitteilungen/2012/blindengerechte-audioguides/*
- Hannelore Kunz-Ott, »Mit den Ohren sehen: Audioguides und Hörstationen in Museen und Ausstellungen«, Deutscher Kunstverlag, ISBN 978-3422070776
- Moritz Sauer, »Blogs, Video & Online-Journalismus«, O'Reilly, ISBN 978-3897219731
- Konstanze Werner & Horst Werner, »Jeder kann Video!: Filmen für Websites, YouTube und Blogs«, UVK Verlag, ISBN 978-3867642712
- Achim Beißwenger, »YouTube und seine Kinder: Wie Online-Video, Web TV und Social Media die Kommunikation von Marken, Medien und Menschen revolutionieren«, Nomos, ISBN 978-3832952419

| KAPITEL 12 |

E-Books für Kindle & Co.
Die anregende Macht der Worte

Marcella Montreux, Autorin erotischer E-Book-Kurzgeschichten

Marcella Montreux ist eine in Berlin lebende Autorin, die unter diesem Pseudonym dem Spaß am Schreiben über sinnliche Erotik nachgibt.

»Anders als bei Themen, über die ich sonst schreibe, finde ich beim Schreiben erotischer Kurzgeschichten absolute Entspannung. Einige Stunden eintauchen in eine Welt, die so anders ist als meine reale Welt, in der es um Zahlen, Daten, Fakten geht. Keine aufwendigen Recherchen, einfach nur der Fantasie völlig freien Lauf lassen und der puren Lust am Schreiben nachzugeben – unter dem Pseudonym Marcella Montreux kann ich mich nach Herzenslust austoben.«
Webseite: www.marcella-montreux.de

Interview mit Marcella Montreux

Sie schreiben unter einem Pseudonym anspruchsvolle erotische Literatur in Form von Kindle-E-Books. Ursprünglich haben Sie unter anderem Fachbücher im Marketing- und technischen Umfeld herausgebracht. Was von beidem fällt Ihnen leichter, und warum?

Man kann beides nicht miteinander vergleichen. Bei Fachbüchern muss man viel recherchieren und kommt dadurch in keinen Schreibfluss. Ich schreibe gerne und bei erotischen Kurzgeschichten kann ich einfach nur meiner Lust am Schreiben nachgehen.

Es gibt aber auch Tage, an denen ich eine Art »Schreibblockade« habe – an diesen Tagen fällt es mir leichter, über einem Fachbuch zu sitzen und Zahlen, Daten und Fakten zusammenzutragen.

Könnten Sie von Ihren erotischen Kurzgeschichten leben?

Wenn ich mich ausschließlich darauf konzentrieren würde: Ja, aber das ist nicht mein Ziel. Ich würde gerne vom Schreiben leben, würde das aber nicht auf das Schreiben erotischer Kurzgeschichten reduzieren wollen.

Ich hatte mich bereits im Juli 2011 dafür entschieden, mich als Kindle-Autorin zu versuchen, und weil ich zunächst in erster Linie Erfahrungen mit dieser neuen Form des Publizierens sammeln wollte, habe ich mich dazu entschlossen, erotische Kurzgeschichten unter einem Pseudonym zu publizieren.

| Ich könnte davon leben, aber das ist nicht mein Ziel |

Dass ich mich dabei für Erotik entschieden habe, hatte ganz pragmatische Gründe: Zum einen gilt natürlich noch immer »Sex sells«, zum anderen ist eine Kurzgeschichte relativ schnell geschrieben, und wäre mein Experiment nicht erfolgreich gewesen, hätte ich nicht so viel Zeit investiert, dass mich ein Scheitern geschmerzt hätte.

Spürten Sie in Ihren Buch-Absätzen den erstaunlichen Erfolg des Erotik-Romans »50 Shades of Grey«, der das Genre ja enorm populär gemacht hat?

Ich habe nicht beobachtet, dass »50 Shades of Grey« positive Auswirkungen auf meine Absätze hatte. Das hätte mich auch gewundert, denn das Buch hat eine ganz andere Zielgruppe. So wie Wirtschaft nicht gleich Wirtschaft ist, ist Erotik eben nicht gleich Erotik und »50 Shades of Grey« wird eher in den BDSM-Bereich eingeordnet, damit sind die Zielgruppen nicht vergleichbar.

Positiv ist, dass Erotikautoren seit »50 Shades of Grey« aus der »Mitleidsecke« gehoben werden. Das ist recht deutlich zu spüren und das empfinde ich auch als sehr angenehm. Ich kenne ja beide Seiten: Als Autorin im Bereich Wirtschaft wird man respektiert, im Bereich Erotik wurde man eher belächelt, selbst wenn die Absatzzahlen im Erotikbereich deutlich höher liegen.

Seit dem Erfolg von »50 Shades of Grey« habe ich keine gerümpften Nasen und hochgezogenen Augenbrauen mehr gesehen, wenn ich gesagt habe, dass ich erotische Geschichten schreibe. ☺ Das ist einer Charlotte Roche in Deutschland nicht gelungen, insofern freue ich mich über den sensationellen Erfolg von E. L. James, weil wir Erotikautoren davon indirekt profitieren und vielleicht eines Tages sogar gesellschaftsfähig werden.

Durch das »neue« Medium der E-Books findet teilweise eine Demokratisierung des Publizierens statt, nicht mehr nur Prominente können heutzutage einen Bestseller landen, man kann dies mittlerweile mit sehr einfachen Mitteln selbst erreichen. Sehen Sie dies ebenso?

Ja und nein, denn ausschlaggebend für den Erfolg ist und bleibt die Qualität. Im Moment fühlen sich durch die neuen Möglichkeiten viele Menschen zum Schreiben berufen und werten es bereits als Erfolg, wenn sie im Laufe des Jahres einige wenige Bücher verkaufen können. Für diese Menschen ist die Möglichkeit, selbst zu publizieren, ein Segen, denn sie würden bei einem Verlag vermutlich eine Absage erhalten.

Ich denke aber, dass selbst »Nicht-Prominente«, die etwas zu sagen haben und das in Worte fassen können, auch heute noch Chancen haben, bei einem Verlag unterzukommen. Also nicht Selbstverleger werden müssen, nur weil sich kein Verlag findet. Ich hatte in der Vergangenheit kein Problem damit, einen Verlag zu finden, aber als Selbstverleger bin ich schneller am Markt, bewahre mir meine Unabhängigkeit und natürlich verdiene ich an den einzelnen Werken auch mehr.

Heute habe ich also die Wahl, ob ich selbst publiziere oder publizieren lasse. Beides hat Vor- und Nachteile. Der Selbstverleger hat eine deutlich höhere Marge, muss sich aber vom Layout über die Covererstellung bis hin zum Marketing um alles selbst kümmern.

Mit Print-Beststellern kann man nach wie vor noch deutlich erfolgreicher werden als im reinen E-Book-Umfeld. Wird sich dies bald ändern?

Das würde ich so nicht unterschreiben. Es gibt auch in Deutschland bereits einige Autoren, die als selbstverlegender Kindle-Autor einen Bestseller gelandet und dann den umgekehrten Weg genommen haben. Nachdem ihr Buch erfolgreich die Bestsellerlisten gestürmt hat, haben auch Verlage Interesse an den bis dato unbekannten Autoren gezeigt und die Print-Version nachgeschoben.

Welche Vorteile sehen Sie selbst in den E-Book-Formaten?

Ich muss gestehen, privat nutze ich E-Books eher nicht, sondern bevorzuge – noch – gedruckte Exemplare. Gerade bei Fachbüchern möchte ich gerne etwas in den Händen halten, das ich schnell einmal aufschlagen und zur Recherche, aber auch für Notizen nutzen kann. Aber auch bei einem Roman bevorzuge ich persönlich die altmodische Form. Ich mag Bücher, den Geruch, das haptische Empfinden und kann mich stundenlang in großen Buchläden aufhalten.

E-Books würde ich mir heute nur für den Urlaub kaufen, um mehr Platz im Koffer zu haben ☺.

Im Erotikbereich hat das E-Book aber einen entscheidenden Vorteil: Ich kann es jederzeit und überall lesen, selbst unterwegs, ohne mich rechtfertigen zu müssen. Ich schätze, dass dieses Genre unter anderem auch deswegen so erfolgreich ist, was den Markt der elektronischen Bücher anbelangt.

Könnten Sie sich auch vorstellen, eines Tages unter Ihrem Echtnamen zu schreiben, einige Autoren sind damit ja sehr erfolgreich in letzter Zeit? Beziehungsweise: Warum schreiben Sie unter einem Pseudonym?

Erotische Literatur werde ich nicht unter meinem Realnamen schreiben, denn man wird in diesem Genre schnell in eine falsche »Ecke« gedrängt. Bei Krimiautoren können Leser sehr genau zwischen Fiktion und Wirklichkeit unterscheiden und würden einem Krimiautor nicht unterstellen, mordend durch die Nacht zu ziehen. Bei Erotik ist das leider anders. Da wird der Inhalt gerne auf die Person projiziert und die fiktiven Geschichten werden für reale Erfahrungsberichte gehalten.

Daher, aber nicht nur aus diesem Grund, werde ich Erotik auch in Zukunft nur unter Pseudonym veröffentlichen. Erotik ist ein völlig anderes Genre als Marketing und schon von daher wäre es unglaubwürdig, in diesen so unterschiedlichen Bereichen unter einem Namen zu publizieren. Im Marketingbereich würde mein Ruf als Expertin darunter leiden, wenn ich gleichzeitig Erotik publiziere. Viele – auch sehr bekannte Bestsellerautoren – schreiben unter verschiedenen Pseudonymen, wenn sie in unterschiedlichen Genres unterwegs sind.

Was macht den Reiz eines solchen Pseudonyms aus?

Es ist kein Reiz, es schafft einfach nur eine gewisse Ordnung und auch eine Form der Glaubwürdigkeit. Für jedes Genre wähle ich einfach ein anderes Pseudonym.

Hinweis

Beispielsweise bei Amazon ist es – zumindest derzeit – nicht zwingend notwendig, im eigenen Autoren- beziehungsweise Publisher-Profil einen Echtnamen anzugeben (zu den aktuellen Bedingungen siehe auch *http://kdp.amazon.com*). Selbst mehrere Pseudonyme können dort verwaltet werden. In den administrativen Daten - etwa für die Auszahlung der Provisionen je Buchverkauf - ist dies jedoch sehr wohl der Fall. Wer dann mit seinen unterschiedlichen Amazon-Profilen oder Unterprofilen durcheinanderkommt, der kann sich unter Umständen schnell unfreiwillig enttarnen.

Gleichzeitig verlangt die so genannte Impressumspflicht – die auch für Publikationen von Pseudonym-Autoren gilt – rein rechtlich die Veröffentlichung eines »echten« Namens. Andere Experten gehen jedoch davon aus, dass in den geschilderten Fällen eine E-Mail-Adresse als Angabe ausreicht, da der Anbieter selbst – wie hier Amazon – ja die »echten« Kontaktdaten kennt. Die Regeln widersprechen sich also teilweise. Weitere Informationen zur Nutzung von Pseudonymen im deutschsprachigen Raum finden sich unter *http://de.wikipedia.org/wiki/ Pseudonym* sowie im E-Book »Amazon Kindle: Eigene E-Books erstellen und verkaufen« von Wolfgang Tischer (ASIN B00507HJQG).

Wie gehen Sie damit um, durch das Pseudonym kein direktes Feedback erhalten zu können?

Feedback bekomme ich durch Rezensionen, aber auch teilweise durch Mails meiner Leser. Daher macht es keinen Unterschied, ob ich unter meinem Realnamen oder unter Pseudonym veröffentliche.

Einigen Autoren ist es wichtig, dass ihr Name auf dem Buchdeckel steht, aber ich schreibe nicht für Ruhm und Ehre, sondern weil ich Lust dazu habe und natürlich auch, um Geld zu verdienen, und dafür muss ich nicht meine Person in den Fokus stellen.

Welches Talent benötigt man, um eine gute erotische Geschichte schreiben zu können?

Neben Fantasie und Talent zum Schreiben muss man sich auch Gedanken über seine Zielgruppe machen und diese entsprechend bedienen. Bei Amazon werden die Bestsellerlisten im Erotikbereich von derben pornografischen Werken dominiert. Für mich war und ist das keine Option. Ich habe von Anfang an eine Nische bedient und schreibe erotische Geschichten für Frauen.

| Ich habe von Anfang an eine Nische bedient |

Meine Geschichten sind oft sehr humorvoll, fast schon witzig geschrieben und heben sich damit vom Mainstream ab. Dadurch konnte ich mir aber eine treue Leserschaft aufbauen, die genau diese Art Erotik lesen möchten. Ich bleibe mir selbst treu und schreibe Geschichten, wie ich sie selbst gerne lesen würde. Dadurch habe ich Spaß am Schreiben und das schlägt sich in den Geschichten nieder.

Da Sie mittlerweile ausschließlich selbst publizieren, vermissen Sie etwas an einem Verlag?

Das stimmt nicht so ganz. Ich publiziere auch (unter anderem auch mit einem Pseudonym) unter dem Dach eines Verlages.

Als Selbstverleger fehlt mir vor allem die Hilfe in allen technischen Bereichen, sei es bei der Formaterstellung, Hilfe bei der Einbindung von Grafiken bis hin zur Covererstellung. Und natürlich hat ein Verlag auch ganz andere Marketingmöglichkeiten als ein Selbstverleger. Bis heute bin ich als Selbstverleger nur bei Amazon aktiv, einfach weil ich mit dem Einstellprozess von Amazon vertraut bin. Durch die Beschränkung des Vertriebs auf eine Plattform schränke ich mich selbst ein. Ein Verlag würde sehr viel mehr Kanäle bedienen.

Wie erklären Sie sich, dass Ihre erotischen Geschichten so gut ankommen, es gibt ja nicht gerade wenig Konkurrenz in diesem Umfeld?

Hier kommt mir die Tatsache zugute, dass gerade im erotischen Bereich die inhaltliche Qualität oftmals zu wünschen übrig lässt.

Oder anders ausgedrückt: Hier ist auch viel »Schund« auf dem Markt. Genau davon profitieren anspruchsvolle Veröffentlichungen, wie ich sie schreibe. Mittlerweile habe ich sogar einige Stammleser, die regelmäßig meine neuen Geschichten lesen.

Wie gehen Sie mit Restriktionen um, wie Sie Ihnen etwa durch den Bereich Jugendschutz auferlegt werden?

Meine Kurzgeschichten sind eher lustig, erotisch, humorvoll und eben nicht »pornografisch« geschrieben. Ich verzichte konsequent auf derbe Beschreibungen und stelle die Handlung in den Vordergrund. Hierdurch habe ich überhaupt kein Problem mit dem Jugendschutz.

Wie viel Arbeit müssen Sie typischerweise in ein E-Book beziehungsweise in eine Kurzgeschichte stecken?

Wenn ich wirklich »im Fluss« bin, dann schreibe ich eine Geschichte an einem Tag, allerdings kommen dann noch die Covererstellung und das ganze Drumherum dazu.

Kann man auch in anderen Genres als rein der Erotik bei Kindle & Co. erfolgreich sein?

Ja, etwa im Umfeld der Krimis. Aber selbst in der Belletristik gibt es mittlerweile einige Positivbeispiele, mit Verkäufen teilweise im sechsstelligen Bereich.

Wenn Sie einen Blick in die Zukunft werfen: Wo stehen Sie in drei Jahren?

Mein Traum wäre es, in absehbarer Zukunft vom Schreiben leben zu können. Irgendwann möchte ich meinen ersten Roman auf den Markt bringen – dann natürlich unter einem neuen Pseudonym, weil ich auch in Zukunft die Genres klar voneinander abgrenzen möchte, und möglicherweise werde ich mir für diesen Roman auch einen Verlag suchen.

Fach- und Sachbücher werde ich weiterhin publizieren und auch weitere erotische Geschichten wird es in Zukunft geben, auch wenn sich in drei Jahren sicher die Gewichtungen verschieben werden.

Hinweis
Marcella Montreux hat übrigens ein eigenes E-Book zum Thema »Geld verdienen als Kindle-Autor« herausgebracht, dieses ist erhältlich unter *www.amazon.de/Geld-verdienen-Kindle-Autor-ebook/dp/B008HG1W2E/* oder unter der ASIN B008HG1W2E.

•••

Über die Arbeit als E-Book-Autor

Immer mehr »gestandene«, aber auch junge Autoren und Nachwuchstalente entdecken das Thema E-Books für sich. Ob Belletristik oder Sach- beziehungsweise Fachbuch: Für jedes Genre scheinen die neuen Werke geeignet. Bereits im Sommer 2012 gab Marktführer Amazon bekannt, dass etwa der Autor der »Berlin Gothic«-Serie Jonas Winner innerhalb von zehn Monaten mehr als 100.000 Exemplare alleine über den unternehmenseigenen Kindle-Shop verkauft habe. Bis zu sieben der dortigen Top-10- und 49 der Top-100-Bestseller seien zudem in 2012 selbstständig von Autoren über die so genannte »Kindle Direct Publishing«-Plattform vertrieben worden. Zwar wird längst nicht jeder E-Book-Autor in vergleichbare Sphären vordringen können, dennoch machen solche Zahlen natürlich Mut. Im Prinzip könnte man – etwas pathetisch zugegebenermaßen – die elektronischen Bücher aus Sicht der Verfasser als wichtigen Meilenstein in der Geschichte des Publizierens betrachten. Denn nach Gutenbergs Buchdruck hat wohl kaum eine technische Errungenschaft jemals derart dazu beigetragen, das Schreiben von Büchern zu demokratisieren. Brauchte man früher fast schon zwingend einen Verlag im Rücken, um als Buchautor ein größeres Publikum erreichen zu können, so kann heute quasi jeder sein eigener Verleger werden. Dank ausgefeilter und leicht zu bedienender Online-Werkzeuge bedarf es nicht einmal mehr komplexer technischer Vorkenntnisse, um ein eigenes E-Book zu erstellen und zu vermarkten.

Neue Einnahmequellen erschließen sich

Nicht erst seit – um ein weiteres Beispiel zu benennen – der bekannte Blogger Johnny Haeusler anlässlich der Webkonferenz re:publica 2012 berichtete, mit welchem Erfolg er bei seinen Publikationen die Print- und nun eben auch die E-Book-Welt miteinander verknüpfen konnte, horchten zahlreiche im Publikum vertretene Buchautoren auf: Sollte es doch bereits möglich sein, mit elektronischen Büchern statt mit klassischen Taschenbüchern und Hardcovern seinen Unterhalt verdienen zu können? Der Traum der vollkommenen Unabhängigkeit von Verlagen und anderen Institutionen schien förmlich greifbar. Doch wohl nicht umsonst verzichtete selbst Haeusler bei seinem beliebten elektronischen Sachbuch »Netzgemüse« – das es übrigens auch in gedruckter Form gibt – nicht auf die Unterstützung durch einen bekannten Verlag.

Denn wer als Autor beide Welten kennt – den traditionellen Verlagsweg als auch die Möglichkeit der Eigenpublikation –, der wird wissen, wie aufwendig es doch in der Regel ist, die Arbeiten eines guten Verlagshauses in Eigenregie zu übernehmen. Was sich zunächst einfach anhört, münzt schnell in mindestens einem Ganztagsjob. Redaktion, Lektorat, Marketing, Autorenbetreuung, Organisation von Veranstaltungen und Lesungen, gegebenenfalls Verhandlungen mit Buchhändlern, aber auch mit E-Book-Netzwerken und vieles weitere mehr: All dies erledigt man nicht einfach so nebenbei. Und so relativiert sich – zumindest bei den meisten Buchprojekten – schnell die nicht gerade üppige Marge, die nach den Abgaben an den Verlag vom Buchhandelspreis noch übrig bleibt.

Verlag oder Eigenpublikation?

Für bekanntere Autoren – vor allem im Sachbuchbereich und im eher technischen inhaltlichen Umfeld – dürfte die Versuchung dennoch zu Recht groß sein, von einer Verlagsbetreuung auf die Eigenpublikation umzusteigen. Denn diese Verfasser verfügen in der Regel über die notwendigen Kontakte, das eigene Netzwerk, aber eben auch über eine treue Stammleserschaft, welche sich für ein rein als elektronische Variante herausgebrachtes Buch interessieren und dieses auch kaufen. Was demnach im EDV-Bereich einfacher sein mag, das funktioniert für den unbekannteren Autor von Heimtier-Ratgebern oder im Bereich Belletristik wohl weniger gut, zumindest derzeit noch. Die Grundvoraussetzungen, um erfolgreich mit einer eigenen elektronischen Publikation am Markt die notwendige Aufmerksamkeit zu erringen, sind also meist noch:

- Ein Online- und E-Book-affines Publikum und/oder
- Ein absolutes »Hype«-Thema (wie eben die »Gothic«-Serie oder der Netz-Ratgeber)
- Der bereits bestehende und bekannte Name als Autor
- Das eigene publikums- und reichweitenstarke Blog oder ein sonstiges Onlineportal, über den man das E-Book vermarkten kann
- Weiterführende Vermarktungskanäle wie beispielsweise eine größere Gefolgschaft in den sozialen Medien, selbst durchgeführte Seminare und Veranstaltungen, in denen man für das elektronische Buch und seine Inhalte werben kann, etc.

Doch auch die richtige Nische kann den Erfolg einer Arbeit als E-Book-Autor/-in ausmachen, wie das vorangegangene Interview eindrucksvoll unter Beweis stellt. »Sex sells«, das ist sicherlich nicht nur im Bereich der erotischen E-Publikationen von Vorteil. Doch der Blick etwa in die Amazon-Kindle-Bestsellerlisten zeigt schnell, dass auch andere spezielle inhaltliche Bereiche von der Macht der Neuen Medien profitieren. So führten zur Drucklegung dieses Buches unter anderem folgende Bücher beziehungsweise Themen die deutschsprachigen Kindle-Charts an, wobei die meisten dieser ausschließlich als elektronische Variante auf den Markt gebracht wurden:

1. Ein deutscher Thriller
2. Bebildertes Kochbuch mit Pizza-Rezepten
3. Allseits bekannter (auch Print-)Erotik-Bestseller
4. Diverse Romane eher leichter Lektüre
5. Ein Vokabel-Lernbuch
6. Ein multimedialer Reiseführer
7. E-Book mit Weihnachtsgeschichten und Weihnachtsgedichten
8. Ratgeber zu Panikstörungen
9. Eine Biografie

Dennoch sollte man es sich nicht zu leicht vorstellen, mit einer solchen Publikation Geld verdienen zu können. Und selbst wenn bei einem E-Book die ersten Käufe getätigt werden, so muss man erst einmal im mindestens vierstelligen Bereich der Verkaufszahlen landen, um die Zeit für das Schreiben sowie die Erstellung und Vermarktung des Werks auch nur einigermaßen refinanzieren zu können. Und dies auch noch vor dem Hintergrund der oft geringen Stückpreise bei E-Books, die nicht selten im sehr niedrigen einstelligen Eurobereich gehandelt werden, je nach Thema und Konkurrenz natürlich.

Nur hohe Stückzahlen garantieren den finanziellen Erfolg

In der Regel wird man also einige elektronische Bücher auf den Markt bringen müssen, um damit mehr als nur einen kleinen Nebenverdienst zu erreichen. Der Vorteil wiederum: Ob man am Schreiben eines E-Books Freude hat und damit auch Einnahmen erzielen kann, das lässt sich mit sehr überschaubarem Risiko recht einfach austesten. Denn außer der eigenen Zeit hat man – wenn man die Erstellung sowie die Vermarktung selbst übernimmt – quasi keinerlei Kosten, mit denen man in Vorleistung gehen muss. Nicht wenige teil- oder hauptberufliche E-Book-Autoren haben auf die gleiche Weise »klein« angefangen, indem sie sich mit einem ersten kleinen Projekt in diesem Metier ausprobiert haben, um danach den erreichten Status nach und nach auszubauen.

Und: Je früher man mit dem Verfassen und der Vermarktung elektronischer Publikationen beginnt, umso besser. Zahlreiche derzeit auf dem Markt erscheinende Ratgeber zum Thema »Geld verdienen mit E-Books & Co.« zeigen, dass der Markt Begehrlichkeiten weckt und die Zahl der entsprechenden Autoren rasant wachsen dürfte.

Hinweis

Solche Begehrlichkeiten rufen stets auch schwarze oder zumindest graue Schafe auf den Plan. Hüten Sie sich vor allzu bunt blinkenden Webseiten, die Ihnen maximalen E-Book-Erfolg mit minimalem Aufwand versprechen, indem Sie lediglich den »ultimativen E-Book-Guide« zum Vorzugspreis von 39,99 Euro statt normalerweise 199,99 Euro herunterladen, Ihre E-Mail-Adresse zu undurchsichtigen Zwecken verraten oder gar ein Abo abschließen sollen.

In der Regel stecken dahinter – im besten Fall – lediglich unnütze Informationen, die Sie deutlich werthaltiger oder auch günstiger beziehungsweise umsonst erhalten (siehe auch die Literaturliste am Ende dieses Abschnitts). Auch nicht jeder »Verlag« oder Dienstleister, der Sie bei Ihren Publikationen unterstützen will, muss immer unbedingt das halten, was er verspricht. Recherchieren Sie gegebenenfalls zuvor im Internet, wie es um Kundenmeinungen zu einem solchen Dienstleister steht, gerade wenn Ihnen dieser bislang unbekannt ist.

Dann wird es zunehmend schwieriger werden, aus der Masse an Büchern zu ein und demselben Thema herauszustechen. Obwohl auf dem E-Book-Markt fast noch mehr als bei den gedruckten Büchern gilt: Nur qualitativ hochwertige Inhalte werden sich hier auf Dauer durchsetzen und – selbst in einem umkämpften Markt – eine Chance haben. Denn mit den elektronischen Möglichkeiten der Publikation steigt auch die Transparenz auf den anbietenden Plattformen: Meist mit nur einem Klick können die Käufer der Welt mitteilen, ob ihnen das vorliegende Werk gefallen hat oder eben nicht.

Weiterführende Quellen:

- *http://karrierebibel.de/autorial-so-erstellen-und-publizieren-sie-e-books-in-eigener-regie/*
- *www.selbstaendig-im-netz.de/2012/05/31/geld-verdienen/tipps-und-erfahrungen-fuer-angehende-ebook-autoren-interview/*
- *http://blog.zdf.de/hyperland/2011/10/der-grosse-e-book-schwindel/*
- *www.literaturcafe.de/praxistest-das-eigene-kindle-e-book-bei-amazon-verkaufen/*
- Victor Wang, »E-Books mit ePUB – Von Word zum E-Book mit XML«, mitp-Verlag, ISBN 978-3826656026
- Helga Kleisny, »E-Books erstellen: Professionelle E-Books mit PDF und ePUB«, Franzis, ISBN 978-3645602068
- Marcella Montreux, »Geld verdienen als Kindle Autor«, Format: Kindle, ASIN: B008HG1W2E

- Wolfgang Tischer, »Amazon Kindle: Eigene E-Books erstellen und verkaufen«, Format: Kindle, literaturcafe.de-Verlag, ASIN B00507HJQG
- Wilhelm Ruprecht Frieling, »Kindle für Autoren oder: Wie veröffentliche ich ein E-Book auf amazon.de?«, Format: Kindle, Internet-Buchverlag, ASIN B0054LQ8OC
- Kindle Direct Publishing, »Erstellung eines Kindle-Buches«, Format: Kindle, Amazon Media, ASIN B008A3UOIM
- Michaela Lehr & Richard Brammer, »Digitales Publizieren für Tablets: Magazin-Apps mit InDesign für iPad, Android & Co.«, dpunkt Verlag, ISBN 978-3898647816

| KAPITEL 13 |

Kreative Leitung & Dozent
Die Macht der kreativen Worte

Claus Mischon, Dozent für Kreatives Schreiben

Kreatives Schreiben?!
Es geht so: Du sagst dir, dass du beim Schreiben nicht immer so vernünftig sein musst und dass beim Schreiben alles passieren kann. Schreiben darf überall die Nase reinstecken. Schreiben ist Probehandeln. Jeder Text steht, kann bleiben, aber er kann auch wieder flüssig gemacht werden. Schreibfluss! Du selbst musst beim Schreiben auch nicht sitzen bleiben. Wenn du willst, nimm dir einen Heißluftballon und schreibe von oben. Gleich sieht die Welt (zum Beispiel ein literarisches Prüfungsamt) aus wie ein Punkt, der sich leicht in ein Komma verwandeln lässt. Lass' dir also beim Schreiben nicht so viel diktieren, auch nicht von dir selbst, vergiss den Diktator. »Schreiben befreit«, mit diesem Slogan rückte das kreative Schreiben den Norm-Wächtern von Anfang an auf den Leib, bis heute.

Kreatives Schreiben ist ein offenes Haus. Wer davor stehen bleibt und nur die Architektur bewundert, also nicht hineingeht, eintritt, der kriegt nicht mit, wie das Haus gebaut ist, wie verwinkelt es ist, welche Ecken, welche Treppen, welche schiefen Wände, Verstecke, verbotenen Räume es gibt und natürlich auch, welche Freude es ist, sich in so einem Gebäude zurechtzufinden, sowieso, wenn es dir selber gehört. Zu so einem Haus gehört selbstverständlich ein Garten, da kannst du dich dann austoben, in der Erde wühlen, umgraben, seltene Pflanzen hegen, Leitungen legen oder dich in die Schaukel legen, meinetwegen in die Hollywoodschaukel. Ja, Schreiben bringt dich nach Hause. Wer schreibt, hat es gut, er kann Freunde zu sich einladen und ihnen die feinsten Sachen präsentieren, wenn er will, wenn das Haus gut in Schuss ist – und so ...

Kreativ sein heißt nämlich: Sich aus den Dingen etwas machen. Beim kreativen Schreiben heißt es, sich aus den Wörtern etwas machen. Etwas Neues machen. Etwas bisher nicht Sichtbares sichtbar machen. Die Dinge bei der Wurzel packen. Sie aus ihrer Norm fallen lassen. Den DIN-Aspekt vergessen. Das alles darf kreatives Schreiben. Und das alles ist dann auch Poesie. Denn »Poesie« im Wortsinn heißt machen (grch. »poiein«). Und »kreativ« im Wortsinn heißt ebenso machen: »creare«. Etwas erzeugen. Poesie und kreativ sind so gesehen eine Tautologie. Wer kreativ ist, ist poetisch. Wer poetisch ist, ist kreativ.

Und die Spatzen pfeifen es von den Dächern. Die Zeit des Logos ist vorbei. Etwas Be-Greifen geht heute nicht mehr nur über den Kopf. Wer die Welt verstehen will, der muss mit den Mitteln der Irritation, des Bemerkens, des Wahrnehmens, der Paradoxie operieren. Die Poesie ist das Mittel, sich gegen die drohende technologische Uniformierung der Sprache, gegen die Bits & Bytes zur Wehr zu setzen. Verstand plus Empfindung. Gedanke plus Gefühl. Begriff plus Affekt. Wenn das nicht kreativ ist.

Claus Mischon
Kontakt: *mischon@ash-berlin.de*

Interview mit Claus Mischon

Claus Mischon bildet im Masterstudiengang »Biografisches und Kreatives Schreiben« Schreibpädagogen, Schreibtherapeuten, Schreibcoaches und Schreibberater aus. Mit dem »Master of Arts« der Alice-Salomon-Hochschule suchen sie ihre erweiterte oder neue berufliche Heimat in sozialen, therapeutischen und gesundheitsfördernden Praxisfeldern. Zwar sind diese Berufe noch neu auf dem Markt, aber die Nachfrage scheint aufgrund demografischer Entwicklungen und konkreter Bedürfnisse der Zielgruppen direkt zu steigen.

Claus Mischon – Germanist und Philosoph – konzentriert sich in seiner Arbeit gerne auch auf Schreibprozesse und Schreiben im Museum. Der Leiter von Schreibwerkstätten ist zudem zeitweilig Mitglied einer Musik-Band und Rezitator.

Sie sind Studiengangleiter im Studiengang »Biografisches und Kreatives Schreiben« an der Alice-Salomon-Hochschule Berlin. Was wird in diesem Studiengang gelehrt?

Der berufsbegleitende, weiterbildende Masterstudiengang »Biografisches und Kreatives Schreiben« vermittelt in fünf Semestern die Integration schreibbiografischer sowie schreibkreativer Methoden und Techniken in soziale, therapeutische, gesundheitsfördernde Praxisfelder. Die Studierenden erhalten einen breit gefächerten, theoretisch und praktisch ausgestatteten Handwerkskoffer, mit dem sie das Potenzial des Schreibens als Medium der Arbeit mit Klienten und Klientinnen hilfreich einsetzen können.

Hinweis

Absolventen des Master-Studiengangs können nicht nur in klassischen Sozial- oder Gesundheitsberufen eingesetzt werden, sondern sich langfristig gesehen neue Berufsfelder erschließen; wer kreativ schreiben und denken kann, verfügt über innovative Kraft, die wirtschafts- und gesellschaftsfördernd wirken kann. Bislang gibt es für »Biografisches und Kreatives Schreiben« bundesweit keine an einer Hochschule angesiedelte Alternative zum Studiengang an der Alice-Salomon-Hochschule.

> Die ASH leistet Pionierarbeit, sie ist die einzige Hochschule in den deutschsprachigen Ländern, die das biografische und kreative Schreiben als Handlungsmethode für Sozial- und Gesundheitsberufe anbietet. Es gibt allerdings ein Fernstudium, das ähnliche Inhalte anbietet, sich aber explizit an Praktiker wendet: Das Institut für Kreatives Schreiben (*www.schreibinstitut-berlin.de*) vermittelt in einem zweijährigen Curriculum die vielfältigen Methoden, Techniken und Szenarien des kreativen Schreibens. Der Abschluss dort qualifiziert zur Schreibgruppenanleitung.

Was ist Ihnen dabei wichtig?

Dabei ist uns eine Auseinandersetzung mit der eigenen Biografie und dem eigenen Schreibstil ebenso wichtig wie das Erlernen pädagogisch-didaktischer Fähigkeiten zur Schreibgruppenanleitung und Einzelbetreuung. All das benötigen unsere Absolventen nämlich in der Praxis. Im Bereich der Schreibpädagogik können Studierende ein eigenes Forschungsinteresse entwickeln und in der Master-Arbeit umsetzen/darstellen.

Die Studierenden erhalten einen breit gefächerten, theoretisch und praktisch ausgestatteten Handwerkskoffer

Das kreative und biografische Schreiben wirkt als sozialpädagogische, sozialtherapeutische, identitätsstabilisierende Methode in der Einzelarbeit mit Klienten, in der sozialen Gruppenarbeit, in der interkulturellen Bildung. Der alltägliche Umgang mit dem Schreiben in psychosozialen und gesundheitsbezogenen Berufen sensibilisiert und professionalisiert zugleich die berufliche Reflexionsfähigkeit.

Der alltägliche Umgang mit dem Schreiben ...

Sie merken: Die Studierenden dieses Studiengangs werden nicht zu Schriftstellern ausgebildet. Sie werden weitergebildet zu einem bewussten, praktischen Gebrauch von Sprache im eigenen Berufsfeld. Das Studium soll eine Berufsanreicherung (job enrichment) und eine Berufserweiterung (job enlargement) geben. Darauf nimmt der Lehr-Lernplan dezidiert Rücksicht: auch in personeller Hinsicht durch die Wahl der Lehrenden, die qualifizierte Schreibpädagoginnen, Literaturwissen-schaftlerinnen, Psychologen, Philosophen, Gruppen-Pädagoginnen und Ähnliches sind. Der Studiengang lebt insbesondere auch von den Berufs-, Erfahrungs- und Schreibhintergründen der Studierenden, er ist eine Lehr-Lern-Börse.

Lehr-Lern-Börse bedeutet, dass im Lernen zeitgemäßer Austausch stattfindet?

Lebenslanges Lernen, Learning with colleagues, Peer-education sind entsprechende Stichworte. Neben dem Präsenzunterricht ausschließlich an Wochenenden werden die Studieninhalte auch über eine Lernplattform vermittelt, die während des gesamten Studiums als virtueller Arbeitsraum für die Lehr-Lernprozesse genutzt wird. Im Rahmen von Studienbriefen, Textübungen, Chats, Feedbacks etc. Sie sehen: Es wird nicht nur gelehrt. Es wird auch gelernt. Gegenseitig.

Woher kommen die Studierenden, welche Studienabschlüsse haben sie?

Die Studierenden kommen aus pädagogischen, sozialen, therapeutischen, journalistischen, kulturellen Arbeitsfeldern. Es sind Lehrerinnen, Sozialpädagoginnen, Therapeuten, Autorinnen, Kommunikations- und Kulturwissenschaftlerinnen. Alle akademischen Abschlüsse sind vertreten. Magister, Diplom, Staatsexamen, Promotion, Bachelor, Master.

Worauf kommt es bei der Bewerbung an, wen nehmen Sie?

Wichtig sind uns erste schreibpädagogische, schreibaktive Erfahrungen der Bewerberinnen und Bewerber. Die eigene Schreibbiografie, sozial- und gruppenpädagogisches Engagement, eigene soziale, kulturelle Projekte, ästhetische Praxis, Textportfolios, persönliche Textbeispiele, Veröffentlichungen, Fortbildungen, Weiterbildungen – all das sind relevante Punkte für die Auswahlkommission. Mehr Infos unter: *www.ash-berlin.eu/studienangebot/weiterbildende-masterstudiengaenge/biografisches-und-kreatives-schreiben/willkommen/*.

Mit welcher Motivation gehen die künftigen Master ins Studium?

Mit einer hohen. Die Studierenden verbinden das Studium mit einer beruflichen Vertiefung, einer Neuorientierung, einer Erweiterung der bisherigen Berufspraxis. Und immer geht es auch darum, sich persönlich neue Horizonte zu öffnen, Kreativitätstechniken zu erlernen, durch die Konzentration auf das Schreiben die biografischen und beruflichen Perspektiven zu weiten.

Hinweis

Berufliche Perspektiven bieten sich mit diesem Studiengang allen, die Schreiben als erweiternde Qualifikation in ihren Ursprungsberuf einbringen wollen (zum Beispiel Psychologen, Soziologen, Ergotherapeuten, Lehrer, Dozenten Erwachsenenbildung). Darüber hinaus aber auch Menschen, die mit einem der beschriebenen Berufsbilder in die Selbstständigkeit gehen wollen. Allerdings birgt dieses Vorhaben nicht nur Chancen, sondern auch Risiken, weil die neuen Berufsbilder in Deutschland noch nicht überall und so weitreichend wie in anderen Ländern etabliert sind.

Im Vergleich zu USA und GB ist Deutschland noch Entwicklungsland: In den angloamerikanischen Ländern gibt es fast an jedem College Kurse im Creative Writing und auch in der Therapie wird Therapeutical Writing unbefangen eingesetzt. In einem Artikel in der New York Times vom 25. März 2012 begründet der Autor Steve Almond seine Theorie, warum der Einsatz von Gesprächstherapie nachlässt und die Schreibtherapie in Form von Schreibworkshops zunimmt: *www.nytimes.com/2012/03/25/magazine/why-talk-therapy-is-on-the-wane-and-writing-workshops-are-on-the-rise.html*.

Ein Muster auch für Deutschland? Hier ist es nicht anders als dort: Wir wollen gehört und anerkannt werden; in einer verdeckten und stigmatisierten Art bediente Therapie dieses Bedürfnis bislang. Die offengelegte Rückkehr zu den alten Freuden und Tugenden des Erzählens bietet eine Chance, im digitalen Zeitalter dem virtuellen Kontakt über den Bildschirm zu entfliehen und einer Gemeinschaft von Schreibenden aus Fleisch und Blut beizutreten.

Einer Gemeinschaft von Schriftstellern, Lesern und Kritikern, die uns spiegeln, wo wir stehen. Falls sich dieser Trend auch bei uns durchsetzen sollte und das Kreative Schreiben vor allem auch in der präventiven gesundheitsfördernden Arbeit anerkannt wird, dürfte der Bedarf an gut ausgebildeten Schreibpädagogen und Schreibtherapeuten enorm steigen.

Welchen Titel tragen die Studenten nach erfolgreichem Abschluss? Wie können sie sich nennen?

Das Studium wird mit dem Master in biografischem und kreativem Schreiben (M.A.) abgeschlossen. In den unterschiedlichen Berufsfeldern können die Absolventinnen und Absolventen als Schreibpädagogen, Schreibtrainerinnen, Schreibwerkstattleiter, Schreibcoaches, Schreibberater tätig werden. Der Master ist ein akademischer Titel, der die Etablierung neuer Handlungsfelder professionell grundiert.

Ich habe eine – sehr berührende – Rede von Ihnen gehört, die Bezug nimmt auf das Schreiben jenseits der literarischen Form. Was meinen Sie damit?

Ich meine damit genau das. Es gibt eine Schreibkultur jenseits der literarischen Verlagskultur. Ich verstehe Schreiben als Alltagstechnik, Schreiben als Lebensbereicherung, als Ausdruck der Persönlichkeit, als therapeutische Selbstvergewisserung, als Zielgruppenarbeit, als lustvoll-spielerisches Kommunikationsangebot, als ästhetische Basis-Öffentlichkeit.»Schreiben« wird viel zu eng gesehen.

Schreiben darf kurz sein, Schreiben darf Skizze sein, Schreiben kann Versuch sein, Schreiben kann kommunikativ sein

Schreiben ist mehr als Roman schreiben, Geschichten schreiben oder Drehbuch schreiben. Dass Schreiben, wie Singen oder Malen, auch mit Fingerübungen, mit einfachen Pinselstrichen, mit Hausmusik oder einfach Lust am Schreiben zu tun hat, wird oft mit großem Staunen zur Kenntnis genommen. Ich sage: Schreiben darf kurz sein, Schreiben darf Skizze sein, Schreiben kann Versuch sein, Schreiben kann kommunikativ sein. Die Kollegin Gundel Mattenklott hat bereits vor über 20 Jahren das Schreiben mit dem Begriff »Literarische Geselligkeit« sehr schön demokratisiert, wie es damals hieß und wie ich es heute noch ohne Scheu nenne. Man muss beim Schreiben nicht immer an den Nobelpreis denken. Ich verweise in diesem Zusammenhang gerne auf Umberto Eco. Er macht Mut zum Schreiben, indem er sagt, so wie das Malen, Singen, Musizieren »sollte auch das Schreiben von Gedichten, Geschichten, Tagebuchseiten und Briefen etwas sein, das alle tun, so wie man Fahrrad fährt, ohne dabei an den Giro d'Italia zu denken«. Oder, um die Debatte Literatur oder nicht Literatur mit Gianni Rodari, einem weiteren italienischen Autor und Schreibreformer, auf den Punkt zu bringen: »Alle Gebrauchsmöglichkeiten des Wortes allen zugänglich machen, nicht damit alle Künstler werden, sondern damit niemand Sklave sei.«

Veröffentlichungen:

- Kreative Literaturgeschichte (mit Lutz von Werder), Berlin 1992, Fenster zur Kunst.
- Ideen für kreative Museumsbesuche (mit Claudia Cremer u.a.), Berlin/Milow.
- 1996. Konzept und Realisation von szenischen, öffentlichen Lesungen.

•••

Über das Kreative Schreiben

Claus Mischon sagt es glasklar: Der Master »Biografisches und Kreatives Schreiben« ist kein neuer berufsqualifizierender Studiengang, sondern einer, der auf den Beruf baut (job enrichment) und ihn erweitert (job enlargement).

> **Hinweis**
>
> Job-Enrichment = Die bisherige Tätigkeit eines Mitarbeiters wird durch Weiterbildung auf ein höheres Anforderungsniveau ausgebaut. Beispiel: wenn ein Lehrer parallel zur Lehre nach dem Studium ein Schreibzentrum in der Schule aufbaut.
> Job-Enlargement: Ein Mitarbeiter oder Selbstständiger, der bislang auf eine Tätigkeit beschränkt war, führt nun mehrere verschiedene Tätigkeiten mit demselben Anforderungsniveau durch. Beispiel: wenn eine Pädagogin neben ihrer »normalen« pädagogischen Arbeit nach dem Studium zusätzlich poesiepädagogische Schreibgruppen durchführt.

Für Claus Mischon ist der Master ein akademischer Titel, der die Etablierung neuer Handlungsfelder professionell grundiert, das heißt, er bildet die professionelle Basis, auf der neue Berufe entstehen und überzeugen können. Es sind die Studierenden, die aus pädagogischen, sozialen, therapeutischen, journalistischen oder kulturellen Arbeitsfeldern kommen und meist Lehrer, Sozialpädagogen, Therapeuten, Autoren sowie Kommunikations- und Kulturwissenschaftlerinnen sind, die die neuen Berufe etablieren werden. Eine geglückte Professionalisierung dieser Berufe und die damit verbundene Präsenz dieser neuen Berufe in der Öffentlichkeit werden den Bedarf nach Absolventen dieses Studiengangs noch steigern.

Welche neuen Berufe entstehen so?

In den unterschiedlichen Berufsfeldern können die Absolventinnen und Absolventen des Master-Studiengangs als Schreibpädagogen, Schreibtrainer, Schreibwerkstattleiter, Schreibcoaches oder Schreibberater tätig werden. Zum Teil existieren diese Berufe auch schon seit einiger Zeit, gerade scheinen sie aber neue Berufsbereiche wie z.B. den Gesundheitsbereich für sich zu erobern. Vom »Kreativen Stressabbau mit Schreibyoga« bei der Gewerkschaft über Schreibtherapie in der Reha als Hilfe für depressive Menschen bis hin zur Fortbildung für Ergotherapeuten an der Charité – Kreatives Schreiben findet überall dort ein neues Handlungsfeld. Viele der frisch gebackenen Master machen sich direkt nach Abschluss des Studiums als Schreibcoach oder Schreibwerkstattleiter selbstständig.

Freiberuflich gibt es viele Möglichkeiten, Kreatives Schreiben anzubieten: An Volkshochschulen, in Nachbarschaftsheimen oder mit eigenen Angeboten im freien Markt. Zwar öffnet das Kreative Schreiben relativ leicht neue Türen, denn es ist, wie Lutz von Werder sagt, ein Weg in die Kreativität generell. Damit sich dieser Weg aber auch finanziell und auf Dauer auszahlt, benötigen Berufsanfänger oder Quereinsteiger Mut, Engagement und Durchhaltevermögen. Und gute Ideen. Wie in jeder Selbstständigkeit geht es darum, Kunden für die Einzelberatung oder die Teilnahme in Schreibwerkstätten zu gewinnen und sich so zu positionieren, dass immer wieder neu die Kunden kommen. Fast in jeder Altersgruppe lassen sich Angebote für Kreatives Schreiben denken; die Frage ist immer nur, wer bezahlt dafür? Lässt sich der Einsatz finanzieren? Für eine privat angesetzte Einzelberatung sollten 80 Euro die Stunde gezahlt werden, damit der Coach auf ein vernünftiges Monatseinkommen kommt, aber diese Preise sind nicht immer durchsetzbar. Wenn ein Schreibwerkstattleiter 15 Euro pro Teilnehmer für eine Doppelstunde nimmt, dann benötigt er mindestens 6 zahlende Kunden, um mit 45 Euro die Stunde nach Hause zu gehen. Nicht bezahlt davon sind der Raum und die Materialien. Aber es gibt viele Einsatzmöglichkeiten des Kreativen Schreibens, von der Schüler-AG über die 50+-Wechseljahresgruppe bis hin zu generationsübergreifenden Angeboten. Denkbar, dass im Seniorenbereich der Bedarf an Erinnerungsbüchern und Biografien in den nächsten Jahren wächst. Dafür muss dieser Markt aber noch erschlossen werden und die Honorare stimmen.

Das Masterstudium hilft den zukünftigen Selbstständigen, sich von der Konkurrenz am Markt abzuheben, aber es garantiert noch keinen Erfolg. Will man hingegen auf Nummer sicher gehen, so ist das noch schwierig. Denn Festanstellungen sind derzeit noch die Ausnahme. Zielt man darauf, dann findet man am ehesten noch an Universitäten – in den Schreibzentren – einen Job.

Wie sieht das Anforderungsprofil an die neuen Schreib-Berufe aus?

Es wäre ein Fehler, die Anforderungen an diese neuen Schreib-Berufe zu unterschätzen. Für ihre Ausübung braucht man nicht nur Fachwissen, sondern schreibdidaktische Erfahrung und ein persönliches psychologisches Geschick, um den Kunden im besten Sinne beraten und begleiten zu können. So kann es z.b. in Schreibgruppen zu Situationen kommen, in denen sich vor allem der Berufsanfänger eine zusätzliche psychologische Ausbildung und/oder fundierte Erfahrungen wünscht. So kann er angemessen mit einer »Krise« des Schreibenden umgehen.

Eine »Krise« kann z.B. durch einen Schreibimpuls des Schreibgruppenleiters (z.B.: »Notieren Sie die Meilensteine aus dem Leben Ihres Vaters«) ausgelöst werden. Krisen sind Chance und Problem zugleich. Und sie sind nicht nur auf schreibdidaktische Probleme begrenzt, sondern spiegeln die ganze Persönlichkeit wider. Deshalb sind sie nicht immer allein schreibdidaktisch zu lösen, in manchen Fällen kann neben dem Hinweis auf die Unterstützung durch einen Therapeuten auch eine eigene psychologische Grundausbildung hilfreich sein. Der »Schreibpädagoge« mit oder ohne therapeutisch wirkende Ausrichtung ist erst auf dem Weg, sich wie »Musikpädagoge« oder »Kunstpädagoge« als Berufsbild zu etablieren. Diese anderen künstlerischen Therapien sind schon bekannter und gefragter – eigentlich erstaunlich, ist der Zugang zur Selbsterkenntnis über das Schreiben doch so naheliegend.

Es gibt aber noch einen dritten, ganz anderen und sicherlich leichteren Weg, das Kreative Schreiben beruflich anzuwenden: indem es im Ausgangsberuf integriert und umgesetzt wird. So kann das Masterstudium »Biografisches und Kreatives Schreiben« für Sozialpädagogen, Psychologen, Ergotherapeuten oder Lehrer in ihrem beruflichen Alltag eine wirkliche Bereicherung bedeuten. Vielleicht können sie sogar direkt an ihrer Arbeitsstelle Kurse zum biografischen oder kreativen Schreiben einrichten und anbieten. Auch für Autoren, Kulturwissenschaftler und Journalisten, die sich mit »Creative Non-Fiction« beschäftigen wollen, kann das Studium eine sehr sinnvolle Ergänzung sein.

Hinweis

In Einzel-Interviews zu den hier genannten Berufen gehen wir darauf ein, wo der künftige Schreibcoach/-pädagoge/-therapeut seine Kurse anbieten kann und was er beachten sollte. Im Wesentlichen sind das:

- Schreibpädagogik: Gitta Schierenbeck
- Schreibtherapie: Alexander Graeff
- Schreibcoaching: Ulrike Scheuermann
- Schreibtraining: Judith Teuerkauf

Gitta Schierenbeck ist Absolventin des Studiengangs, den Claus Mischon beschrieben hat, die anderen Interviewpartner haben über einen anderen Weg in den Job gefunden.

Wie das Studium persönlich bereichern kann

Für jeden persönlich kann das Studium und die Beschäftigung mit allen Formen des Kreativen Schreibens in jedem Falle zu innerem Wachstum führen, weil schreibend aufgearbeitet und reflektiert wird. Das ist auch eine der Begründungen dafür, dass während des Entstehens dieses Buches einige unserer Interviewten ihr Profil geändert haben: Wer Zugang zu den inneren Ressourcen findet, ändert sich oft und gerne auch äußerlich sichtbar. Und manchmal macht die Veränderung auch nicht vor dem Privatleben halt. So kann es schon mal passieren, dass nicht so stabile Ehen während des Studiums infrage gestellt werden. Aber keine Angst: Alles in allem handelt es sich meist um sehr heilsame und oft auch lustvolle Prozesse: Denn was kann schöner sein, als Schaffensfreude (wieder) zu entdecken und darüber neue Energie zu entwickeln?

| KAPITEL 14 |

Schreibpädagogik

Schreiben macht mächtig was her: Die Macht der Worte beflügelt Schüler und etwas ältere Menschen

Gitta Schierenbeck, Schreibpädagogin

Lehre. Lektorat. Lebenserfahrung. Von Blockwinkel nach Berlin, von der Pädagogik über Personalabteilungen zur Poesie. Gitta Schierenbeck ist M.A. in Biographical and Creative Writing, Diplom-Pädagogin und Poesiepädagogin. Beste Voraussetzungen und fundierte Kompetenzen für ein vielseitiges Berufsspektrum. So ist es auch: Als Lehrbeauftragte im Masterstudiengang Biografisches und Kreatives Schreiben für das Modul »Lebensphasen und Lebenskrisen« verantwortlich, arbeitet sie auch als Lektorin am Institut für Kreatives Schreiben Berlin und leitet freiberuflich Schreibgruppen. Darüber hinaus hält sie Workshops und Vorträge für Multiplikatoren im Gesundheitsbereich und etabliert das Kreative Schreiben als Angebot in Wellness-Hotels. Mit Herzblut und Idealismus hat sich Gitta Schierenbeck auch an Schulen dem Kreativen Schreiben verschrieben.

Wer mehr erfahren möchte über Kreatives und Biografisches Schreiben mit Gitta Schierenbeck: *www.schreibcollagen.de*.
Webseite: *www.schreibcollagen.de*
Kontakt: *gitta@schreibcollagen.de*

Interview mit Gitta Schierenbeck

Wir haben einige berufliche Schritte an Schulen gemeinsam gemacht, daher weiß ich, dass Sie fundierte Erfahrung mit Kreativem Schreiben an Schulen und Ausbildungsstätten haben. Wo und in welchen Bereichen setzen Sie an Schulen Kreatives Schreiben ein?

Eigentlich überall. Ich gebe Unterricht in AGs und führe Workshops und Projekttage zu bestimmten Themen wie Klima und Energie, Geist der Schule, Integration, Jobsuche, Toleranz, Identität etc. durch. Ich war und bin an Grundschulen, an Gymnasien, an Förderschulen, an Gesamt- und Sekundarschulen und auch an Schulen für Hochbegabte tätig. An der Berliner Schüleruni beteilige ich mich (s. Interview Braun-Wanke) seit 2009. Zusätzlich motiviere ich Lehrer auf Lehrer-Fortbildungen oder Fachtagungen zum Einsatz des Kreativen Schreibens in ihrem Unterricht. Und das ist im Ethikunterricht genauso hilfreich wie im Deutsch- oder Kunstunterricht. Die Lehrer sind auch immer begeistert über die neuen Erfahrungen, aber Zeit und große Gruppen verhindern wohl oftmals den fundierten Einsatz neuer Schreibmethoden im Alltag.

Was kann das Kreative Schreiben an Schulen bewirken?

Die Schüler kommen durch vielfältige Schreibimpulse und Schreibtechniken schnell ins Schreiben, vorhandene Blockaden haben gar keine Chancen, die Texte sprudeln geradezu heraus. Das Schreiben in der Gruppe ist somit keine isolierte Tätigkeit, sondern schärft gemeinsam das Gespür für die Sprache. Durch sinnliche Anregungen wie Postkarten, Fotos, Kräuterdüfte, Geräusche von knackendem Knäckebrot und vielem mehr verstärken die Schüler ihre Imaginationskraft und tauchen schreibend in neue Welten ein. Sie intensivieren ihre Ausdrucksfähigkeit mittels Metaphern und Vergleichen und letztendlich sichern sie so ihre Schreibkompetenz und damit eine der Schlüsselkompetenzen in den meisten Berufen.

Hinweis

Schreiben verstärkt die Imaginationskraft, schärft das Gespür für die Sprache, entlastet durch Distanzierung, intensiviert die Ausdrucksfähigkeit und fördert den Kontakt in der Gruppe.

Wozu regt es an?

Die Schüler lernen, schreibend zu denken. Wünsche können auf dem Papier in Erfüllung gehen, Gehütetes oder Belastendes kann umgeschrieben werden durch Perspektiven- oder Genrewechsel, das ist hilfreich und wirkt befreiend. Man darf sich hinter fiktiven Figuren verstecken und eigene Ängste und Erlebnisse als Krimi oder Science-Fiction darstellen. Das gemeinsame Lachen verbindet und entlastet.

Besonders in kleineren Gruppen mit bis zu zehn Teilnehmern intensiviert das vereinte Schreiben, Vorlesen und Feedbackgeben das soziale Miteinander. Das gegenseitige Wertschätzen der Texte macht Mut und fördert selbstbewusstes Verhalten. Stil und Rechtschreibung werden nebenbei gleich mitgeübt.

Also ist es nicht nur eine Schreibtechnik, sondern auch ein Weg ins selbst bestimmte Denken und Nachdenken? Auch in der vom Internet bestimmten Zeit heutzutage?

Also, das Schreiben ist eine Kulturtechnik, Schüler schreiben heute SMS, Mails, Tweets, sie chatten, twittern und posten. Diese Technik-Affinität nutze ich und biete auch literarische Schreibspiele am Computer an. Da gibt es schöne Möglichkeiten, die auch bei Krankheit von zuhause aus oder in ländlichen Regionen bei großen Entfernungen Sinn geben. Schreibspiele am Computer können zudem allein oder als Gruppenerlebnis durchgeführt werden. Textpassagen können unkompliziert gelöscht oder verschoben werden, weiße Schrift bleibt zunächst unsichtbar etc., das alles erleichtert und stimuliert kreative Textarbeiten. Vorleserunden per Skype haben ihren eigenen Charme.

Kommen auch die Biografien der Kinder ins Spiel?

Selbstverständlich, jede Geschichte und jedes Gedicht enthalten biografische Anteile, auch wenn nicht explizit zum biografischen Schreiben aufgerufen wurde. Jeder Text speist sich aus den eigenen Erfahrungen und Erlebnissen. Das Zauberwort heißt hier »Assoziationen«. Schreibimpulse wie Düfte, Töne, Bilder, Farben, die wir vor einiger Zeit geschnuppert, gehört und gesehen haben, führen zu weiteren Assoziationen, die fragmentarisch mit in die Texte einfließen. Ideen zu Sinnfragen wie: »Woher komme ich? Wer bin ich? Was werde ich?« beginnen ein Eigenleben in Science-Fiction, Märchen, Krimis oder Briefen. Wenn eine Gruppe sich länger kennt, ist es spannend, beim Vorlesen zu erraten, wer den Text geschrieben hat. Jede/r entwickelt einen eigenen Stil und die Persönlichkeit dahinter wird erkennbar.

Ist Kreatives Schreiben für Jugendliche aus »bildungsfernen Schichten« besonders hilfreich? Warum?

Ja, die spielerischen Schreibimpulse nehmen die Scheu vor Prosa und Lyrik. Feste Gedichtstrukturen geben oft den Rahmen für verblüffende Verdichtungen. Über die entstandenen Werke sind die Schüler selbst erstaunt ... und stolz darauf. Somit bin ich auch als Talentscout unterwegs.

Wie reagieren Schülerinnen und Schüler auf Ihre Arbeit?

Allzeit total begeistert. Da ihre Fantasie herausgekitzelt wird, sind sie immer voll dabei und oft entsetzt, dass die geplante Zeit schon vorüber ist, sie wollen dann immer weiterschreiben, das kann ich gut verstehen. Das sieht zum Beispiel so aus: Zu Beginn jeder

Stunde schreiben wir uns warm. Ein Warm-up könnte sein, dass alle zur Buchstabenkombination »str« Wörter aufschreiben (z.B. Stress, streng, Strass, Straße, Streifenhörnchen ...) und dann einen Text verfassen, der möglichst viele dieser Wörter beinhaltet. Dabei wird das Gehirn aktiviert und wir haben viel Spaß beim Vorlesen.

Ich sammle und horte Impulse aller Art, alles ist zur Inspiration geeignet und setzt Assoziationen frei

Dann folgen inhaltliche Übungen: Was sind Metaphern, wie können wir selber neue Bilder basteln? Beispielsweise durch Neu-Zusammensetzungen von Nomen und Verben oder Nomen und Adjektiven. Da ergeben sich plötzlich mäandernde Füller auf leerem Papier oder lachender Neid in der Schulklasse. So bringt die »Metaphernmaschine« Fantasie und gute Laune in Schwung. Das wirkt sich bei den Folgetexten aus, deren Themen sich an den Vorlieben der Schüler orientieren. Die Geschichten werden so bunter und lebendiger. Alle hören gespannt zu, wenn vorgelesen wird. Das ist nur ein ganz kleiner Einblick in unzählige Varianten und Anregungen.

Wie finden Sie spannende Themen, die die Lebenswelt der Kinder einbeziehen?

Überall, ich mache die Augen auf. Ich habe selbst eine Tochter und bin seit Jahren als Elternvertreterin aktiv, da kennt man viele Sorgen, Interessen und Wünsche. Und ich sammle und horte Impulse aller Art, von Playmobilfiguren, Stadt-Land-Kunst-Vorlagen, über Steine, Zitate, Glitzertiere aus Stoff, Würfel, Kekse mit Motiven bis hin zu chinesischen Glückskeksen, Kinderspielzeug, Reiseutensilien, einfach alles ist zur Inspiration geeignet und setzt Assoziationen frei.

Wie bauen Sie Ihre Stunden auf?

Da bin ich sehr genau. Jede Stunde bereite ich schriftlich vor mit Thema, genauer Durchführung, Impuls-Material und ... das Ziel muss klar sein. Die Themen sind Reisen, Freundschaft, Geist der Schule, manchmal Wettbewerbsthemen, eben Realität und Nonsens, alles ist dabei. Den Schülern Lust auf lebendige, sinnlich wahrnehmbare Geschichten zu machen, steht dabei im Vordergrund. Die zeitliche Dimension berücksichtige ich selbstverständlich auch. Das Lesen und Würdigen der geschriebenen Texte muss zeitlich für alle drin sein.

Das bedeutet, die Rechtschreibung bleibt außen vor?

Nein, wie vorhin schon gesagt, Rechtschreibung spielt zunächst eine Nebenrolle, wenn aber die Geschichten dann ihren Feinschliff erhalten, also ihr Sonntagskleid anziehen, dann »lektoriere« ich auch und die Grammatik-, Stil- und Rechtschreibfehler entschwinden. Das ist zum Beispiel vor Veröffentlichungen in Schulbroschüren, beim »Tag der offenen Tür« oder bei Wettbewerbsteilnahmen der Fall.

Ist es ein »Mädchenfach«, so wie das Thema »Pferde« auch hauptsächlich Mädchen in einem gewissen Alter interessiert?

Nicht wirklich. In den Workshops und Projektwochen sind ja immer alle Schüler dabei und in den AGs, ja, da sind meistens die Mädchen etwas überrepräsentiert.

Aus welchen »Töpfen« finanzieren die Schulen diese Projektarbeit?

Aus PKB-Mitteln, das sind die Personal- und Projektbudgets der Schulen in Berlin, aus Geldern der Fördervereine oder aus Sondertöpfen, falls die vorhanden sind. Ich war auch schon mal in einem Gymnasium, da haben alle Schüler des Leistungskurs Deutsch selbst gezahlt für den von der Lehrerin organisierten Tages-Workshop, das fand ich wirklich beeindruckend.

Kreatives Schreiben ist (noch) kein Schulfach – sollte es eines werden?

Ja, unbedingt. Wir üben ja dafür auch das Tagtraumschreiben, die Kunst der Imagination ☺.

Interview mit Gitta Schierenbeck

Was hielten Sie davon, wenn alle Schulen über ein »Schreibzentrum« verfügten, also einen Ort, der Schreibkurse organisiert für die entsprechenden Jahrgangsstufen und der auch zur Verfügung steht, um vor Ort Lehrer zu beraten?
Super, ich liebe Science-Fiction. Aber dennoch, das wäre wirklich toll, die Hoffnung stirbt zuletzt. An den Hochschulen und Universitäten arbeitet man ja zusehends an diesem Thema. Für Schüler wäre das sehr erleichternd.

Wie sieht es mit anderen Zielgruppen aus, beispielsweise Senioren? Wo kann man mit entsprechender Vorbildung eine Ausbildung als Schreibgruppenleiter für Senioren machen, wenn man sich nicht unbedingt an einer Uni einschreiben will?
Da gibt es einen ganzen Markt von Ausbildungsangeboten, besonders in Berlin und anderen großen Städten. Schaut man sich auf dem Marktplatz der Schreibenden um, tritt ob der vielen ähnlichen Begriffe erstmal Verwirrung auf. Um hier bei den selbstständigen Schreibanbietern nicht den Überblick und die Orientierung zu verlieren, sollte man genau hinschauen, wer dort was anbietet. Die Kursangebote für interessierte Schreibfreudige in Volkshochschulen, Kultureinrichtungen, Krankenhäusern und Seniorenheimen oder in Schreibinstituten und Seniorenklubs bewegen sich zwischen literarischer Geselligkeit und therapeutischer Analyse mittels Stift und Papier. Die Schreibpädagogen und Schreibgruppenleiter haben entsprechend unterschiedliche Ausbildungshintergründe. Eine fundierte Ausbildung ermöglicht zum Beispiel das Institut für Kreatives Schreiben Berlin (*www.schreibinstitut-berlin.de*).

Wird das Biografische und Kreative Schreiben nicht enorm nachgefragt werden, wenn die »Babyboomer« älter werden?
Ja, ein Schreibgruppenangebot würde schon aus unterschiedlichsten Gründen auf fruchtbaren Boden fallen. Der Anteil älterer Menschen in der Bevölkerung wächst stetig und auch die Themen

Gesundheit und Krankheit bekommen dadurch einen breiteren Stellenwert. Jede Krankheit hat eine Biografie. In jedem Krankheitsereignis liegt die Chance zur gesundheitlichen Entwicklung. Gesundheit soll verstanden werden als Fähigkeit, mit den eigenen Einschränkungen glücklich oder zufrieden leben zu können.

Der Anteil älterer Menschen wächst und auch die Themen Gesundheit und Krankheit bekommen dadurch einen breiteren Stellenwert

Der Zustrom in Selbsthilfegruppen, Patientenforen und anderen Zusammenschlüssen von Menschen mit ähnlichen Anliegen offenbaren den großen Wunsch nach Austausch und Reflexion der Betroffenen. Hier kann schreibpädagogisch angesetzt werden. So kann das Aufschreiben von Geschichten, Gedichten, Szenen und Dialogen nicht nur heilsame Qualitäten entfalten, sondern auch gleichzeitig humorige Situationen entwickeln. Wörter und Sätze zergehen auf der Zunge, Schreibgruppen sind köstlich, denn zusammen ist man stark. Das ist besonders wichtig für Ältere, die zunehmend nicht mehr in Familien, sondern in Einzelhaushalten leben werden. Und dennoch stellt eine Selbstständigkeit mit Schreibpädagogik im Gesundheits- und Seniorenbereich immer noch eine finanziell unkalkulierbare Herausforderung dar. Eigentlich würde ich auch bei den Krankenkassen ein Marktsegment für das Biografische und Kreative Schreiben sehen.

Im Vorfeld gehen immer mehr Unternehmen dazu über, ihre Mitarbeiter gesundheitlich zu fördern und zu unterstützen. Hier sehe ich Einstiegsmöglichkeiten, um betriebliche Gesundheitspolitik zu unterstützen. Der Wille zur Prävention sollte von Schreibpädagogen unterstützt und als feste Komponente in Unternehmen und Senioreneinrichtungen sowie von Krankenkassen mitfinanziert werden.

Gitta Schierenbecks Lieblingszitate auf die Frage »Was ist die Quintessenz aus all Ihren Erfahrungen?«:

»*Jeder, der je geschrieben hat, wird gefunden haben, dass Schreiben immer etwas erweckt, was man vorher nicht deutlich erkannte, ob es gleich in uns lag.*« Georg Christoph Lichtenberg

»*Es gibt nix Gutes, außer man tut es.*« Frei nach Erich Kästner

•••

Aufwand gegenüber Ertrag – lohnt sich das? Arbeitsmarktsituation und Entlohnung für Schreibpädagogen

»Auch aus Steinen, die dir in den Weg gelegt werden, kannst du etwas Schönes bauen« (Erich Kästner »Das fliegende Klassenzimmer«).

Das Interview mit Gitta Schierenbeck hat es gezeigt: Das Angebot des Kreativen Schreibens an Schulen ist wertvoll und fächerübergreifend von Vorteil. Man benötigt qualifizierte Experten – die entsprechend bezahlt werden sollten. Nur mit Idealismus ist diese Aufgabe nicht zu bewältigen. Die Arbeit als Creative-Writing-Lehrer an Schulen ist möglich, aber bislang meist außerhalb der normalen Unterrichtszeiten angesiedelt. Wohlgemerkt: Ich spreche nicht von dem etablierten Fach des Deutschlehrers, sondern von Kreativem Schreiben als Zusatzangebot.

In Berlin gibt es – sofern Sie einen Masterabschluss haben –, 46 Euro für die Doppelstunde von 90 Minuten. Zuvor müssen Sie erst einmal einen Schulleiter überzeugen, eine AG einzurichten oder Workshops zum Kreativen Schreiben durchzuführen. Es wartet niemand auf Sie, weil Sie kein Lehrer im üblichen Sinne sind und sich nicht für den Deutschunterricht bewerben. Die Schulleiter würden gerne mehr bezahlen, aber sie sind daran gebunden, welchen Betrag sie für Projekte zur Verfügung haben. Schwierig ist, dass meist nur ein bestimmter Tag an den Schulen für AGs zur Verfügung steht – meist der Mittwoch. Da man ja nicht zeitgleich überall sein kann, bleibt die Möglichkeit, an mehreren Schulen Einnahmen zu generieren, begrenzt. Unser Dank geht an die Schulen Berlins, an denen wir mit Lehrerfortbildungen, AGs und Workshops erste Erfahrungen machen durften, allen voran die Sophie-Scholl-Schule. Wir haben uns dann quer durch alle Bildungsniveaus Berlins gearbeitet und waren überall gern gesehen, aber zu einem festen regelmäßigen Vertrag hat es nicht geführt. Die Kinder lieben Kreatives Schreiben. So sehr, dass sie an manchen Schulen auch gerne in Fächern wie Ethik oder gar Mathe kreativ schreiben dürften. Kinder begeistert es, ihrer Fantasie schreibend freien Lauf zu lassen. Und sie haben recht: Kreatives Schreiben kann jedes Fach beflügeln.

Schon im Interview mit der Schreibzentrumsleiterin Dr. Katrin Girgensohn deutete sich an, dass Kreatives Schreiben in Schulen sinnvoll ist. Zum Teil hat es sich bereits verändert: Ich war sehr überrascht, in den Grundschulmaterialien meiner Tochter kreative Schreibübungen zu finden. Habe mich gefreut, dass sie im Deutschunterricht spielerisch an das Schreiben herangeführt wurde. Auf Rücksprache mit der Lehrerin stellte sich allerdings heraus, dass diese ein Fan des Kreativen Schreibens ist und nicht zuletzt deshalb so viele Übungen in diese Richtung gingen. In der Lehrerausbildung ist Kreatives Schreiben noch kein ernst genommener Bestandteil geworden. Kaum einer weiß, dass man Kreatives Schreiben als Denk- und Problemlösungsinstrument einsetzen kann, Schreiben als Lern- und Lehrmedium bewusst einsetzen, wenn es um unzensiertes Denken gehen soll (siehe die Interviews mit Ulrike Scheuermann und Katrin Girgensohn).

Hinweis

Vorhandenes Wissen können Lehrer leicht aus den Schülern kitzeln, wenn sie ihnen schreibend eine Chance geben, es auf das Papier zu bringen. Auch die stillen Schüler, die sich mündlich nicht so beteiligen, haben dann eine Chance. Schreibend machen Sie »Betroffene« zu »Beteiligten«, weil sich keiner entziehen kann.

Lassen Sie Ihre Schüler fünf Minuten zu einer Fragestellung herunterschreiben, was ihnen einfällt. In flottem Tempo, damit zensierende Gedanken erst gar nicht aufkommen. Danach sammeln Sie die Ideen in der Klasse zum Thema und bringen inhaltlich ein, was Ihnen wichtig ist. Wenn Sie danach eine weitere Schreibphase anleiten, können Sie sicher sein, dass das erweiterte Wissen in das Denken der Schüler integriert und über das Schreiben in eigene Worte gefasst wird. Das wissen Sie längst: Was aufgeschrieben wird, bleibt besser haften, zumal, wenn es in eigenen Gedanken festgehalten wird.

Kommilitoninnen, die als Lehrer aktiv sind, haben sehr unterschiedliche Erfahrungen damit gemacht, wenn sie mit ihrer Zusatzqualifikation Kreatives Schreiben in den Unterricht einbeziehen wollten: Zum Teil war das sehr gut möglich, zum anderen Teil fühlten sie sich nicht ganz ernst genommen, wenn sie den Lehrerkollegen eine Fortbildung angeboten haben. Immer steht der Rahmenplan im Vordergrund und für spielerisches Lernen scheint kein Platz. Da herrscht oft noch Unwissen über Chancen und Einsatzmöglichkeiten des Kreativen Schreibens: Es eignet sich ideal dazu, den Wissensstand der Kinder zu erkunden und daran anzuknüpfen. Und by the way: Spielerisch lernen Kinder gern und gut.

Die reifere Zielgruppe

Der Seniorenbereich wächst aufgrund der demografischen Entwicklung rasant. Nicht nur das klassische biografische Schreiben wird bei dieser Zielgruppe gefragt sein, sondern auch Themen der Gesundheitsförderung: »Wie Sie Ihre Gesundheit spielend fördern« oder »Kreativer Stressabbau«, also Felder der Gesundheitsprävention, werden gut angenommen und sind schnell ausgebucht. Es setzt sich langsam durch, dass Gesundheit eben nicht nur durch Bewegung und die richtige Ernährung zu fördern ist, sondern dass die seelische Gesundheit dazugehört. Und schreibend lässt sich präventiv und in der Gegenwart die Balance besser halten.

Viele Institutionen arbeiten bereits mit »Lebensbüchern«. So führt zum Beispiel seit 2008 die Memory Biografie- und Schreibwerkstatt Projekte an Schulen in Berlin-Moabit durch. Das Projekt wird im Rahmen des regulären Unterrichts in den Fächern Deutsch, Kunst und Soziales Lernen umgesetzt. Das Projekt wird gefördert im Rahmen des Bundesprogramms »Toleranz fördern – Kompetenz stärken« (*www.memory-schreibwerkstatt.de*).

Hinweis

Ziel der Arbeit mit dem Lebensbuch ist es, zum Beispiel Kinder mit Migranten-Hintergrund oder auch adoptierte Kinder zu begleiten und zu stärken, wenn sie sich mit ihrer Lebensgeschichte und ihrer aktuellen Situation auseinandersetzen. Ein Lebensbuch enthält meistens vorstrukturierte Materialien, mit deren Hilfe die Kinder zu Themen wie »Mein Name«, »Meine Familie«, »Mein Haus« Statements abgeben,Texte schreiben und mit Zeichnungen gestalten, wo sie keine Worte haben. Ein Lebensbuch trägt zur Persönlichkeitsentwicklung bei. Es kommt oft zu einer Neubewertung von Beziehungen und kann zu einer Aussöhnung mit schwierigen Erlebnissen führen. Auch als Rückblick auf ein Leben kann ein Lebensbuch sehr sinnhaft sein: Begleitet oder allein können ältere Menschen ein Lebensbuch erstellen – ein zurückschauendes Wertschätzen des eigenen Lebens und ein wunderbares Vermächtnis für die Nachkommen.

Bei alten wie bei jungen Menschen kann ein »Lebensbuch« Identitätsgefühl und die Zugehörigkeit stärken. Das Schreiben kann zum Refugium des Wohlfühlens werden und gleichzeitig die Möglichkeit zu Austausch und Kontakt bieten. Nicht mehr unverstanden alleine in der Welt zu sein, sondern schreibend Ausdruck finden und anknüpfen können – diese Chance bietet das Schreiben.

Weiterführende Quellen zum Thema Biografisches Schreiben:

- Dobelli, Rolf, »Wer bin ich? 777 indiskrete Fragen«, Zürich 2009.
- Werder, Lutz von, »Erinnern, Wiederholen, Durcharbeiten«, Berlin / Milow 2009.

Weiterführende Quellen zum Thema Schreiben im Gesundheitsbereich:

- Heimes, Silke, »Schreib es dir von der Seele. Kreatives Schreiben leicht gemacht«, Göttingen 2010.
- Vopel, Klaus W., »Expressives Schreiben. Ein Programm zur seelischen Immunisierung«, Salzhausen 2006.
- Haußmann, Renate; Rechenberg-Winter, Petra: »Alles, was in mir steckt: Kreatives Schreiben im systemischen Kontext«, Göttingen, 2013.

Weiterführende Quellen zum Thema Schreiben mit Schülern und Lehrern:

- Leis, Mario, »Kreatives Schreiben. Literaturwissen für Schüler: 111 Übungen«, Reclam 2006
- Vopel, Klaus W., »Schreibwerkstatt 1. Eine Anleitung zum kreativen Schreiben für Lehrer, Schüler und Autoren«, Salzhausen 2004.
- Boëtius, Henning und Hein, Christa, »Die ganze Welt in einem Satz. Sprach- und Schreibwerkstatt für junge Dichter«, Weinheim Basel 2010.

| KAPITEL 15 |

Schreibcoaching

Die Macht der Worte auf allen Ebenen: Schreiben, Reden, Denken

Ulrike Scheuermann, Sachbuchautorin, Diplom-Psychologin, Coach und Rednerin

Die ausgebildete Schreibberaterin und Schreibtrainerin unterstützt seit 1997 Berufstätige, Wissenschaftler und Sachbuchautoren beim Schreiben und Publizieren sowie bei der Fokussierung auf das Wesentliche – mit Büchern, Vorträgen, Seminaren und Coaching. Sie hat die Konzepte »Schreibdenken« und »Schaffensfreude« entwickelt und gehört zu den profiliertesten Schreibcoaches im deutschsprachigen Raum.

Zuvor war sie Mitarbeiterin in Beratungseinrichtungen für Menschen in Krisen und dort neben der psychologischen Arbeit für die Öffentlichkeitsarbeit und die Präsentation des Krisendienstes in Presse, Rundfunk und Fernsehen verantwortlich.

Ulrike Scheuermann ist Autorin bei renommierten Verlagen, unter anderem mit mehreren Büchern zum beruflichen Schreiben und

238 | 15 • Schreibcoaching

Publizieren, die Long- oder Bestseller bzw. mehrfach ausgezeichnet sind – so etwa »Die Schreibfitness-Mappe« mit dem Roten Reiter 2012 der Managementbuch-Redaktion. »Schreibdenken« wurde bereits nach 3 Monaten nachgedruckt und der Bestseller »Wer reden kann, macht Eindruck – wer schreiben kann, macht Karriere« (Linde) erschien im Februar 2013 in aktualisierter Auflage.
Webseite: *www.ulrike-scheuermann.de*
Kontakt: *info@ulrike-scheuermann.de*

Interview mit Ulrike Scheuermann

Ulrike Scheuermann geht es darum, das Wesentliche zu leben. Dann ist für sie das Leben erfüllt. Und so verlockt und unterstützt sie Menschen dabei, fokussiert und tief gehend zu leben, zu arbeiten und zu schreiben. Voller Begeisterung weckt sie die Schaffensfreude anderer und begleitet sie dabei, mit ihrem jeweils Eigenen in die Öffentlichkeit zu treten. Sie arbeitet seit über 15 Jahren freiberuflich. Schreiben ist für die engagierte Psychologin ein Dreh- und Angelpunkt, wie auch einer ihrer Buchtitel: »Wer schreiben kann, macht Karriere« verrät.

Sie sind Sachbuchautorin und Schreibcoach. Was macht ein Schreibcoach?

Ein Schreibcoach unterstützt Schreibende darin, produktiv und effektiv zu schreiben und bessere Texte zu produzieren. Längst sind Angebot und Tätigkeitsspektrum von Schreibcoaches und Schreibberatern jedoch so ausdifferenziert, dass es nicht *den* Schreibcoach und *die* Schreibberaterin gibt.

Hinweis

Ein Schreibcoach berät und begleitet Schreibende. Er oder sie stellt die richtigen Fragen, bietet Übungen und ungewöhnliche Reflektionsräume an, mit denen Schreibende sowohl ihre Texte verbessern als auch produktiver und effektiver schreiben lernen.

Ich arbeite mit drei Gruppen von Schreibenden: Zur ersten gehören alle Berufstätigen, die verschiedene Schreibaufgaben in ihrem Job zu bewältigen haben. Zur zweiten zählen Wissenschaftler, häufig Promovierende, aber auch Postdocs, das sind Wissenschaftler, die den Doktorgrad erlangt haben und nun an einer Universität oder einem Forschungsinstitut befristet angestellt sind. Während dieser Zeit arbeiten sie an Forschungsprojekten. Und die dritte Gruppe bilden (angehende) Sach- und Fachbuchautoren, die eine Fachpublikation, einen Ratgeber oder ein Sachbuch realisieren wollen. Deshalb sind die Herausforderungen für meine Klienten sehr unterschiedlich – und dementsprechend auch meine Herangehensweise: Als Schreibcoach für Firmenmitarbeiter bin ich mit vollkommen anderen Problemen meiner Klienten konfrontiert, als wenn ich mit einem Doktoranden der Soziologie arbeite.

Und in Unternehmen schreiben die Mitarbeiter oft unter extremem Zeitdruck eher kurze Texte, in denen sie prägnant auf den Punkt kommen müssen. Da muss ein Mitarbeiter in 20 Minuten eine Entscheidungsvorlage für die Chefin niederschreiben oder in 5 Minuten eine prägnante E-Mail an den Kunden formulieren. Eine Doktorandin hat hingegen drei Jahre Zeit, um ihre Dissertation auszuarbeiten. Sie muss ihre Zeit disziplinierter selbst strukturieren und zum Beispiel ihren Perfektionismus bändigen, um irgendwann ihre Arbeit abgeben zu können. Für sie geht es darum, den Überblick über ein sehr umfangreiches Schreibprojekt zu wahren und parallel den wissenschaftlichen Leseprozess bewältigen zu können. Und bei Sachbuchautoren ist die Manuskriptphase erst die zweite Phase im gesamten Publikationsprozess: Davor kommt die enorm wichtige, oft aber vernachlässigte Konzeptentwicklung und Exposé-Erstellung, der Probetext und schließlich die Verlagssuche. Diese erste Phase stellt für viele angehende Autoren die große Hürde dar.

Was sind typische Probleme, mit denen Sie als Schreibcoach zu tun haben?

Wenn sich Schreibende an mich wenden, sind ihre häufigsten Schreibprobleme folgende:

- Aufschieberitis – im Zusammenhang mit dem Schreiben eines der Standardprobleme.
- Perfektionismus – ein nicht mehr förderlicher, sondern so überhöhter Anspruch an den eigenen Text, dass derjenige deshalb nicht mit dem Schreiben beginnt, das Schreiben als enorm mühsam und freudlos erlebt oder den Text nicht fertigstellen kann.
- Fehlender (innerer) Leserkontakt – führt zu wenig leserorientierten Texten oder negativen Vorstellungen über Leserreaktionen.
- Angst vor der Leserreaktion und Leistungsdruck – beides vermiest das Schreiben und ein oft dazu gehörendes unrealistisches Zeitgefühl bewirkt, dass gegen Ende die Zeit knapp wird und die Nächte durchgearbeitet werden.
- Die meisten Schreibenden finden übrigens auch, dass sie zu langsam schreiben.

Wieso hilft Ihnen das Wissen aus der Psychologie bei Ihrer Tätigkeit?

Als Psychologin arbeite ich an den genannten Problemen immer zweigleisig – schreibdidaktisch und psychologisch. Schreibdidaktisch heißt, den Schreibprozess zu analysieren und herauszufinden, wo es Verbesserungspotenziale in den einzelnen Phasen des Schreibprozesses gibt. Häufig können meine Klienten dann mit neuen Vorgehensweisen und mit neuen Schreibtechniken anders und effektiver schreiben. Sehr rasch kommen wir aber oft auch zu tiefer liegenden Problemen, die mit einem psychologischen Verständnis und entsprechenden Herangehensweisen sehr viel effektiver gelöst werden können. Ein überhöhter Anspruch, der das freie Schreiben lähmt, kann eher mit der Arbeit am Selbstwertgefühl als durch ein Trainingsprogramm verändert werden. Für diese Interventionen greife ich sowohl auf meine psychologischen Qualifikationen zurück als auch auf meine zehnjährige Erfahrung in Krisenberatungsstellen als Beraterin.

Welche Lösungen kann es geben?

Neben der Teilnahme an einem Schreibseminar und der Auseinandersetzung mit dem eigenen Schreiben durch das Lesen von Schreibratgebern können wir im Schreibcoaching auf verschiedenen Ebenen ansetzen:

Schreibdidaktisch: mit alternativen Handlungsweisen im Schreibprozess, so etwa, in der Rohtextphase nicht zeitgleich zu überarbeiten. Oder die Erstfassung – und nicht erst die Endfassung – für ein inhaltliches Feedback an erste Leser zu geben. Mit neuen Schreibtechniken. Mit Schreibdenken – indem man das Schreiben als Denk- und Lernwerkzeug nutzt. Auf der psychologischen Ebene arbeite ich etwa mit Perspektivenwechsel, mit Gedankenreisen, mit lösungsorientierten Ansätzen aus der Kurzzeittherapie oder mit der Veränderung von negativen Glaubenssätzen und inneren überkritischen oder anders hemmenden Stimmen. Ich nutze energiepsychologische Methoden, die oftmals Blockaden sehr viel leichter lösen, als dies allein mit Reden möglich ist und um Gedankenkonstrukte z.B. endgültig auflösen zu können.

Sehr gute Erfahrungen mache ich etwa mit der Logosynthese®-Methode nach Willem Lammers, aber auch mit Aufstellungen und der Arbeit mit dem Inneren Team. Natürlich unterscheidet es sich individuell stark, was ich davon einsetze – das ist ja gerade der große Vorteil beim Einzelcoaching: Ich kann aus meinem in 15 Jahren Schreibcoaching und Krisenberatungserfahrung gut gefüllten Methodenkoffer das Passende aussuchen. Dabei ist mir immer wichtig, dass der Methodeneinsatz nie zum Selbstzweck wird. Weniger ist oft mehr. Übrigens: Ich coache viele Klienten aus dem gesamten deutschsprachigen Raum auch über das Telefon oder mit Video-Skype. Das geht beim Thema Schreiben ausgesprochen gut.

In Ihrem jüngsten Buch haben Sie das Schreibdenken zum Thema gemacht – was ist das? Woher kommt der Begriff?

Auf der Suche nach einem griffigen Wort habe ich den Begriff »Schreibdenken« in Anlehnung an die parallele Tätigkeit beim Sprechen, die als »Sprechdenken« bezeichnet wird, entwickelt. Schreibdenken spiegelt meinen Ansatz wider, den ich in den Jahren meiner Schreibcoaching-Tätigkeit immer weiter entwickelt habe. Schreibdenken ist eine Denk- und Lernmethode, mit der wir uns jederzeit pragmatisch nach innen wenden und dort konzentriert an die eigene Gedanken- und Gefühlswelt anknüpfen können. Dabei nutzt man Schreiben und Skizzieren, um herauszufinden, worüber man nachdenkt – entdeckendes Schreiben. Schreiben fungiert als Denk- und Lernwerkzeug und nicht wie gewohnt zur Außen-Kommunikation. Es ist eine assoziative und strukturierende Methode mit text- und bildorientierten Techniken.

> *Schreibdenken ist eine Denk- und Lernmethode, mit der wir uns jederzeit pragmatisch nach innen wenden und dort konzentriert an die eigene Gedanken- und Gefühlswelt anknüpfen können*

Mir ist sehr wichtig, dass man das Schreibdenken nicht nur mit Sprache verbindet. Oft erbringt erst die Kombination mit bildhaften Darstellungsformen den Durchbruch zu neuen Ideen und Gedankenwelten. Schreibdenken basiert auf Konzepten wie »Writing to learn«, »Kreatives Schreiben«, »Visual Thinking« und psychologischen, etwa Selbstcoaching-Ansätzen.

Hinweis
Wie arbeitet man »schreibdenkend«?
• Unzensiert und assoziativ – alle bewertenden Gedanken werden verbannt
• Privat – kein anderer liest die Texte
• Schnell und kurz – fünf Minuten reichen

- Täglich oder situativ – so verfolgt der Schreibende seine Gedanken in ungeahnte Tiefen
- Neugierig und mit Schaffensfreude – das ist die richtige Haltung gegenüber eigenen Gedanken
- Auch handschriftlich, nicht nur am Computer – für schnelle Denkskizzen und andere Textbilder
- Mit Auswertung – so kommt die Fokussierung auf das Wesentliche zustande

Warum ist die Technik des »Schreibdenkens« gerade für Introvertierte wichtig? IT-Experten zum Beispiel sagt man nach, dass sie introvertiert seien ...

Ungefähr 30 bis 50 Prozent aller Menschen sind introvertiert. In Berufen, in denen viel allein gearbeitet wird, arbeiten oft Introvertierte, weil ihnen diese Tätigkeit entspricht. Das sind etwa Schreibberufe, IT-Berufe, aber auch Jobs in Verwaltungen, Steuerkanzleien und Behörden. Intro- und Extraversion gehören zu den am gründlichsten erforschten Aspekten der Persönlichkeitspsychologie. Die meisten Menschen tendieren in eine Richtung, auch wenn sie beide Züge in sich tragen. In unserer eher extravertierten Arbeitswelt liegt ein Teil des Potenzials Introvertierter brach. Integriert man zurückhaltendere Menschen nicht, so schadet das dem Unternehmen, es frustriert die Stillen und es enthält allen Beteiligten wichtige Impulse vor.

In unserer eher extravertierten Arbeitswelt liegt ein Teil des Potenzials Introvertierter brach

Dagegen können Introvertierte zum Wachstum des Unternehmens deutlich mehr beitragen, wenn sie gute Bedingungen vorfinden bzw. sich diese schaffen. Hier nenne ich kurz die wichtigsten Merkmale beider Charaktere:

Introvertierte:

- sind gerne mit sich allein oder mit wenigen vertrauten Menschen;
- brauchen für Lernen, Inspiration und Regeneration Ruhe, Rückzug und wenig Stimulation

- hören lieber zu anstatt selbst zu reden, in Gruppen halten sie sich eher zurück
- denken vor dem Reden erst gründlich nach und machen sich gern Notizen, um ihre Gedanken abzurufen. Sie schreiben oft lieber, als dass sie reden, sie tippen eine E-Mail, anstatt zum Telefon zu greifen, sie schreiben lieber einen Artikel, als dass sie einen Vortrag vor 100 Leuten halten.

Extrovertierte:

- sind gern unter Menschen und in Gruppen; sie langweilen sich leicht mit sich allein
- benötigen für Lernen, Inspiration und Regeneration Anregung von außen und den Austausch mit anderen Menschen
- reden gerne und viel, dominieren häufig Gruppengespräche und damit Gruppenprozesse
- entwickeln Gedanken beim Sprechen weiter

In meinen Seminaren und Vorträgen, aber auch im Coaching erlebe ich immer wieder, wie stille Menschen aufblühen, wenn ihren Bedürfnissen entsprochen wird – mit einer ruhigen Atmosphäre, mit Momenten des Innehaltens, mit Einzelarbeitsphasen und eben mit Methoden des Schreibdenkens, die das innenorientierte Reflektieren fördern. Schreibdenken ist eine hervorragende Methode, um introvertierten Menschen mit ihren Stärken zu entsprechen. Sie brauchen Zeiten ohne Input, in denen sie für sich allein nachdenken können, in denen sie sich vor überraschenden Ansprachen sicher fühlen und in denen berechenbare Abläufe Orientierung geben.

Wie könnten IT-Experten oder Manager und Führungskräfte »schreibdenken«? Und in welchen Situationen sollten sie diese Technik anwenden?

Schreibdenken ist tatsächlich auch für Führungskräfte bestens geeignet. Man kann sich damit im Arbeitsalltag kurz einmal nach innen orientieren, zu sich und zu seinen eigenen Gedanken finden. Eine andere Form des Denkens setzt ein – und damit können auch andere Ideen und Denkperspektiven entstehen. Das Schreibdenken hilft dabei, die Außenwelt auszublenden, weil es per se eine Tätigkeit ist, bei der man sich an der eigenen Innenwelt orientieren muss.

Dazu ein Beispiel: Ein introvertierter IT-Mitarbeiter arbeitet mit zwei extravertierten Kollegen zusammen in einem Büro. Die Kollegen halten gern mal einen kurzen Plausch, sie tauschen sich über schwierige Fragen aus, die im Arbeitskontext entstehen und kommen so auf neue Lösungen. Es ist also viel los in dem Büro, es ist oft laut, weitere Kollegen kommen vorbei und es wird telefoniert. Unser IT-Mitarbeiter fühlt sich davon oft gestört und wünscht sich mehr Ruhe, auch wenn er seine Kollegen mag. In Meetings gelingt es ihm oft nur schwer, seine guten Ideen, sein Wissen und seine Kompetenzen einzubringen: Seine Kollegen sind schneller mit ihren Wortmeldungen, diskutieren lebhaft und beziehen ihn nicht mit ein. Er ärgert sich dann über sich selbst – und über die anderen. Dann zieht er sich immer mehr zurück.

Mit Hilfe der Methoden des Schreibdenkens nutzt er inzwischen die ruhigen Morgenstunden für anspruchsvolle Denk- und Entwicklungsarbeiten. Er schreibt jeden Morgen einen Fokussprint – eine Basistechnik des Schreibdenkens. Nach dem Mittagessen, während der Zeit des Leistungstiefs, denkt er schreibend mit wechselnden assoziativen Schreibdenktechniken über Probleme in seinen IT-Projekten nach, manchmal setzt er dafür auch Kopfhörer auf und hört ruhige Musik.

Hinweis

Beim Fokussprint schreiben Sie zu einem selbst gewählten Thema schnell und ohne den Stift abzusetzen etwa fünf Minuten – ohne Zensur.

Welche Probleme entfallen damit automatisch?

Mit Schreibdenken kann man mitten im Arbeitsalltag kurz aussteigen aus der extravertierten Kommunikation. Man hält inne, legt eine Pause ein. Man regeneriert und dafür brauchen Introvertierte das Alleinsein. Man tut dabei etwas, sendet also das Signal, beschäftigt zu sein – das ist leichter, als wenn jemand im Bürosessel sitzt und die Augen schließt. Viele Introvertierte erzählen mir auch, dass sie mit Schreibdenken eine gute Möglichkeit gefunden haben, ihre Gedanken zu ordnen, etwa nach einer Sitzung oder einer Veranstaltung mit vielen Teilnehmern. Sie entwickeln neue Ideen nun mal weniger im Gespräch, sondern eher mit sich allein. In Gruppengesprächen, also etwa in Meetings, können fünfminütige Schreibdenkeinheiten dabei helfen, alle auf denselben Stand des Denkens zu bringen. Denn wie oben beschrieben: Introvertierte brauchen oft länger, um vorhandenes, aber implizites Wissen auszuformulieren.

Was ist einer Ihrer Lieblingstipps?
Schreibdenken Sie täglich – nicht nur einmal alle zwei Wochen. Gerade die tägliche Schreibhandlung führt in einen immer tieferen, neuartigen Denkprozess. Das Denken beim Schreiben hat eine ganz andere Qualität als das Denken im Kopf ohne Hilfsmittel oder im Gespräch. Deshalb empfehle ich meinen Klienten und Seminar-/Vortragsteilnehmern, täglich fünf Minuten zu schreiben und so das Schreibdenken zur festen, denk- und regenerationsfördernden Routine werden zu lassen. Ich habe dafür verschiedene Notizstrategien entwickelt. Mein Favorit ist der »Rote Faden«, bei dem Sie mit Kernsätzen einen zweiten fokussierten Schreibdenkfaden spinnen: Teilen Sie den untersten Teil einer Seite durch eine Linie ab beziehungsweise nutzen Sie am Computer eine größere Schrift oder eine andere Möglichkeit der Hervorhebung.

Die tägliche Schreibhandlung führt in einen immer tieferen, neuartigen Denkprozess

Schreiben Sie für die jeweilige Seite einen zusammenfassenden Kernsatz, der das Wichtigste der gerade geschriebenen Seite auf den Punkt bringt. Der Nutzen dieser Kernsätze: Wenn Sie Ihre Aufzeichnungen später noch einmal durchlesen, so sehen Sie auf den ersten Blick, was das Wichtigste auf jeder Seite war. Hilfreich ist das insbesondere, wenn Sie sehr viel Text schreiben. Kaum jemand würde sich diese Textmenge wohl später noch einmal komplett durchlesen. Ein weiterer Nutzen: Sie werden dazu angehalten, Ihre eigenen Gedanken abschließend noch einmal auf den Punkt zu bringen. Mit der Zeit fällt es Ihnen immer leichter, prägnant das Wesentliche zu formulieren.

Wie lange dauerte es, bis Sie von Ihrem doch so neuartigen Beruf leben konnten?

In der ersten Phase bin ich zweigleisig gefahren und habe neben meiner Festanstellung in den Berliner Krisendiensten das Schreibcoaching als zweiten Schwerpunkt freiberuflich verfolgt. In der zweiten Phase bin ich als Unternehmerin noch einmal ganz anders durchgestartet. Die guten Kontakte und mein bereits bestehendes Netzwerk waren für den Erfolg der Gründung eine wichtige Basis.

Wie gut läuft es finanziell? Können Sie vollmundig sagen: »Ja, davon kann man gut leben!« Unter welchen Bedingungen?

Ich kann gut davon leben. Aber wie gesagt: Ich habe mir im Laufe von 15 Jahren mit verschiedensten Aktivitäten einen Expertenstatus aufgebaut, der die Grundlage für diesen Erfolg ist. Wesentlich waren dafür meine sechs Bücher, drei davon sind Ratgeber zum Thema »Berufliches/wissenschaftliches Schreiben« und »Schreibdenken«. Darüber hinaus war meine Präsenz in den Medien ausschlaggebend, zudem weitere Publikationen und vor allem meine Alleinstellung mit der psychologischen Orientierung beim Schreibcoaching. Und ich habe eigene Konzepte wie etwa das »Schreibdenken« entwickelt und dazu publiziert.

Einen anderen Punkt sehe ich als sehr wichtig für meine Arbeit an: Ich bin nicht nur Schreibcoach. Ich unterstütze auch Menschen, die sich mehr auf das Wesentliche im Leben fokussieren und mit mehr Schaffensfreude arbeiten und leben wollen. Und ich bin Rednerin: Ich halte Vorträge, Keynotes, Impulsvorträge in Unternehmen, auf

Kongressen, in Hochschulen, bei Mitarbeiterversammlungen, Tagungen, Kick-off-Events oder auch in öffentlichen Veranstaltungshäusern. Mein aktueller Vortrag lautet »Schaffensfreude« – er ist die Konsequenz aus den vielen Jahren Schreibcoaching-Erfahrung. Die Mischung aus Autoren-, Redner- und Coachingtätigkeit ist es, die meine Arbeit so abwechslungsreich macht, die mich auf der Seite der Schaffensfreude bleiben lässt und die mir immer neue Impulse für den jeweils anderen Bereich gibt. Diese Arbeit wird nie langweilig, ich suche mir ständig neue Herausforderungen. Und davon profitieren meine Coachingklienten.

•••

Wie man zu einer »Marke« wird

Am Beispiel von Ulrike Scheuermann wird deutlich, wie abwechslungsreich und herausfordernd ein Schreib-Beruf sein kann. Und es zeigt sich klar, wie man einen neuen Beruf etablieren und wie sehr man von strategisch geplanter Positionierung profitieren kann. Begonnen hat sie als Psychologin. Bekannt ist sie als Autorin und als Coach. Und ihr Expertenstatus verhilft ihr zu gut bezahlten Auftritten als Rednerin.

Es zeigt sich, dass es der Expertenstatus ist, der Selbstständige zur »Marke« und damit erfolgreich werden lässt. Doch es sind noch andere strategische Gesichtspunkte wichtig.

Schritt um Schritt

Es wird angehenden Schreibberatern/Schreibberaterinnen und -coaches oft geraten, nicht gleich aus ihrem Grundberuf auszusteigen, sondern den neuen Beruf erst Schritt um Schritt aufzubauen. Das hat Ulrike Scheuermann getan. Sie hat sich Zeit gelassen, ist zunächst zweigleisig gefahren, indem sie weiterhin in ihrem Beruf als Psychologin gearbeitet hat. Als es dann lief, startete sie in der zweiten Phase der Selbstständigkeit als Unternehmerin »richtig« durch.

Hinweis

Ein kluger Schachzug, erst nach und nach in das neue Berufsfeld überzugehen. Es zeigt auch, dass viele Selbstständige gut damit fahren, nicht nur ein Standbein zu haben, sondern auf mehrere zu setzen. Das bringt Synergien, denn eine Tätigkeit (als Rednerin) hilft, die andere (als Schreibcoach) bekannt zu machen.

Ihre Professionalität spiegelt sich auch in ihren Werbematerialien wider: vom Internet-Auftritt über die Flyer zum Schreibkurs bis hin zur Einladung zu den Workshops ist alles in einem kundenfreundlichen Corporate Design gestaltet. Die Texte sind ansprechend und leicht verständlich geschrieben und klar strukturiert. Eine hochwertige und ansprechende Visitenkarte, die für ihre Qualität als Schreib-coach spricht. Um als »Marke« bekannt zu werden, gehört eben nicht nur das Fachwissen dazu, sondern der öffentliche Auftritt insgesamt.

Was brauchen Schreibcoaching-Klienten und wonach suchen sie?

Über die Qualität der Ausbildung, das Standing als Autor, die Medi-enpräsenz, Referenzen und Empfehlungen bemühen sich Schreib-coaches, Kunden für sich zu gewinnen. All das spielt eine Rolle, damit ein Schreibender für sich entscheiden kann, ob er dem Coach ver-trauen kann: Geprüft wird, wie glaubwürdig, wie überzeugend oder wie sympathisch der Coach ist und ob er dem Klienten, der Klientin bei seinem Anliegen helfen oder sie unterstützen kann. An dieser Stelle sind es neben den schriftlichen Aussagen auch noch visuelle Medien wie ein Foto oder ein Imagefilm bei YouTube, die hier Ant-wort geben können. Nur wenn sich der potenzielle Coachee angezo-gen fühlt, wird er den Kontakt aufnehmen und nach Details fragen. Ein Schreibklient will sicher sein, dass er respektvoll und auf Augen-höhe behandelt wird. Das gilt insbesondere für Belletristik, aber auch Autoren von Sachbüchern suchen unter Umständen nicht nur pro-fessionellen Rat, sondern auch persönliche Zuwendung.

Beim Schreiben geht es nicht nur um Worte, sondern immer auch um die ganze Person. Manchmal rührt das Schreiben und/oder das Besprechen der Texte auch an persönlichen Erfahrungen, die emo-tional aufgeladen sein können. Und deshalb brauchen Schreibcoa-ches hierfür spezielle Ausbildungen, damit sie über passende Methoden für die Arbeit mit den Klienten verfügen. Denn manche Interventionen müssen im Schreibberatungsprozess über klassi-sche Schreibdidaktik und Schreibcoaching hinausgehen, wenn sie sinnvoll greifen sollen. Dies betont auch Ulrike Scheuermann und antwortet auf dieses Bedürfnis ihrer Kunden mit ihrer psychologi-schen Ausbildung und eigens dafür entwickelten Ansätzen. Viele Ansätze und Methoden im Schreibcoaching arbeiten mit der bewussten und unbewussten »Macht der Worte« und sind daher ein kraftvolles Instrumentarium. Sie können Prozesse auslösen, deren Wirkung nicht immer vorhersagbar ist. Umso besser, wenn der Schreibcoaching-Klient es dann mit einem psychologisch geschulten Coach zu tun hat.

Was müssen potenzielle Schreibcoaches wissen?

Wer nur einen kurzen Atem hat, wird wahrscheinlich keinen Erfolg haben: Es dauert seine Zeit, bis man sich als professioneller Schreibcoach etablieren kann, denn immer noch ist Schreibcoaching ein Nischenberuf, auch wenn er in den letzten zehn, 15 Jahren an Bekanntheit und Renommee gewonnen hat, nicht zuletzt durch die gute PR und die Publikationen engagierter Schreibcoaches und -berater.

Ausbildung zum Schreibcoach

Mittlerweile hat der Beruf des Schreibcoaches zumindest im wissenschaftlichen Kontext einen Bekanntheitsgrad. Und je bekannter der Beruf wird, desto schneller wird es gelingen, ihn auch in anderen Bereichen zu etablieren.

- Gerade erschienen zum Thema: Ella Grieshammer, Franziska Liebetanz, Nora Peters, Jana Zegenhagen: »Zukunftsmodell Schreibberatung«. Eine Anleitung zur Begleitung von Schreibenden im Studium. Hier sind auch Ausbildungswege genannt, u.a. Dr. Gerd Bräuer, Schreibdidaktiker, ist spezialisiert auf die Ausbildung von Schreibberatern und Schreibberaterinnen vor allem im schul- und hochschuldidaktischen Umfeld und die Begleitung von Schreib(lese)zentren (*www.literacy-management.de*).
- Seit Neuestem gibt es auch an der Viadrina Universität Frankfurt/Oder ein »Hochschulzertifikat Schreibzentrumsarbeit und Literacy Management«, siehe
  www.europa-uni.de/de/campus/hilfen/schreibzentrum/Angebote/ fuer_Externe/Zertifikat/Team_Zertifikatsweiterbildung.html
- Ein **Fernstudium zum Schreibberater/-in** mit einem berufsfeldorientierten Zertifikat bietet das Freiburger Schreibzentrum in

Zusammenarbeit mit der Akademie für wissenschaftliche Weiterbildung an der PH Freiburg an.

- Das Ausbildungsprogramm wird für Studierende der PH Freiburg als **Präsenzstudium** und für alle anderen Interessierten als Fernstudium angeboten. Es wird eine internetgestützte Lernplattform genutzt. Siehe als PDF-Download *www.ph-freiburg.de/fileadmin/dateien/zentral/schreibzentrum/typo3content/Lehre_SS2012/Flyer_neu.pdf*
- Wer sich zum Coach berufen fühlt und aus einem passenden Beruf kommt, findet auch im **Masterstudiengang Biografisches und Kreatives Schreiben** an der ASH Alice-Salomon-Hochschule (*www.ash-berlin.eu/studienangebot/weiterbildende-masterstudiengaenge/biografisches-und-kreatives-schreiben/willkommen/*) eine umfassende Ausbildung.
- Auch in Hamburg gibt es eine Möglichkeit zur Weiterbildung: 2011 wurde das Institut Schreibweise-Hamburg von Petra Rechenberg-Winter, Erziehungswissenschaftlerin und Psychologin, und Renate Haußmann, Sozialwissenschaftlerin, beide Master of Arts (Biografical and Creative Writing) gegründet. Menschen, die die Wirkkraft des kreativen Schreibens für ihre Persönlichkeitsentwicklung, Karriereentwicklung oder Unternehmensentwicklung nutzen wollen, können am Institut qualifizierte Abschlüsse in Schreibgruppenleitung, Schreibcoaching und Poesietherapie erwerben. *www.schreibweise-hamburg.de*

Bücher zum Thema von Ulrike Scheuermann:

- Wer reden kann, macht Eindruck – wer schreiben kann, macht Karriere. Das Schreibfitnessprogramm für mehr Erfolg im Job. 2., aktualisierte Auflage, Linde 2013.
- Schreibdenken. Schreiben als Denk- und Lernwerkzeug nutzen und vermitteln. Barbara Budrich/UTB 2012.
- Die Schreibfitness-Mappe. 60 Checklisten, Beispiele und Übungen für alle, die beruflich schreiben. Linde 2011.
- Das Leben wartet nicht. 7 Schritte zum Wesentlichen. Knaur 2011.

| KAPITEL 16 |

Schreibtherapie

Die Macht der heilsamen Worte

Alexander Graeff, Philosoph und Dozent für Kreatives Schreiben

Schreiben ist eine der ältesten Therapieformen der Menschheit: Schon immer haben die Menschen versucht, seelische und körperliche Krisen durch Schreiben zu meistern. Beim Schreiben tritt man in einen intensiven Dialog mit sich selbst und seinem Unbewussten. Man erfährt mehr über sich und die Hintergründe der eigenen Lebensgeschichte, man kann sich seine Sorgen, Nöte und Ängste von der Seele schreiben. Papier kritisiert nicht – Schreiben eröffnet die Möglichkeit, ohne Angst seine innersten Gefühle auszudrücken. Man kann sein Leben analysieren und ihm eine neue Richtung geben, Kränkungen und Verletzungen aufspüren und sie schreibend verarbeiten.

Webseite: *www.iek-berlin.de*
Kontakt: *info@iek-online.de*

Interview mit Alexander Graeff

Alexander Graeff ist Schriftsteller und Philosoph und bevorzugt Literaturmischformen, Text-Bild-Transformationen sowie transdisziplinäres Arbeiten. Ergebnisse seiner Schöpfungsprozesse sind gleichermaßen philosophische sowie belletristische Texte. In seine Arbeit als Dozent für Kreatives Schreiben am IEK Institut für Entspannungstechniken und Kommunikation in Berlin und Braunschweig fließt viel von seinem philosophischen Hintergrund ein und spiegelt sich in seinem eigenen Ansatz zur Ausbildung von Schreibtherapeuten wider. Alexander Graeff studierte Wirtschafts-, Ingenieur-, Erziehungswissenschaften und Philosophie und promovierte im Bereich ästhetische Bildung, Bildungstheorie und -geschichte sowie Kunstpädagogik über Wassily Kandinsky als Pädagoge.

Sie sind als Dozent am IEK Institut für Entspannungstechniken und Kommunikation Berlin für die Ausbildungen zum Seminarleiter/zur Seminarleiterin für Kreatives Schreiben sowie für die poesiepädagogischen Module im Rahmen der Schreibtherapeuten-Ausbildung zuständig. Was lehren Sie in diesen Ausbildungen?

Ich unterrichte am IEK – in Berlin und Braunschweig – Kreatives Schreiben. Im Rahmen meiner erwachsenenbildenden Ausrichtung als Dozent stelle ich es als kreatives Werkzeug der Selbsterfahrung im Rahmen von Poesiepädagogik und Schreibtherapie vor. Ich verwende bewusst den Begriff »Poesiepädagogik«, weil »Pädagogik« mit »Schreib« vornedran in der Regel etwas anderes bedeutet, nämlich das (Schul-)Schreibenlernen. In meinen Ausbildungskursen geht es aber gerade um eine vom Schulschreiben entlastete und entlastende Methode, deshalb heißt es auch Kreatives Schreiben. Im Kontext Künstlerischer Therapien rund ums Schreiben favorisiere ich dagegen »Schreibtherapie«, da so mehr die kulturell vorgegebenen Ansprüche und Erwartungen, die man mit »Poesie« verbindet, in der Bezeichnung geschwächt werden; der Fokus soll ja auf dem Prozess des Schreibens liegen.

Interview mit Alexander Graeff

Hinweis

Ausbildung zum Seminarleiter/zur Seminarleiterin für Kreatives Schreiben: Das IEK Berlin beschreibt die Ausbildung so: »Ziel ist es, einen prägnanten Überblick über die praktischen und theoretischen Anleitungsmodalitäten einer Schreibgruppe bzw. Schreibwerkstatt zu erhalten sowie sich mit Schreibstimuli, Schreibtechniken, Überarbeitungstechniken, Textdeutung, aber auch Schreibblockaden und -hindernissen auseinanderzusetzen. In gemeinsamer Gruppenarbeit werden die Kompetenzen eines/r Seminarleiters/in für Kreatives Schreiben ausgebildet und ein persönlicher Fokus gefunden.«
Ziel der Ausbildung zum Schreibtherapeuten ist laut IEK: »Der Kurs befähigt die Teilnehmer(innen) dazu, die Methoden der Schreibtherapie und Schreibpädagogik anzuwenden, und zeigt ihre Möglichkeiten und Grenzen. Zusätzlich werden die theoretischen Hintergründe der Schreibtherapie vermittelt. Die Teilnehmer(innen) entwickeln die literarische, kommunikative, methodische und didaktische Kompetenz, um Gruppen und Einzelpersonen in ihrem Schreibprozess zu begleiten und zu fördern, Schreibgruppen und -workshops zu leiten.«

Woraus leitet sich die Schreibtherapie ab, welche Schulen begründen sie?

Es gibt zahlreiche Schulen, Ansätze und Ursprünge der Schreibtherapie. Mein eigenes Konzept basiert auf der Poesiepädagogik nach Lutz von Werder und einigen bildungsästhetischen und kunstpädagogischen Anleihen. Wesentliches Modell und didaktisches Stellwerk für Schreibspiele, wie ich sie im Rahmen der IEK-Ausbildungen lehre, ist Friedrich Schillers Vorstellung des Verhältnisses zwischen Stoff- und Formtrieb, das durch den Spieltrieb harmonisiert werden soll (*siehe dazu die Frage im hinteren Teil des Interviews*).

Mein eigenes Konzept basiert auf der Poesiepädagogik nach Lutz von Werder und einigen bildungsästhetischen und kunstpädagogischen Anleihen

Hinzu kommt noch ein bisschen Allgemeine Pädagogik, ein bisschen Kunsttherapie, ein bisschen Psychologie der Gruppe, ein bisschen praktische Subjektphilosophie und sicher sind auch existenzialistische und konstruktivistische Einflüsse bei mir spürbar.

Warum »funktioniert« Schreibtherapie?

Ich glaube nicht, dass sie funktioniert. Die Anführungszeichen um dieses Verb machen das Verb selbst nicht besser. Man fühlt sich auch mit ihnen an eine Maschine erinnert. Ich finde, man muss im Kontext von Arbeit mit Menschen andere Verben benutzen, weil »Funktion« und »funktionieren« nicht das abbilden, was wirklich »im Feld« passiert. Schreibtherapie wird angewendet, weil sie eine praktische Methode darstellt, im Menschen durch Differenzerfahrung Änderungsprozesse auszulösen (ich hätte fast »in Gang setzen« gesagt. Die Maschine ist unglaublich stark in unseren Köpfen!). Es gehört zu den grundlegenden Erfahrungen des Menschen, dass, wenn er der Welt begegnet, er ihr ohnmächtig gegenüber werden kann. Vom Wenden substanzieller und existenzieller Nöte bis hin zu komplexen, kulturellen Leistungen im Sinne einer besseren und schöneren Welt, immer ist es der unbändige Drang des Menschen, souverän gegenüber dieser, ihm unglaublich groß erscheinenden Welt zu werden. Die Grundvoraussetzung hierfür ist aber die anfängliche Ohnmacht, die Krise, das Gefühl des Noch-Nicht-Könnens oder des Noch-Nicht-Wissens. Die Ohnmacht treibt uns an! Im Endeffekt ist dies der Ursprung jeder Entwicklung und ein zentrales Motiv der Schreibtherapie, die dabei als »Entwicklungshilfe« agiert.

Das Angebot des Schreibspiels ist also die therapeutische Intervention? Können Sie bitte ein Beispiel nennen?

Das Schreibspiel kann therapeutische Intervention sein. Dann, wenn eine innere Schwierigkeit zum Beispiel im äußeren Prozess des Schreibens durchgespielt wird, der Spielende an die Grenzen seiner vorherigen, alltagsgebundenen Selbstempfindung stößt und im besonderen Moment der Selbsterfahrung während des Schreibens möglicherweise auf andere, neue Deutungsvarianten seines

Selbst trifft, in dem er die Grenzen überschreitet. Schreibspiele zum Beispiel, die mit dem Wechsel von Personalpronomen operieren, tragen zu einem Perspektivenwechsel bei und erweitern die »einfache« Sichtweise enorm.

Das Spiel ist gekennzeichnet durch Freiwilligkeit und Freiheit

Im therapeutischen Kontext wäre auch der Begriff des Abarbeitens angebracht, ich vermeide das aber, nutze konsequent den Spiel-Ansatz und verwende »durchspielen«. Das Spiel ist gekennzeichnet durch Freiwilligkeit und Freiheit. Das erachte ich als sehr wichtigen Punkt. In beiden Anwendungsfällen – in der Erwachsenenbildung und in der Künstlerischen Therapie – sind diese Kennzeichen für mich elementar. Therapie ist somit ausschließlich Hilfe zur Selbsthilfe. Ich gehe, trotz aller Schwierigkeiten, die die Subjekte (mit Welt) haben können, immer von ihrer grundlegenden Autonomie aus.

Wie hilft Schreibtherapie bei den kreativen Suchprozessen?
Jede Selbsterfahrung ermöglicht ein tieferes bzw. breiteres Empfinden der eigenen Person. Das kann auch mit dem Schreiben erreicht werden. Schrift und Schreiben bezeugen selbst ein Harmonieverhältnis. Wir haben normative Regeln der Schrift, das digitale Zeichensystem »Lateinisches Alphabet« usw. und den je individuellen, kreativen Ausdruck damit. Da kommt beides zusammen: Die Leidenschaft gegossen in ein flexibles Reglement. Wenn ich mich damit befasse, kann ich diesen Harmoniezustand auf mich selbst übertragen. Das äußere Setting – das Schreibspiel – balanciert mein inneres Verhältnis zwischen Stoff- und Formtrieb aus. Wenn ich dann in Harmonie bin, finde ich, was ich zuvor suchte; wobei ich ungern vom Finden spreche, denn es gibt nichts unabhängig und außerhalb von uns, das wir nicht selbst erzeugt hätten: Probleme, Verluste, Krisen, Entscheidungen, Lösungen. Ich bin zu sehr Konstruktivist, um annehmen zu wollen, dass man Lösungen auf Pro-

bleme irgendwo finden könnte, man löst Probleme. In der Begegnung mit Welt erschafft man Welt, man findet nichts in Welt. Jeder Suchprozess entpuppt sich vor diesem Hintergrund als ein Gestaltungsprozess.

Was hat es mit Stoff- und Formtrieb auf sich?

Schiller hat in seinen Briefen zur ästhetischen Erziehung des Menschen (1793) ein ganz einfaches und intuitives anthropologisches Modell entwickelt. Dieses besagt, dass immer zwei Triebe im Menschen walten: der Stofftrieb und der Formtrieb. Der Stofftrieb symbolisiert das satte Leben, die Leidenschaften, auch das Chaos. Der stofftriebige Mensch, so Schiller, trifft seine Entscheidungen allein aufgrund von Gefühlen und Instinkten. Der Formtrieb dagegen muss sich erst im Laufe des Lebens entwickeln, er begründet den Willen zur Kultur, der rationale Ordnung ins emotionale Chaos bringen soll. Der formtriebige Mensch handelt im Sinne der Vernunft, und die ermöglicht erst in Gestalt von Normen und Gesetzen ein Zusammenleben mit anderen, weitestgehend aber ohne persönliche Intentionen und Empfindungen zu berücksichtigen.

Diese beiden Grundtriebe herrschen in jedem Menschen im Modus eines Spannungsverhältnisses. Nur ein utopischer Mensch, sagt Schiller, vermag diese beiden Triebe zu harmonisieren. Die Kunst ermöglicht nun das Spiel mit dieser idealen Figur, indem sie einen dritten Trieb, den Spieltrieb, aktiviert. Dieser nämlich vermag sozusagen von außen das innere Ungleichgewicht aus Stoff- und Formtrieb auszubalancieren, damit sich der Mensch weder durch reine Vernunft leiten lässt, die ihn zum Sklaven der Norm macht, noch durch seine Gefühle und Instinkte allein, die ihn egoistisch und egozentrisch werden lassen würden. Dieses Modell wende ich auf die Didaktik einer Schreibgruppeneinheit an. Diese Schreibgruppeneinheit nenne ich dann auch Schreibspiel in Anlehnung an den Spieltrieb, der durch das von außen intendierte Schreibsetting erzeugt wird, um idealerweise den Schreibenden während des Schreibens in den besagten Harmoniezustand zu führen. »Didaktik« ist an der Stelle vielleicht ein zu großes Wort, aber im Endeffekt versuche ich, mit der Zusammenführung von Schillers Modell und dem Kreativen Schreiben auch die Frage nach dem Wie des poesie-pädagogischen bzw. schreibtherapeutischen Settings, neben dem Was, zu beantworten.

Welchen Hintergrund haben Sie als Dozent?

Ich schreibe seit längerer Zeit philosophische und belletristische Texte. Die Arbeit mit Literatur und Philosophie erfüllte mich aber nicht, ich wollte auch mit Menschen arbeiten. Ich hatte schon früh diese Neigung. Nach einigen beruflichen Umwegen studierte ich schließlich Philosophie und Erziehungswissenschaften. Neben meiner Ausbilder-tätigkeit am IEK lehre ich nun Pädagogik und Ästhetik im universitä-ren Kontext, halte aber auch Vorträge und gebe Lesungen.

Welche Rolle spielt die Philosophie für Ihre Tätigkeit als Dozent?

Ich begreife die Arbeit mit Menschen als praktische Philosophie. Mein pädagogisches Handeln verstehe ich als konsequente Umset-zung meiner Philosophie. Ich trenne als geisteswissenschaftlicher Pädagoge mein Tun also nicht von der Philosophie, die für mich in Gestalt von Subjektphilosophie, Existenzphilosophie, Konstruktivis-mus und auch Theorien zur Lebenskunst deutlich wird. Entschei-dende Parameter meiner philosophischen Überzeugungen sind »Selbst« und »Entwicklung«; hieran wird deutlich, wie nahe ich damit auch den Kernfragen der Psychologie und Therapie, der All-gemeinen Pädagogik und natürlich der Selbsterfahrung komme.

Das IEK bietet ein 14-tägiges Intensivseminar an, das zum Schreibtherapeuten/zur Schreibtherapeutin ausbilden soll. Genügt diese Zeit, um »fertige« Therapeuten auszubilden?

Gegenfrage: Kann man als Therapeut je »fertig« sein? Ich denke nicht. Eine Ausbildung am IEK, egal ob intensiv- oder berufsbe-gleitend, kann nur eine Intention verfolgen: den Weg der Professi-onalisierung zeigen. Professionalisieren muss man sich dann selbst. Die Ausbildung am IEK ist ein Angebot, in eine gewisse

Richtung zu denken, die richtigen Fragen zu stellen und das grundlegende Problem der Komplexität von Welt und Selbst kennen zu lernen. Wir leben in einer komplexen Welt, es gibt keine schnell zu lernenden Rezepte für professionelles Handeln an Welt. Vor allem wenn man mit Menschen arbeitet. Im Grunde gibt es nur eins, was jeder Weg der Professionalisierung bereitstellen muss: zeigen, dass es keine einfachen, linearen, partikularen und allgemeingültigen Verfahren, Lösungen, Methoden usw. gibt. Die Professionalisierung besteht heute gerade darin, sich in Pluralismus und Vagheit des zwischenmenschlichen Bereichs zurechtfinden zu können. Mehr, aber auch nicht weniger, bedeutet eine therapeutische Ausbildung am IEK.

In der Ausschreibung wird davon gesprochen, dass diese Schreibtherapeuten als »Co« mit einem Psychotherapeuten arbeiten könnten – ergibt sich das in der Praxis?
Ja, nicht wenige Kunsttherapeuten arbeiten im klinischen Bereich mit Psychotherapeuten, manchmal auch Psychiatern zusammen. Schreibtherapie als Teilbereich Künstlerischer Therapien schließt das nicht aus.

Wo liegen die Berufsfelder künftiger Schreibtherapeuten?
Ganz allgemein: überall dort, wo Menschen vor dem Hintergrund von Freiwilligkeit und Freiheit ihr Selbst spielerisch erfahren wollen. Dies, um zu lernen, mit Schwierigkeiten umzugehen oder um einfach nur mehr über sich herausfinden zu können. Ganz konkret: Wenn ich an die Teilnehmer und Teilnehmerinnen meiner Kurse denke, die mir nach ihrer Ausbildung gelegentlich zurückmelden, auf welchen Feldern sie tätig sind, kann ich eine – mehr atmosphärische – Liste mit bestimmten Einsatzorten nennen: Schreibgruppen für Biografiearbeit, Schreibgruppen in Frauenzentren, Schreibgruppen mit Krebskranken, Schreibgruppen im erlebnispädagogischen Bereich, Schreibgruppen mit so genannten »Hochbegabten«, Schreibgruppen in Seniorenheimen.

Mit welcher Motivation gehen die künftigen Therapeuten in die Ausbildung?

Meistens wollen sie bereits Bestehendes intensivieren und grundlegende Methoden der Therapie und Erwachsenenbildung kennen lernen.

Welchen Titel dürfen die beim IEK ausgebildeten Schreibtherapeuten tragen, womit dürfen sie werben?

Die dürfen sich Schreibtherapeuten oder Schreibtherapeutinnen nennen. Alles im Rahmen der Möglichkeiten und Grenzen Künstlerischer Therapien. Werben sollten sie mit dem, was sie können und anbieten wollen, in dieser Reihenfolge.

Woher kommen die Teilnehmer, welchen Hintergrund haben sie?

Die Teilnehmer und Teilnehmerinnen meiner Ausbildungskurse kommen aus dem gesamten Bundesgebiet, gelegentlich auch aus der Schweiz. Die Hintergründe sind unterschiedlich. Statistisch überwiegt eine akademische Vorbildung. Immer haben die Teilnehmenden einen persönlichen Hang zum Schreiben und zur Literatur und sind nicht selten auch involviert in bestehende Schreibprojekte. Auch wenn es neben dem Interesse an Therapie, Pädagogik und allgemein an Arbeit mit Menschen gelegentliche Ambitionen zur Schriftstellerei gibt, einen professionellen Schriftsteller für Belletristik – für Sachbücher gab es schon mal den einen oder anderen – hatte ich noch nie im Kurs.

Das passt für mich ganz gut zusammen, denn das, was ich in der Ausbildung mache, hat nichts mit professioneller Schriftstellerei zu tun, im Gegenteil: Ich grenze das Kreative Schreiben vom literarischen sogar scharf ab. Wenn ich dann und wann die Zeit finde, selbst Schreibgruppen zu leiten, beginne ich jede Gruppe mit den Worten: »Wir trennen uns jetzt von bereits vorher existierenden ästhetischen Urteilen genauso wie vom Glauben an die große Literatur unseres Volkes der Dichter und Denker. In dieser Schreibgruppe gibt es keine Bewertung, keine kulturelle Kommunikation, keine Vorbild-Schematisierung.«

Sie machen also einen klaren Schnitt zwischen literarischem und Kreativem Schreiben. Geht es bei beidem nicht auch um den Prozess?

Wenn ich spazieren gehe und wenn ich zur Arbeit gehe, gehe ich in beiden Fällen, benutze in der Regel meine Beine. Trotz dieser motorischen Gemeinsamkeit stellen beide Tätigkeiten doch einen im Kern völlig unterschiedlichen Prozess dar und verfolgen auch ein völlig unterschiedliches Ziel. Beim Spazierengehen mache ich mich ja frei von einem Ziel, einem Zweck. Der Zweck besteht darin, gerade spazieren zu gehen. Der Prozess verweist also auf einen Selbstzweck. Beim Gehen zur Arbeit ist das Gehen nur ein Tun im Modus des Umzu, nämlich um zur Arbeit zu kommen. Hier liegt der Zweck außerhalb des Gehens. Lange Rede, kurzer Sinn: Beim Kreativen Schreiben ist es genauso. Es geht nicht – wie beim literarischen Schreiben – um einen Zweck. Es geht um Selbstzweck.

Im Fokus steht nicht der Text, der als Ergebnis des Schreibprozesses als Ziel betrachtet werden kann, sondern der Prozess: das Schreiben. Selbsterfahrung ist nur während des Schreibens möglich. Natürlich kann auch der Text als Prozessspur oder -abbild für die Selbsterfahrung eine Rolle spielen, doch der Text ist nicht das primäre Ziel des Kreativen Schreibens. Literarisches Schreiben bringt eine Menge Ansprüche und Erwartungen an den Text mit, das sind alles potenzielle Hemmnisse für den Schreibenden. Hier wird der kulturelle Formtrieb deutlich: Vor allem bei einem »Volk der Dichter und Denker« kursiert oft die Meinung, dass nur die literarischen Genies entsprechende Werke zustande bringen könnten. Das Individuum ohne expliziten Zugang zu dieser ... Kulturseuche befindet sich dann oft im Zustand des Gehemmtseins. Man nennt das in der Poesiepädagogik »Schreibblockaden aufgrund von Themen- oder Formdominanz«, die eben durch die literarische Kultur zementiert werden. Ich kann kein entlastendes, spielerisches und im Hinblick auf diese Kulturseuche respektloses Setting inszenieren, wenn ich das literarische Schreiben zum Fokus meiner Schreibspiele mache. Das wäre kontraproduktiv.

Schwerpunkte, und gleichzeitig Zugänge zum Kreativen Schreiben, sind Spiel und Selbsterkenntnis

Ich verstehe unter dem Kreativen Schreiben vorrangig eine Entwicklungsarbeit am Selbst im Medium der Sprache und der Texte. Zuerst geht es mir um das Selbst, dann um den Text, der wiederum Symbol für das Selbst sein kann. Schwerpunkte, und gleichzeitig Zugänge zum Kreativen Schreiben in meinen Ausbildungen am IEK sind Spiel und Selbsterkenntnis; letzteres zwecks Bildungs- bzw. Heilungseffekt, was auf einen Selbstzweck verweist.

Sie selbst kennen sowohl das Schreiben innerhalb der literarischen Form als auch das Thema »Schreiben als Selbsterfahrung«. Könnte aus dem selbst-erfahrenden Schreiben nicht auch ein Produkt entstehen, eine Buchidee oder gar ein Buch?
Natürlich kann eine solche Idee entstehen. Man muss nur wissen, was man will. Die Vorstellung, bereits vor einer Selbsterfahrungsgruppe für Kreatives Schreiben diese Idee zu äußern, halte ich für kontraproduktiv. Die Teilnehmenden werden sich sofort – bewusst und/oder unbewusst – an die zahlreichen Bedingungen kultureller Kommunikation erinnern, die möglicherweise ein selbstreferenzielles Denken, Empfinden und Handeln verdecken. Es geht ums Selbst bei der Selbsterfahrung, nicht um die Erfahrung, die man macht, wenn man in Kommunikation mit Lesern und Verwertern tritt bei Veröffentlichung eines Buches. Wenn ich literarisch schreibe, weiß ich, dieser Text wird gewissen Ansprüchen genügen müssen.
Gerade wegen meiner Erfahrungen im Literaturbetrieb, mit Verlegern, Lektoren, bei Lesungen, Verlagsmarketing usw. weiß ich, dass hier Ansprüche erfüllt werden sollen, die mit Kreativem Schreiben

nichts zu tun haben. Ich denke hier nicht an Liebhaberprojekte, private Literaturzirkel oder irgendwelche Bezahlverlage, sondern an das bestehende Verlagswesen in Deutschland und den spezifischen Kultursektor »Literatur«. Und ich denke übrigens auch nicht, dass man mittels Kreativem Schreiben Schriftsteller »erziehen« könnte. Wer das glaubt, hat nicht verstanden, was Kunst und Literatur seit ihrem Wandel in der Moderne ausmacht. Einem professionellen Kulturschaffenden geht es ja eben um mehr als nur um das eigene Selbst, sondern um »größere« Fragestellungen. Und eben diese Größe, die das individuelle Subjekt in Gestalt der Literatur übersteigt, bringt natürlich Erwartungen und Ansprüche mit sich, die – ich wiederhole mich – eben bei der Selbsterfahrung hinderlich sind.

Was assoziieren Sie, wenn Sie »Die Macht der Worte« hören? Spielen Sie mit der »Macht der Worte«?

Ohne Sprache wären wir nicht zu komplexem Bewusstsein fähig. Mittels Sprache steht uns eine anthropologisch bedingte Möglichkeit zur Selbstreflexion zur Verfügung. Man könnte es noch schärfer formulieren: Unser Bewusstsein ist Sprache. Die Welt, die wir leben, besteht wesentlich darin, dass wir sprachliche Beschreibungen von sinnlich erfahrenen Phänomenen anfertigen. Das heißt, wir haben die Macht, Welt mittels Sprache zu gestalten – was wir auch tun, bewusst oder unbewusst. Die ethische Forderung, die sich nun hieran anknüpft, ist, dass wir uns gut überlegen müssen, wie wir die wahrgenommenen Phänomene sprachlich beschreiben, welche Inhalte wir wählen. Also, ja, ich spiele damit. Sich das bewusst machen zu können, ist beispielsweise eine mögliche Erkenntnis während des Kreativen Schreibens als Selbsterfahrung.

Was erhoffen Sie sich für die Zukunft?

Ich bin glücklich, wenn ich merke, dass meine Philosophie, die ich als explizit praktische Philosophie begreife, mit ihren theoretischen Implikationen auch in der Praxis anderer Menschen – etwa in der Pädagogik – etwas auslöst bzw. anderen etwas zeigen kann. Das ist im Grunde ein poetischer Zugang, kein philosophischer. Aber das

Interview mit Alexander Graeff | 265

sind zwei Bereiche, die ich integrativ betrachte. Poesie ist eine Form der Sprache, die nicht nur etwas sagt, sondern auch etwas zu zeigen imstande ist; dieses Etwas reflektiere ich mittels Philosophie und möchte eben beides in einem praktischen und intersubjektiven Feld begriffen wissen. Und konkret zur Frage nach Hoffnung – da kann ich nur sagen: Ich bemühe mich darum – wenn ich es wirklich will –, dass es eintritt. Ich hoffe nicht. Ich warte nicht. Ich suche nicht. Ich erschaffe. So halte ich es indes auch mit der Zukunft.

Veröffentlichungen von Alexander Graeff (Auswahl):

- Kinder bewegen – wie geht das? In: Schmid, Stefanie, »Kinder bewegen. Ein Beispiel aus der Praxis. Bd. 3.« Berlin: IEK Edition, 2012.
- Minkowskis Zitronen. Berlin: J. Frank, 2011.
- Über die Liebe. In: Amarque, T. / Markert, B. (Hg.), »Was ist Liebe? Eine integrale Anthologie über die Facetten der Liebe«, Hamburg: Phänomen, 2010.
- Dazwischen. Hamburg: Phänomen, 2009.
- Gedanken aus Schwerkraftland. 2. Aufl. Berlin: J. Frank, 2009.
- Ars Occulta. Leipzig: Bohmeier, 2007.
- Die Lebensreform. Bd. 1. Berlin: IEK Edition, 2005.

•••

Über die Schreibtherapie

Die Ausbildung zur Schreibtherapeutin/zum Schreibtherapeuten am Institut für Entspannungstechniken und Kommunikation wird von Alexander Graeff, Marjam Azemoun und Angelika Braun geleitet. Wir machen ein Buch über Schreibberufe, daher lag es nahe, dass wir das Interview mit Alexander Graeff geführt haben. Hier einige Informationen über die Teile der anderen Dozenten.

Autogenes Training

Die Diplom-Psychologin Angelika Braun unterrichtet Autogenes Training, das zur Schreibtherapeuten-Ausbildung dazugehört. Es ist ein sehr sinnvoller Zusatz, weil die Entspannung über das autogene Training in die Tiefe führt und Dinge aus dem Unbewussten nach oben bringt, die schreibend weiterverarbeitet werden können. Einer der Schwerpunkte von Angelika Braun in der Ausbildung ist es, zu verdeutlichen, wann Klienten weder für autogenes Training noch für die Schreibtherapie infrage kommen. Schreibtherapeutisch darf mit dieser Ausbildung nur »mit Gesunden« gearbeitet werden, der »Schreibtherapeut« trägt im Zusatz »außerhalb der Heilberufe«. Es sei denn, dass der Schreibtherapeut beim Gesundheitsamt die Prüfung zur Ausübung von Psychotherapie nach dem Heilpraktikergesetz abgelegt hat oder überhaupt über eine anerkannte psychotherapeutische Qualifikation verfügt. Nach der Ausbildung beim IEK darf die Bezeichnung »Schreibtherapeut« benutzt werden. Werben darf eine Schreibtherapeutin mit »schreibtherapeutischer Beratung«. Die genaue Begrifflichkeit ist deshalb so wichtig, weil schreibtherapeutische Interventionen erfahrungsgemäß stark wirken können und der Gesetzgeber sichergehen möchte, dass nichts im Prozess der Selbsterfahrung geschieht, das der Klient nicht bewältigen kann.

Vorbild in der Anwendung ist zum Beispiel Barbara Schulte-Steinicke, die in ihrem Buch »Autogenes Training und Kreatives Schreiben«, das schon 1997 beim Schibri-Verlag erschienen ist, gleich im Vorwort die vergleichsweise Abstinenz der europäischen psychotherapeutischen Fachwelt gegenüber der Psychodynamik des Schreibens und ihren potenziellen psychotherapeutischen Effekten beklagt; sie bedauert, dass wir in Deutschland es uns leisten, potenziell heilende Effekte zu ignorieren. Sie ist der Meinung, dass die traditionelle Psychotherapie »nahezu durchgehend von diesen psychotherapeutischen Effekten des Schreibens profitiert hat, leider oft genug, ohne sie zu benennen, und erst recht, ohne sie explizit zu betrachten, zu erforschen und dezidiert zu nutzen.«

Freud und Jung

Die Deutsch-Iranerin und interdisziplinär arbeitende Schauspielerin mit therapeutischer Ausbildung Marjam Azemoun lehrt die künftigen Schreibtherapeuten, therapeutische Gespräche zu führen und die Angst vor emotionalen Reaktionen der Klienten zu verlieren; es kommt vor, dass jemand beim Schreiben emotional so ergriffen ist, dass er oder sie zu weinen beginnt. »Das ist gut«, sagt Marjam Azemoun in der Ausbildung, »der Klient ist in Kontakt mit seinen Gefühlen und der Prozess beginnt.«

In ihrem Lehrprogramm findet sich sowohl Freud als auch Jung. Besonders die Selbsterfahrung beim Märchenschreiben bleiben den Teilnehmerinnen nachdrücklich im Gedächtnis – zumindest bei mir war es so. Ich habe von diesem Teil der Ausbildung stark profitiert, weil ich das Gefühl hatte, mit diesem Märchen in einigen wenigen Sessions meine Familiengeschichte aufzuarbeiten; zu klären, wo und warum ich heute hier stehe. Es war befreiend und hat enorm gut getan; eine alte Last fiel ab und ich fühlte mich befreit, neue Themen anzugehen – mit dem Wissen um die alten Themen im Gepäck, aber nun bewusst und geklärt ... Ich erzähle hier von mir, weil ich glaube, dass das ganz individuelle Klären von Themen und Entlasten typisch für das Wirken der Schreibtherapie ist.

Wo wird Schreibtherapie eingesetzt?

Wie Alexander Graeff sagt, kann Schreibtherapie in Schreibgruppen für Biografiearbeit, Schreibgruppen in Frauenzentren, Schreibgruppen mit Krebskranken, Schreibgruppen im erlebnispädagogischen Bereich, Schreibgruppen mit so genannten »Hochbegabten«, Schreibgruppen in Seniorenheimen stattfinden; überall, wo es um Entwicklung des Selbst oder Klärung bestimmter Fragen geht. Aber auch in Einzelarbeit: Seit meine Klienten in der Schreibberatung wissen, dass ich über eine schreibtherapeutische Ausbildung verfüge, kommt es immer häufiger vor, dass im Gespräch über Schreibdidaktik, Bücher-Produktion und Schreibhemmung auf einmal ein persönliches Thema nach oben drängt und im Vordergrund steht. Auch beim literarischen Schreiben müssen Krisen bewältigt werden; eine Schreibhemmung kann eine solche Krise sein, die tiefer liegende Ursachen hat, als es an der Oberfläche scheint.

In dem Zusammenhang »Selbsterfahrungstexte versus Literatur« haben Alexander Graeff und ich uns konstruktiv auseinandergesetzt; Alexanders Haltung: »Ich trenne Kreatives Schreiben und Literatur, weil ich der Überzeugung bin, dass beim Kreativen Schreiben und vor allem in der Schreibtherapie am Selbst gearbeitet (bzw. gespielt) werden soll und nicht vor dem Sein die Rolle eines spezifischen Soseins Thema ist« kann ich gut nachvollziehen, aber wie im oben angeführten Fall kann die Schreibhemmung die Krise sein – und da mischen sich die Ebenen in der Praxis und lassen sich schwer auseinanderhalten.

Silke Heimes schreibt in ihrem 2010 erschienenen Buch »Künstlerische Therapien«: »In einer Krise sind kreative Fähigkeiten gefragt, die ungewohnte Perspektiven eröffnen und helfen, Lösungsstrategien zu entwickeln. Dafür bedürfen sowohl der Hilfesuchende als auch der Hilfegewährende kreativer Fähigkeiten, um gemeinsam Konzepte und Visionen zu entwickeln, Schritte zu planen und diese probeweise zu gehen. Nur durch den Einsatz kreativer Fähigkeiten können bisher nicht bekannte Lösungsansätze gedacht und gefunden werden.«

Krisen wird es immer geben, kreative Fähigkeiten sind gefragt – begreifen wir die Krise als Chance, schreibtherapeutisch tätig sein zu können; schade nur, dass adäquate finanzielle Mittel, die einen angemessenen Arbeitsrahmen ermöglichen könnten, nur von finanziell liquiden Menschen aufgebracht werden können; die schreibtherapeutische Intervention über die Krankenkasse abzurechnen, damit sie allen zugutekommen kann, wie das anderen therapeutisch wirksamen Verfahren vorbehalten ist, das könnte das nächste Ziel sein.

| KAPITEL 17 |

Schreib-Yoga

Zum Glück gibt es Schreib-Yoga
Die verbindende Macht der Worte

Dorothea Lüdke, Kommunikationswissenschaftlerin und Autorin, & Susanne Diehm

»Irgendwie hatte ich damit gerechnet, dass ich einmal über mich hinauswachsen würde.« *Gretchen Rubin*

Susanne Diehm und Dorothea Lüdke haben gemeinsam »YogaIdeas Con-Text« entwickelt – eine inspirierende Form des Schreib-Yoga. Susanne Diehm ist für dieses Interview in die Rolle der Befragten geschlüpft. Ihrer Initiativkraft ist zu danken, dass Schreib-Yoga in dieser Konstellation entstand.

Dorothea Lüdke ist Kommunikationswissenschaftlerin. Als Autorin, Texterin und Ghostwriterin liebt sie das kreative Spiel mit der Sprache. Viele Jahre als Wissenschaftlerin in den Bereichen Public Relations (PR) sowie Gender & Diversity runden ihre Schreiberfahrung ebenso ab wie die Zeiten als Trainerin in der PR-Branche und als Presse-Referentin. Dorothea Lüdke ist auch Coach, Yogalehrerin und Heilpraktikerin für Psychotherapie. Mit spielerischer Leichtigkeit verbindet das Kreativteam Methoden und Ansätze zum Wohle ihrer Klienten. So entstanden Schreib-Yoga-Workshops u.a. zum »Kreativen Stressabbau« und »Schreib-Yoga für Autoren«. Webseiten: *www.dorothea-luedke.de* und *www.susanne-diehm.de*

Interview mit Dorothea Lüdke und Susanne Diehm

Wie entstand »YogaIdeas ConText«? Gab es einen konkreten Anlass?
Susanne Diehm: Dorothea und ich haben uns im Mai nach zwölf Jahren wieder getroffen. Von jetzt auf gleich waren wir wieder mitten im Gespräch und planten gemeinsame Aktionen. Neben Buchprojekten und PR-Aufträgen war es plötzlich klar: Wir verbinden Kreatives Schreiben und Yoga. Als dann eine Kollegin für ein Gewerkschaftsseminar absagen musste, wagten wir den Sprung ins kalte Wasser. Wir hatten nämlich nur wenig Zeit zum Vorbereiten. Was uns aber interessanterweise eher anspornte. So entstand auch unser Markenname. Es war uns damals schon klar, dass es nicht nur bei der Kombination von Yoga und Schreiben bleiben sollte, sondern wir mit Erweiterungsmöglichkeiten spielen wollen.

Dann haben Sie also für die Gewerkschaft das Seminar »Kreativer Stressabbau mit Schreib-Yoga« konzipiert und durchgeführt. Was aber ist Schreib-Yoga?
Dorothea Lüdke: Schreib-Yoga verbindet Schreiben und Yoga fließend miteinander. Die Übungen haben einzeln und in Kombination vor allem eins im Sinn: die pure Lebenslust. Chronischer Stress raubt uns nicht nur den Spaß am Leben, er macht uns krank. Wir sind nicht dafür geschaffen, im Zustand des Daueralarms durch die Welt zu laufen. In Stresshöchstform bekommen wir einen Tunnelblick und fahren quasi mit 240 km/h auf der Adrenalin-Autobahn. Wir hören und sehen kaum noch etwas von dem, was uns umgibt. Kluge Ideen und wohlmeinende Worte erreichen uns nur schwer.
Und genau da setzt Schreib-Yoga an. Ohne Umschweife führt es direkt zum Ziel: Schreib-Yoga verbindet uns direkt und spielerisch

mit uns selbst, mit unseren Gedanken, Gefühlen und unserer Sehnsucht. Es setzt dem Getriebensein Achtsamkeit, Bewusstsein und pure Lebenslust entgegen. Anstelle großer Worte bietet es konkrete Erfahrung durch Übungen. Im Workshop bekommen die Teilnehmer/-innen ein Gefühl dafür, wie sie Stress vermeiden bzw. anders damit umgehen können. Ein Beispiel dazu: In vielen Berufen geht es oft darum, in kurzer, knapper Form andere vom eigenen Projekt zu überzeugen. Wir üben mit unseren Teilnehmern den »Elevator-Pitch« (das heißt eine Art Kurzpräsentation im Lift vor einem Entscheidungsträger) durch kreative Schreibmethoden ein und geben ihnen zwei wirksame Atemtechniken an die Hand, die ihnen sowohl das Schreiben als auch die Präsentation stressfrei ermöglichen. Eine der Atemübungen ist klassischer Natur, die andere ist eher skurril und reizt zum Lachen – was sofort Stress löst. Dabei erfahren sie konkret, wie sie zwischendurch und mittendrin achtsam mit sich selbst umgehen.

Step by step wecken kleine und große Appetizer-Übungen Lust auf mehr: Lust auf mehr Leben und mehr Vitalität. Die Teilnehmenden bekommen eine Idee davon, wie sie in ihrem eigenen Tempo neue Wege beschreiten können. Damit stärkt Schreib-Yoga die Handlungsfähigkeit und Selbstwirksamkeit auch im Alltag. Sowohl präventiv als auch dann, wenn wir bereits als HB-Männchen an der Decke kleben.

Sie bieten Yoga im Workshop also in direkter Verbindung mit dem Schreiben an. Wie geht das: Schreiben die Teilnehmer Ihres Workshops dann »yogisch« oder machen sie Yoga beim Schreiben?

Dorothea Lüdke: Das sind zwei schöne Möglichkeiten, die Sie da aufzeigen. Und ja, beide können eintreten. Yoga und Kreatives Schreiben sind zwei Ansätze, die in Deutschland schon länger und durchaus erfolgreich einzeln praktiziert werden – relativ neu ist hingegen die Verbindung beider. Eine Synthese, die mehr ist als die Summe seiner Teile. Eine Synthese, die heiterer Ausdruck und Resultat von purer Lebenslust ist. Kundalini Yoga ist ein sehr lebensfrohes Yoga, eine schier unerschöpfliche Quelle von verspielten, humorvollen und sehr wirkungsvollen Übungen. Kreatives Schreiben und Yoga spiegeln, ergänzen und beflügeln sich wechselseitig. Für den ersten Workshop zum Kreativen Stressabbau hatten wir kleine, feine Yogasequenzen und Kreative Schreibübungen für zwischendurch und mittendrin ausgesucht. Übungen, die beflügeln und glücklich machen. Das ist aber nur ein Weg, beides zu kombinieren. Den Ideen und Möglichkeiten sind keine wirklichen Grenzen gesetzt.

Hinweis

Die Autorin Milena Moser bot 2010 zusammen mit der Yogalehrerin Barbara Immick einen der ersten Schreib-Yoga-Workshops in Deutschland an. In diesem übertragen sie den Ansatz des Vini-Yoga auf den Prozess des Kreativen Schreibens. Das Yoga Journal widmete dem Zusammenhang zwischen Yoga und Schreiben im März/April 2010 ein eigenes Dossier. In den USA ist Schreib-Yoga schon bekannter und das Anwendungsgebiet ist weiter ausdifferenziert.

Michael McColly spezialisierte sich schon Mitte der neunziger Jahre auf Gesundheitsthemen. »The Body as Poet« ist ein Kurs, in dem er Schreiben und Yoga bewusst so verbindet, dass Menschen mit gesundheitlichen und psychischen Problemen ein Werkzeug an die Hand bekommen (*www.yogachicago.com/maro8/mccolly.shtml*).

Warum kombinieren Sie Kreatives Schreiben mit Yoga? Was kann Yoga, was Kreatives Schreiben nicht kann oder umgekehrt?

Susanne Diehm: Es geht dabei nicht darum, was das eine kann oder auch nicht kann. Das ist nicht der Punkt. Das Spannende und Innovative ist, dass sich Kreatives Schreiben und Yoga so fließend ergänzen, ineinander aufgehen und sich in Idee und Wirkung inspirieren.

Kreatives Schreib-Yoga schenkt entspannte Leichtigkeit. Ein entspannter Geist hilft, sich von alten Denkmustern und Konzepten lösen zu können und Raum für Neues zu schaffen

Dorothea Lüdke: Es ist schön zu sehen, wie es funktioniert, wie es zum Beispiel den Schreibenden durch Yoga möglich wird, spielerisch und leicht zu schreiben. Und wie das Schreiben wiederum offener und achtsamer für die Erfahrungen des Yoga-Weges machen kann. Kreatives Schreib-Yoga schenkt entspannte Leichtigkeit. Ein entspannter Geist hilft, sich von alten Denkmustern und Konzepten lösen zu können und Raum für Neues zu schaffen.

Sie bieten Schreib-Yoga auch Autoren an: Brauchen die auch »entspannte Leichtigkeit« oder was haben sie konkret davon?

Susanne Diehm: Wenn ich mich an die Erfahrungen mit den bisherigen Workshops erinnere, dann ist die Antwort ein klares Ja. Schreiben ist nicht zu trennen von der schreibenden Person. Wie sehr einen beispielsweise der innere Kritiker ausbremsen kann, ist wohl nicht nur Autoren bekannt. Kreativität, Klarheit, Leichtigkeit und Lebenslust – um nur einige der Wirkungen von Schreib-Yoga zu nennen, können da ein gutes Gegenmittel sein. Die Wirkungen können wir alle gebrauchen – ob wir nun Autoren sind oder Manager. Ob ich mich aber auf so ein kreatives Angebot einlassen kann, das hängt von meiner Neugier und Offenheit, aber auch davon ab, wie begeistert die Teilnehmenden sind und ob sich unser »Geheimtipp« etabliert.

Also ist Schreib-Yoga eine lustvolle Methode für Körper, Geist und Seele, eine Blockade spielerisch aufzulösen, auszusteigen und kreative Momente dagegenzusetzen?

Dorothea Lüdke: Ja, unbedingt. Und eine sehr wirkungsvolle zudem. Üblicherweise versuchen wir, eine Blockade mit einem ganzen Schwall von inneren Ermahnungen, Aufforderungen, Drohungen oder Ähnlichem zu »bekämpfen«. Interessanterweise geben wir ihr damit aber eher Futter. Gerne flüchten wir auch direkt in andere Handlungen. Die Wohnung auf Hochglanz bringen ist ein schönes Beispiel dafür.

Blockaden spielerisch mit Yoga oder Schreiben aufzulösen, das können wir zunächst nur unter Anleitung

Dies sind Zeichen dafür, dass wir gestresst oder blockiert sind. Denn Flucht und Kampf sind unsere typischen Reaktionsmuster auf Stress. Blockaden spielerisch mit Yoga oder Schreiben aufzulösen, das können wir zunächst nur unter Anleitung. Aber Übung macht den Meister, und wenn es erst einmal eingeübt ist, haben wir damit eine Technik, die uns rausholt aus dem Stress. Allerdings muss man erst einmal auf die Ideen kommen. Kreativ zu sein, das fällt uns unter Stress schwer. Wie es gelingen kann, das zeigen unsere Workshops.

Sich etwas von der Seele schreiben ... hat es auch damit zu tun?

Susanne Diehm: Ja, natürlich. Biografisches Schreiben und Kreatives Schreiben werden immer öfter eingesetzt, um erlebte Krisen oder Krankheiten auf- oder umzuschreiben. Veränderungen finden einfach statt, ob wir wollen oder nicht; wir werden alt, krank, verlassen oder erleben einen neuen Frühling; schreibend können wir lernen, mit neuen Situationen umzugehen, es ist eine Form der Verarbeitung. Man kann sich der eigenen Kraft vergewissern oder sie gar erweitern.

Und Yoga?

Dorothea Lüdke: Auf den ersten Blick bietet Yoga einen körperbetonten Weg, sich seinen eigenen Erlebnissen und Erfahrungen zu stellen und neue Wege zu gehen. Das Wort Yoga wird von dem Wort Yuj abgeleitet, was so viel wie verbinden heißt. Gemeint ist damit die Verbindung zu sich selbst durch den Weg und die Kraft des Yoga. Und deshalb ist es auch eines der schönsten Aha-Erlebnisse für (gestresste) Menschen, wenn sie ihre Lebenskraft und Lebendigkeit wieder spüren – einige haben das Glück gleich beim ersten Mal, wenn sie Yoga praktizieren.

Und wie wirkt Schreib-Yoga?

Susanne Diehm: Bei den Workshops zum kreativen Stressabbau ist mir aufgefallen, dass die Teilnehmer/-innen noch schneller »ihre Hüllen fallen lassen«, als wenn wir »nur« schreiben würden. Die

Interview mit Dorothea Lüdke und Susanne Diehm

Fassaden, die Menschen normalerweise anderen gegenüber aufbauen, sind sehr schnell zerbrochen aus dem Grundgefühl heraus, dass wir keine selbst darstellenden Mätzchen und Platzhirschverhalten brauchen. Es ging darum, voranzukommen, zu lernen, wie man mit Stress besser umgeht; da gehört Ehrlichkeit und eine gute Portion Offenheit eben dazu. Die Offenheit, anzuerkennen, dass wir schnell gestresst sind, wenn uns andere überfordern; aber auch die Offenheit, einzusehen, dass unser Anspruch an uns selbst uns manchmal nicht gut tut.

Warum erwarten wir auch, perfekte Partnerinnen, Mütter, Freundinnen zu sein und parallel dazu einen Fulltime-Job zu »wuppen« über Jahre und Jahrzehnte hinweg ohne Ausgleich? Ohne zusammenzuklappen? Ohne jemanden, der die leise Stimme in uns unterstützt, dass wir jetzt genug geleistet haben und unsere eigenen Batterien aufladen dürfen? Nicht nur dürfen, sondern auch müssen – weil wir sonst irgendwann nicht mehr in der Lage sind, Kindern zuzuhören, Partnern beruflich den Rücken zu stärken und der Freundin durch eine Erkrankung zu helfen.

Könnte man Schreib-Yoga nicht auch sinnstiftend anderen Berufsgruppen anbieten? Dem Manager, aber auch den Mitarbeitern?
Susanne Diehm: Im Rahmen der Gesundheitsförderung auf jeden Fall. Unter den Teilnehmern unserer Workshops bei den Gewerkschaften waren auch Betriebsratsvorsitzende. Ob Manager, Mitarbeiter oder selbstständige Künstler, ich denke, dass die Nachfrage nach einem solchen Angebot in Korrelation zum Stress noch steigen wird.

Frau Diehm, von Ihnen wissen wir, dass Sie neben dem Schreib-Yoga als Autorin, PR-Texterin und Schreibdozentin aktiv sind. Frau Lüdke, wie sieht es denn bei Ihnen aus: Liegt der Schwerpunkt Ihrer Arbeit jetzt auf Schreib-Yoga-Kursen? Oder ghostwriten Sie noch?
Schreib-Yoga ist ein noch relativ junges Angebot von uns, das sich gerade erst richtig entwickelt. Wir können noch nicht sagen, wohin genau die Reise gehen wird. Die ersten Workshops und Seminare

sind auf große Resonanz gestoßen. Sie haben anscheinend mitten ins Schwarze getroffen und allen richtig viel Spaß gemacht. Und ja, ich ghostwrite noch. Um genau zu sein: Ich ghostwrite wieder. Denn ich habe eine Zeit lang nur für einige wenige geschrieben. Ich war im universitären Geschäft tätig und da ging es um andere Schreibprojekte und -kompetenzen. In der ersten Zeit meiner Selbstständigkeit lag der Schwerpunkt nicht auf dem Schreiben. Das ist seit einiger Zeit anders. Ich habe das Schreiben wieder zum Beruf gemacht – als PR-Fachfrau, Texterin und Lektorin – und ich schreibe wieder gerne im Namen anderer.

Wie hoch ist der Anteil »Schreiben« in Ihrem Job?
Sehr hoch. Ich verdiene einen Großteil meines Geldes mit dem Schreiben. Und selbst, wenn ich Kurse, Workshops und Trainings gebe, dann schreibe ich viel. Denn von der Konzeption bis zum Handout – ohne Schreiben gäbe es keines davon. Es vergeht kaum ein Tag, an dem ich nicht schreibe. Denn neben dem beruflichen schreibe ich auch privat viel.

Schreiben Sie immer wieder gerne oder haben Sie auch Tage, an denen Sie sich an den Schreibtisch quälen?
Ja, ich schreibe wirklich sehr gerne. Schreiben ist für mich Sehnsucht und Glück zugleich. Aber es gibt Tage, an denen ich nichts zu sagen oder keine Lust zum Schreiben habe. Manchmal sind es auch die Projekte oder das Thema, die mir Schwierigkeiten bereiten. Dann finde ich nur schwer die richtigen Worte. Das passiert mir vor allem in zwei Fällen: wenn mir das, worüber ich schreibe, zu sehr am Herzen liegt oder wenn es mich nur wenig interessiert. Es kann dann passieren, dass ich an einem Text ewig herumtüftle, bis ich zufrieden bin.

Bedienen Sie sich bestimmter Schreib- oder Mentaltechniken, damit es funktioniert?
Ja, auf jeden Fall. Ich verfüge mittlerweile über ein buntes Spektrum, das sich aus dem Repertoire des Kreativen Schreibens, des

Coachings, des Yoga und meiner eigenen Fantasie speist. Es ist ein gutes Gefühl zu wissen, dass es sie gibt und dass ich sie bei Bedarf einsetzen kann! Eine meiner ersten Techniken stammt noch aus der Zeit, in der ich Pressereferentin war. Ich musste damals in sehr kurzer Zeit professionelle Texte wie z.B. Presseerklärungen oder Reden verfassen. Ich hatte dafür meist nur wenig Zeit, wollte gute Arbeit abliefern und spürte den inneren und äußeren Druck. Vorab hatte ich dort als Praktikantin gearbeitet und es war mir in dieser Rolle viel leichter gefallen, gut und schnell zu schreiben.

Ich musste damals in sehr kurzer Zeit professionelle Texte wie Presseerklärungen oder Reden verfassen

Als ich eines Tages wieder vor dem Computer wie die Maus vor der Schlange saß und sah, wie Minute um Minute verging, da kam mir plötzlich eine wunderbare Idee: Ich würde es wie damals machen. Als Praktikantin schnell und leicht den Text schreiben und dann als Pressereferentin noch kurz schauen, ob dieser auch gut ist. Gesagt getan, ab da konnte ich wieder einfach schreiben. Aus Sicht des Coachings handelt es sich dabei um eine gelungene Intervention oder eine gute Arbeit mit dem inneren Team.

Was war Ihr schönstes berufliches Erfolgserlebnis?

Ich habe immer schon gerne geschrieben, gelesen und die Welt der Wörter und Sätze geliebt. Aber nicht immer konnte ich mit Worten das ausdrücken und erreichen, worum es mir ging. Gerade, wenn mir eine Sache am Herzen lag, dann fehlten mir manchmal die Worte oder sie reihten sich ungewollt zu Satzungetümen zusammen. Ich weiß noch genau, wie schön es war, als einer meiner ersten Texte so gut war, dass er über den Äther gehen konnte. Was für ein Glücksgefühl. Prägend war für mich auch die Erfahrung, als es mir gelang, Männer für die daily hazzards eines typischen Frauenlebens zu sensibilisieren. Ganz einfach, indem ich diese in meinem

Artikel einen Mann erleben ließ. Plötzlich klappte es, weil ich die richtigen Worte und die richtige Ansprache gefunden hatte.

Gibt es berufliche Rückschläge?

Ja, durchaus. Rückschläge gehören dazu. Einige davon waren ziemlich hart. Aber so komisch das jetzt vielleicht für einige klingen mag: Ich bin mittlerweile sehr froh und dankbar dafür, denn ohne sie wäre ich nicht die, die ich jetzt bin.

Was erhoffen Sie sich für die Zukunft?

Ich freue mich auf die Zukunft. Denn ich bin sehr gespannt, wie es weitergehen wird. Ich habe viele Ideen und einige davon setze ich gerade um. Wie gesagt, das Schreiben ist mein Beruf geworden und ich freue mich darauf, neben meinen eigenen Schreibprojekten die von anderen zu begleiten und für sie zu schreiben. Ich bin neugierig und sehr interessiert an anderen Menschen und ihrem Leben. Wie leben sie und wovon träumen sie? Was treibt sie an und was um? Deshalb begeistert mich auch die Story-Telling-Methode und ich freue mich, wenn ich eine gute Signature Story, das heißt eine originelle, fesselnde Geschichte, für die der Mensch steht, höre oder lese.

Die »Macht der Worte«: Welche Assoziation löst das bei Ihnen aus? Nutzen Sie »Die Macht der Worte« in Ihrem Beruf?

Ja, unbedingt. Bewusst und sensibel mit Sprache umzugehen ist für mich wichtig. Als Jugendliche wurde mir zum ersten Mal die Macht der Worte beim Lesen eines wirklich guten Buches bewusst. Ich war zugleich fasziniert, berührt und gefangen. Die Welt um mich herum verschwand. Immer wieder gibt es Momente, in denen ich gebannt bin von der (Wirk-)Kraft von Wörtern und Sätzen. Macht hat für viele einen negativen Beigeschmack und scheint für sie fest verbunden mit Manipulation und fast identisch mit Machtmissbrauch zu sein. Dabei geht es in erster Linie darum, dass Wörter eine offensichtliche Bedeutung und oft auch eine subtile oder anders gesagt, eine Bedeutung haben, die quasi mitschwingt.

Und immer wieder gibt es Momente, in denen ich gebannt bin von der (Wirk-)Kraft von Wörtern und Sätzen

Wörter und Sätze sprechen uns an und lösen etwas bei uns aus. Sie können uns etwa ein Lächeln auf die Lippen zaubern, uns kalt lassen oder auch tief verletzen. Die Macht der Worte umfasst eine große Wirkpalette. Die Intention, mit der wir Wörter auswählen und verwenden, ist wichtig, aber nicht automatisch identisch mit der Macht der Worte. Kommunikation zwischen Menschen basiert in vielerlei Form auch darauf. Das macht sie so spannend und fordert uns immer wieder dazu heraus, behutsam und bewusst mit Sprache umzugehen. So wie wir das im Schreib-Yoga tun.

•••

Schreiben als Präventivmaßnahme

Schreib-Yoga, wie es hier beschrieben wird, wird erfolgreich für Kreativen Stressabbau eingesetzt. Im Rahmen der Gesundheitsförderung wäre es auch schon als Präventivmaßnahme sinnvoll. Yoga und Kreatives Schreiben sind bisher in Deutschland schon länger und durchaus erfolgreich einzeln zur Stressbewältigung und -vorbeugung angewandt worden. Relativ neu ist hingegen die Verbindung beider Methoden, die dazu führt, schneller und leichter raus aus dem Stress hinein in die Vitalität zu kommen.

In allen Medien sind Stress und Burn-out seit Jahren ein Dauerthema: In den Berichten wird deutlich, dass Menschen aller Berufsgruppen – vom Hausmann bis zur Managerin – davon betroffen und auf der Suche nach spielerischen, unorthodoxen Methoden sind. Diesem Bedürfnis kommen Angebote wie Schreib-Yoga entgegen. Was so leicht und spielerisch daherkommt, benötigt jedoch gute und fundierte Ausbildung und Vorbereitung.

Eine fundierte Ausbildung ist unabdingbar

Mitbringen muss man neben Ausbildungen zum Yoga-Lehrer und Dozenten für Kreatives Schreiben fundierte Kenntnisse über physische und psychische Auslöser und Auswirkungen von Stress sowie das Know-how, wie damit angemessen umzugehen ist. Damit die praktische Umsetzung gelingen kann, sind Erfahrungen als Therapeut und/oder als Coach wirklich wichtig. Da Schreib-Yoga noch so neu ist, sind es vor allen Dingen Selbstständige, die es in Gruppenkursen unter anderem bei Gewerkschaften, Universitäten, Volkshochschulen und Yoga-Instituten anbieten. Auch als »personal training« ist es sinnvoll einzusetzen.

Es gibt darüber hinaus zahlreiche inspirierende Formen des Schreib-Yoga in Bereichen, in denen Kreativität geweckt und Ausdruckskraft verstärkt werden soll, zum Beispiel für Künstler und Autoren. Vitalität und Leichtigkeit beflügeln kreative Prozesse!

| KAPITEL 18 |

Netzwerken & Projektmanagement

Die verbindliche Macht der Worte

Karola Braun-Wanke, Netzwerkerin

»Unsere größte Herausforderung im 21. Jahrhundert ist es, die einstweilen noch abstrakt erscheinende Idee einer nachhaltigen Entwicklung zur Realität für alle Menschen dieser Erde zu machen.« *Kofi Annan – Ehemaliger UN-Generalsekretär*

»Schreibend den Planeten retten« – das war der Titel eines Artikels in der Berliner Zeitung zur 7. SchülerUni Nachhaltigkeit + Klimaschutz. Die Projektleiterin Karola Braun-Wanke arbeitet am Forschungszentrum für Umweltpolitik (FFU) an der Freien Universität Berlin. Sie überzeugt Vertreter/-innen aus Politik, Verwaltung und Unternehmen, ihre Bildungsformate zu unterstützen, und vernetzt lokale und universitäre Nachhaltigkeitsakteure unter dem Dach der SchülerUni. Eine gute

Schreibe und Kommunikationsfähigkeit gehören zu ihrem Handwerkszeug.

»Lernen für eine zukunftsfähige Welt« ist das Motto der Schüler-Uni Nachhaltigkeit + Klimaschutz in Berlin. Von März 2012 bis Ende 2015 bietet das FFU acht SchülerUnis in der vorlesungsfreien Zeit im Frühjahr und Herbst an. Zu den Programmen sind Schülerinnen und Schüler der 5. und 6. Klassen, also 10- bis 13-Jährige im Klassenverband und deren Lehrerinnen und Lehrer eingeladen. Pro Jahr nehmen rund 3.000 Schülerinnen und Schüler und rund 200 Lehrkräfte an den kostenlosen Programmen teil.

Webseite: *www.fu-berlin.de/schueleruni*

Kontakt: *k.braun-wanke@fu-berlin.de*

Interview mit Karola Braun-Wanke

Die Geschichte der SchülerUni hat bereits vor einigen Jahren begonnen. Sie haben das Konzept der themenfokussierten Schüler-Uni entwickelt. Was war Ihre Motivation, der zündende Funke?

Die Idee der SchülerUni entwickelte ich 2005 am Forschungszentrum für Umweltpolitik, als wir im Auftrag des Bundesumweltministeriums eine Veranstaltungsreihe zum 20. Jahrestag des Reaktorunfalls in Tschernobyl konzipierten. Wir hatten vor, das Thema der Energiewende nicht nur für das klassische Fachpublikum aufzubereiten, sondern auch gerade junge Menschen in den notwendigen energiepolitischen Diskurs einzubinden.

Meine Tochter war damals in der 5. Klasse. In ihrer Schule spielte das Thema Klimawandel oder erneuerbare Energien inhaltlich überhaupt keine Rolle, obwohl der Klimawandel auch damals schon in den Medien präsent war. Ich habe dann mit ihrer Lehrerin und der Schulleiterin gesprochen und beide meinten, dass es für sie zeitlich unmöglich sei, dieses politisch aktuelle und komplexe Thema für den Unterricht zusätzlich aufzubereiten.

War das in anderen Grundschulen auch so – also Klimawandel und Energiebildung kein Thema?

Unsere Recherchen zeigten schnell, dass Energiebildung bzw. das Wissen um die Ursachen und Folgen des Klimawandels nicht im Unterricht vermittelt wurde. Meine »zündende« Idee war dann: »Okay, wenn die Schulen das nicht leisten können, dann machen wir das eben als Universität!« Eine Grundidee, wie wir das als Uni für Schulen auch umsetzen können, war ja schon da: Seit 2002 gibt es an fast jeder größeren Universität die sog. »Kinderuniversitäten«. Bis heute ein sehr populäres und öffentlichkeitswirksames Instrument der Nachwuchsförderung, das viele Eltern mit ihren Kindern an die Unis lockt.

Hinweis

Die junge Uni Innsbruck war 2001 Vorläufer der Kinderuni mit einer Veranstaltung zu Ötzi, dem »Mann im Eis«: Es gelang den Initiatoren, Kindern und Jugendlichen das Leben in frühester Zeit verständlich und anschaulich zu machen. Die erste Kinderuni in Deutschland gab es 2002 in Tübingen (*www.die-kinder-uni.de/html/stuermt_den_hoersaal. html*). Ulrich Janssen veröffentlichte dazu eine ganze Buchreihe. Kinderuniversitäten sind seitdem an mehr als 50 Universitäten und Fachhochschulen bemüht, Kindern wissenschaftliche Themen näherzubringen und verständlich zu machen. Ziel ist, Jugendliche für die Wissenschaft zu begeistern. Da zumeist Kinder in der Altersgruppe 8 bis 12 Jahre angesprochen werden, lehnen sich die Vorlesungsthemen oft an ihren Fragen an. Ein Beispiel: Woher stammt das griechische Alphabet und was konnten die »Alten Griechen« damit anfangen?

Was ist die Idee der »Kinderuniversität«?

Idee dabei ist, Kinder auf den Campus einzuladen, um mit kindgerechten Vorträgen ihre Neugier für Wissenschaft und Forschung, aber auch für die Universität an sich zu wecken. Als Mutter war ich Fan von diesen Kinderunis, wie sie von der Freien Universität und der Humboldt Uni angeboten werden. Ich überlegte, inwieweit ich dieses erfolgreiche Modell umgestalten könnte, um Kinder für die komplexe Themenwelt Klima und Energie zu begeistern. Gedacht, getan! Ich habe mir dann Rat von Bildungsexperten geholt, und sie bestärkten mich unisono, die Idee zu realisieren. Schließlich konnten wir auch das Bundesumweltministerium für die Umsetzung der ersten themenfokussierten Schüleruni gewinnen.

Bildung für Schüler gehört ja nicht zu den Kernaufgaben einer Universität. Was genau steckt hinter der Motivation, eine SchülerUni zum Klimaschutz anzubieten?

Die Reaktorkatastrophen in Tschernobyl oder jüngst in Fukushima, der fortschreitende Klimawandel, die Endlichkeit der fossilen Energieträger und der zunehmende Verlust der Biodiversität sind große Herausforderungen, denen wir uns stellen müssen. In dem Zusammenhang müssen wir überlegen, wie wir unsere natürlichen Lebensgrundlagen auch für zukünftige Generationen erhalten können. Dazu gehört, dass wir beispielsweise unsere Art des Wirtschaftens und unsere gefestigten Konsum- und Lebensstile hinterfragen und ändern. Hier gibt es aber nach wie vor kein breites gesellschaftliches Problembewusstsein oder einen gemeinsamen Willen zur Veränderung in Politik, Wirtschaft und der gesamten Zivilgesellschaft.

Bildung ist hier ein wichtiger Schlüssel. Als Uni können wir diesen notwendigen Transformationsprozess mit neuen Bildungsformaten unterstützen und so unser Wissen an Schulen weitergeben. Dass es hier einen enormen Wissensbedarf gibt und dass Schulen uns gerne als außerschulischen Lernort besuchen, belegen unsere konstanten Belegungszahlen.

Wie erreicht man Schüler und Kinder mit komplexen Themen – wie bereiten Sie das Material auf?

Ziel unserer Programme ist es, den Schülerinnen und Schülern die Themen immer im Zusammenhang mit ihren gewohnten Lebens- und Konsumstilen, das heißt in Bezug auf Kleidung, Ernährung, Reisen, Fortbewegen, Hobbys, Elektrogeräte, Produktdesign sowie

Bauen und Wohnen, bewusst zu machen und mit ihnen konkrete Handlungsmöglichkeiten im Alltag zu entwickeln. Also beispielsweise, wie sie beim Einkauf und beim Gang in den Supermarkt ihr Konsumverhalten konkret verändern können. Entscheidend ist sicherlich auch, dass unsere Kurse eher erlebnisorientiert sind und die Kinder »mit Kopf, Herz und Hand« eigene Lösungen entwickeln können.

Die Inhalte vermitteln wir mit ganz unterschiedlichen Methoden z.B. mit Experimenten rund um die erneuerbare Energien, in Kunst- und Theaterworkshops, Zukunfts- und Schreibwerkstätten, Plan- und Rollenspielen. Wir erkunden mit den Kindern aber auch unseren Campus und bieten z.b. einen Energierundgang von der Heizzentrale aufs Solardach, einen Besuch unseres Wettergartens und Wetterturms, lassen die Kinder in die Kochtöpfe der Mensa schauen oder besuchen mit ihnen unser Tropenhaus im Botanischen Garten. Das macht Spaß und macht die Kinder neugierig auf das, was sie dort dann inhaltlich vermittelt bekommen.

Die Inhalte werden nicht von klassischen Pädagogen vermittelt. Das ist für die Kids spannend.

Hinzu kommt, dass unsere Programminhalte nicht von klassischen Pädagogen, sondern von Wissenschaftlern, Künstlern, Autoren, Energieexperten und Vertretern aus Umweltverbänden vermittelt werden. Das ist für die Kids spannend. Und sie lernen so übrigens auch en passant ganz unterschiedliche Berufe und Herangehensweisen kennen. Einzelne Workshops werden bei uns auch von Zehntklässlern und Studierenden durchgeführt. Diese Begegnung auf Augenhöhe hat sich bei uns bewährt.

Warum und wie beziehen Sie die Lehrkräfte in Ihr Format ein?
Wenn die Schlüsselthemen einer nachhaltigen Entwicklung zukünftig stärker als bisher in den Schulen behandelt werden sol-

len, müssen wir vor allen Dingen auch die Lehrkräfte für diese Themen gewinnen. Deshalb bieten wir etwa drei Wochen vor den SchülerUnis begleitende Lehrerfortbildungen an. Hier stellen wir ihnen in Lernstationen Unterrichtseinheiten und -materialien vor und ermöglichen den Erfahrungsaustausch untereinander. Diese Unterstützung für den Unterricht wird sehr gut angenommen.

Welche Ausbildung(en) oder Studien haben Sie dafür absolviert? Welche beruflichen Erfahrungen bringen Sie mit?

Ich habe an der Freien Universität Berlin Publizistik, Politik und Italienisch studiert und mit dem Magister abgeschlossen. Meine Erfahrungen sammelte ich über die Jahre in ganz unterschiedlichen beruflichen Zusammenhängen. So habe ich als Texterin für Werbeagenturen gearbeitet und habe im Film- und Theaterbereich Erfahrungen in der Ausstellungsorganisation und in der Presse- und Öffentlichkeitsarbeit machen können. Als freie Journalistin habe ich für Fachzeitschriften, Magazine und Zeitungen geschrieben. Seit 15 Jahren bin ich aber im Bereich der Energie- und Umweltpolitik bzw. im Bereich »Bildung für Nachhaltige Entwicklung« unterwegs.

Hier habe ich für wissenschaftliche Institute, Unternehmen und Agenturen Tagungen und Fachkonferenzen zu Themen der nationalen und internationalen Energie- und Klimaschutzpolitik konzipiert und durchgeführt. Zuletzt war ich fünf Jahre lang Projektleiterin eines Weiterbildungs- und Qualifizierungsprogramms und habe energie- und klimaschutzpolitische Bildungsformate und Seminare für unterschiedliche Zielgruppen entwickelt.

Das heißt, Sie haben immer viel und professionell geschrieben. Was schreiben Sie in Ihrer jetzigen Funktion am Forschungszentrum für Umweltpolitik?

Schreiben spielt in meinem Job eine große Rolle und die Art von Texten, die von mir verfasst werden muss, ist sehr unterschiedlich. Ich habe mit sehr vielen Menschen aus ganz unterschiedlichen

beruflichen Kontexten zu tun. Ich muss intern und extern Projekt-
partner, Zuwender und andere Mittelgeber für meine Projektideen
gewinnen. Das gelingt nur, wenn ich auch schreibend überzeugen
und vermitteln kann. Eine mündlich vorgetragene Idee ist oft nur
das Entree, um überhaupt in der Flut von Informationen und
Anfragen Gehör zu finden. Überzeugen kann man dann nur mit
einer gut formulierten Anfrage, Skizze oder einem Exposé. Die
Ideen müssen dann auf dem Papier »lebendig werden« und gleichzeitig auf den Punkt bringen wie und mit welchen Mitteln das Projekt realisiert werden soll und wer das tun soll. Zu meinem täglichen Geschäft gehört auch, dass wir auf Anfragen schnell reagieren
müssen oder Stellungnahmen oder Artikel unter hohem Zeitdruck
schreiben müssen.

Wie hoch ist der Anteil »Schreiben« in Ihrem Job überhaupt?

Ich schreibe täglich und ich würde sagen, dass Schreiben und
Kommunikation einen großen Teil meines Jobs ausmachen. Es
fallen in meinem Bereich eigentlich alle klassischen Texte der
Presse- und Öffentlichkeitsarbeit an: Pressemitteilungen, Texte
für die Website, Veranstaltungsankündigungen, Texte und Artikel für Tagungsbände, Printmedien und Fachzeitschriften, Briefe,
Einladungen, Anträge, Berichte für Zuwendungsgeber und Pro-
jektpartner.

Kreativ wird es beispielsweise dann, wenn Broschüren, Publikationen oder auch neue Programmbausteine mit Partnern entwickelt
wurden und der Programmtext verfasst und witzige Überschriften
dafür gefunden werden müssen.

**Was müssen Sie formulieren und woran feilen Sie am längsten?
Was geht Ihnen leicht von der Hand?**

Wenn ich am Stück arbeiten kann, komme ich meistens schnell ins
Schreiben. Doch ein guter Text will auch Weile haben. Das kann
man nicht erzwingen. Insofern gehört das Feilen zum Schreibprozess immer dazu.

Schreiben Sie immer wieder gerne oder haben Sie auch Tage, an denen Sie sich an den Schreibtisch quälen?

Tatsächlich schreibe ich gerne. Leider bleibt aber die Kreativität oft auf der Strecke, einfach weil zu wenig Zeit ist oder die Texte am nächsten Tag schon abgegeben werden müssen. Quälend wird es, wenn Finanzpläne erstellt oder Abschlussberichte mit viel Verwaltungsarbeit getan werden müssen. Aber auch das gehört dazu.

Bedienen Sie sich bestimmter Schreib- oder Mentaltechniken, damit es besser läuft?

Bewusst nutze ich keine Technik. Aber ich lese viel und gerne und analysiere auch, wie ein/e Autor/in es schafft, mich sprachlich in den Bann zu ziehen. Ich merke aber, dass mir im Vergleich zu vielen Kollegen das Schreiben nicht so schwerfällt. Hier kommen mir meine journalistischen Erfahrungen zugute. Ich habe gelernt, mit ungewohnten Einstiegen, Blickwinkeln und Perspektiven zu arbeiten. Ich habe auch meistens keine Angst vor dem »weißen Blatt«. Häufig schreibe ich einfach drauflos, recherchiere im Netz zu dem jeweiligen Thema, sammele Ideen, Argumente und lasse das im Kopf und im Text kreisen.

Ich habe gelernt, mit ungewohnten Einstiegen, Blickwinkeln und Perspektiven zu arbeiten

Schwierigkeiten ergeben sich dann, wenn sich kein roter Faden oder eine schlüssige Argumentationskette ergeben will. Doch gute Texte, Thesen und Gedanken brauchen einfach ihre Zeit. Das ist ein Prozess, den man nicht erzwingen kann.

Neben vielen anderen Kursen haben Sie auch Workshops zum Kreativen Schreiben im Programm der SchülerUni. Wie kann das Kreative Schreiben aus Ihrer Sicht dazu beitragen, dass sich das Verhalten ändert?

Wir wollen, dass sich die Kinder bei uns wohlfühlen, sich als Kinder ernst genommen fühlen. Es gibt bei uns keine Noten oder ein Richtig oder Falsch. Hier passt das Kreative Schreiben als Methode, weil schreibend ganz gut erfasst werden kann, welche Haltungen die Jugendlichen mitbringen und was ihre Wünsche sind. Wenn die Schreibdozenten dann daran anknüpfen, kann sich viel entwickeln, z.B. der Wunsch nach einer intakten oder gerechteren Welt.

Wie muss man sich das vorstellen: Wie werden die Inhalte konkret vermittelt?

Wichtig ist uns, dass wir positive Botschaften vermitteln und den Schülerinnen und Schülern nicht mit erhobenem Zeigefinger begegnen. Das ist einfacher gesagt als getan. Gelingen kann das nur, wenn wir dabei Kopf, Herz und Hand der Kinder ansprechen. Und dies funktioniert nur mit partizipativen, dialogischen oder kreativen Vermittlungsmethoden und authentischen Kooperationspartnern und -partnerinnen.

Fast alle unsere Workshops regen die Schülerinnen und Schüler zum Mitmachen an. Die Kinder entdecken unsere Themen »en passant« beim Basteln, beim Geschichtenschreiben, beim gemeinsamen Klima-Frühstück, beim Errechnen des ökologischen Fußabdrucks, beim Planen einer Stadt, beim Essenkochen oder bei dem Energierundgang auf dem Solardach. Es ist wirklich erstaunlich, was die Kinder beim gemeinsamen Tun für eigene Lösungen entwickeln und das dann auch argumentativ darstellen können. All diese Aktionen müssen von uns geplant und als Teil des Projekts auch beschrieben werden.

Wie kamen Sie darauf, sich die Kraft des Kreativen Schreibens für Ihre Nachhaltigkeitsthemen zunutze zu machen?

Die Idee, das Kreative Schreiben mit den Inhalten der SchülerUni zu verknüpfen, kam quasi in privater Runde zustande. Eine Absolventin des Studiengangs Biografisches und Kreatives Schreiben erklärte mir bei einem Kaffee die Grundzüge des Kreativen Schreibens. Ich dachte sofort darüber nach, inwieweit diese Technik in Kombination mit den Themen Mülltrennung, Ressourcenschonung oder Klimaschutz im Alltag sinnvoll wäre. Die Schreibdozentin und ihre Kollegin zeigten gleich eine große Offenheit und konzipierten einen Workshop, der mittlerweile zu den Programmhighlights unserer SchülerUni gehört.

Mit den Techniken des Kreativen Schreibens, Perspektivwechseln und Storytelling werden auf emotionale Weise die Inhalte verknüpft

Der Clou dabei ist, dass die Kinder Problemlösungen schreibend für sich entdecken. Dabei geben die Workshopleiterinnen Informationen zum Thema implizit weiter und das Wissen z.B. Klimaschutz im Alltag wird in eine persönliche Geschichte eingebunden. Mit der Technik des Kreativen Schreibens, Perspektivwechseln und Storytelling werden auf emotionale Weise die Inhalte (z.B. »Unsere Abenteuerreise – wie meine Freunde und ich die Mauer aus Verpackungsmüll besiegen konnten«) verknüpft.

Können Sie die Schülerinnen und Schüler mit der SchülerUni dann tatsächlich zum Handeln motivieren?

Ob sich das Verhalten nach dem mehrstündigen Workshop echt ändert, ist nicht wirklich messbar. Wir schaffen aber einen Rahmen, innerhalb dessen sich die Schüler und Workshopleitenden dialogisch begegnen und Schüler sich über Schreiben, Denken, Fühlen, Urteilen und Handeln Inhalte erschließen können. Das ist zumindest eine gute Voraussetzung, um die Kinder für die Thematik zu sensibilisieren, ihr bisheriges Verhalten infrage zu stellen und sie bestenfalls zum Handeln zu motivieren!

Ihr schönstes Erfolgserlebnis?

Ein berufliches Erfolgserlebnis ist auf alle Fälle, dass ich es geschafft habe, die SchülerUni bis 2015 fortführen zu können. Nicht allen Projekten gelingt es, nach Abschluss der Projektlaufzeit weiterzumachen. Meistens hapert es am Geld. Auch hier kommt jetzt wieder die Kommunikation und das Schreiben ins Spiel: Hierfür musste ich Förderanträge, Entwürfe für Kooperationsvereinbarungen, Zuwendungsanträge und viel Zeit in Überzeugungsarbeit und Arbeitstreffen stecken, bis es dann endlich so weit war. Netzwerken ist hier auch das Zauberwort, ohne das es auch in Wissenschaft und Bildung nicht geht.

Sie haben für Ihr Bildungsengagement aber auch schon Auszeichnungen erhalten.
Ja, das gehört auch zu unseren Erfolgsgeschichten. Das Konzept der SchülerUni hat auch die Vereinten Nationen überzeugt. Sie hat uns für die Jahre 2009/2012 und 2011/2012 als offizielles UN-Dekadeprojekt »Bildung für Nachhaltige Entwicklung« ausgezeichnet. Im September 2012 wurden wir zudem auch von der UN als offizielles Projekt der UN-Dekade »Biologische Vielfalt« geehrt. Doch auch hier gilt, dass wir diese Auszeichnungen nicht einfach durch unser Engagement erhalten haben, sondern dass wir das auf der Basis von mehrseitigen Bewerbungen erhalten haben.

Der härteste Rückschlag?
Rückschläge würde ich das in meinem Bereich nicht unbedingt nennen. Klar ist es ärgerlich, wenn ich an mehreren Wochenenden und Nächten an einem 50-seitigen Antrag schreibe, der dann abgelehnt wird. Das ist dann für den Moment ein Rückschlag, aber das gehört zu meinem Job.

Familie, Beruf und Balance – wie ist das bei einer Projektleiterin? Müssen Sie viel reisen?
Reisen muss ich eigentlich selten. Ich bin vielleicht dreimal im Jahr auf Reisen. Das ist nicht viel. Dafür bin ich aber in Berlin sehr häufig unterwegs, z.B. auf Konferenzen, Tagungen, Arbeitstreffen etc.

Welche Lebensqualität haben Sie?
Ich arbeite selbstbestimmt, gestalte spannende und sinnstiftende Projekte und ich komme mit interessanten Leuten aus ganz unterschiedlichen beruflichen Kontexten zusammen. Das ist für mich

Lebensqualität! Befriedigend für mich ist auch, dass ich mit meinen Bildungsformaten ein Stück weit auch Veränderungsprozesse in Gang setzen kann. Klar, es gibt immer Zeiten, wo es extrem stressig wird und leider auch wenig Zeit für meine Familie bleibt.

Gibt es Zukunftsängste?

Klar, die gibt es! Zumal ich einen befristeten Job habe. Als ich meinen letzten festen Job an den Nagel gehängt habe, um am FFU zu arbeiten, haben mich Freunde und Kollegen für verrückt erklärt. Komischerweise macht mir die Unsicherheit aber weniger Angst als etwa ein Arbeitsverhältnis, das zwar sicher ist, aber dafür zu wenige Gestaltungsspielräume bietet.

Rückblickend habe ich gelernt, trotz oder gerade wegen der befristeten Arbeitsverhältnisse immer zuversichtlich und flexibel zu sein. Durch die sehr unterschiedlichen beruflichen Zusammenhänge konnte ich mir über die Jahre ein gutes Kontaktnetzwerk aufbauen, von dem ich persönlich und beruflich profitiere.

Was verdienen Sie im Jahr?

Der Verdienst im öffentlichen Dienst ist kein Geheimnis und für jeden einsehbar. Als wissenschaftliche Mitarbeiterin mit Hochschulabschluss berechnet sich das Gehalt nach der Berufserfahrung. Geregelt ist das im Tarifvertrag für den öffentlichen Dienst der Länder: In meinem Fall ist das TV-L E 13.

Was braucht man an Voraussetzungen, damit man in diesem Bereich erfolgreich arbeiten und viel bewirken kann?

Notwendig ist ein hoher Anteil an Eigenmotivation, Selbstmanagement, hohe Kommunikations- und Schreibfähigkeit sowie soziale Kompetenz und Organisationstalent.

Die »Macht der Worte«: Welche Assoziation löst das bei Ihnen aus? Nutzen Sie »Die Macht der Worte« in Ihrem Beruf?

Als Politologin könnte ich mit der »Macht der Wörter« auch assoziieren, dass man anderen die Worte aufzwingen will und dass Worte und Sprache als Machtinstrumente missbraucht werden können. Ich möchte aber lieber dabei an die positive Macht der Wörter denken. Also dass Sprache und Worte magisch sein können, dass sie Kraft, Leidenschaft entwickeln und andere zum Nachdenken, Innehalten und Mitmachen motivieren können. Gerade im universitären Kontext verstecken sich viele Wissenschaftler hinter scheinbar komplexen Vorträgen und langen Satzgebilden, die aber häufig eher hilflos statt mächtig wirken.

Mit der SchülerUni praktizieren wir eine neue Form der Wissenschaftskommunikation. Mit partizipativen Vermittlungsmethoden vermitteln wir komplexe und abstrakte Themen und machen sie so für Kinder greifbar. Der Aufenthalt der Kinder an der Uni wird so auch zu einem Erlebnis und sie lernen die Universität als interessanten Ort des Dialogs kennen.

Im Kontext meiner Arbeit verstehe ich mich als Netzwerkerin, die ganz unterschiedliche Akteure aus unterschiedlichen Disziplinen, Berufen und mit ganz unterschiedlichen Erfahrungen und Denkweisen miteinander verbindet, um mit ihnen gemeinsam mehr Menschen zu einem verantwortungsvollen Umgang mit unseren natürlichen Ressourcen zu bewegen.

•••

Netzwerken und Kreatives Schreiben

Wenn Karola Braun-Wanke nicht über von ihr beschworene Fähigkeiten – wie Eigenmotivation, Selbstmanagement, hohe Kommunikations- und Schreibfähigkeit, hohe soziale Kompetenz und Organisationstalent – verfügen würde, dann hätte sie ihre SchülerUni nicht umsetzen können. Eine »Netzwerkerin« muss mit vielen Fähigkeiten ausgestattet sein und sehr selbstständig ans Werk gehen.

Auch die Wissensvermittlung über Kreatives Schreiben ist innovativ: Die SchülerUni beschäftigt sich thematisch mit Nachhaltigkeit und Klimaschutz. Das assoziiert man zunächst mit Naturwissenschaften.

Wie passt Kreatives Schreiben hier hinein?

Der Begriff Nachhaltigkeit ist zu abstrakt für Kinder. Es ist wichtig, ihn ihrem Alter entsprechend herunterzubrechen und konkret zu machen. So, dass sie ihn mit »Herz, Kopf und Hand« begreifen. Das kann man mit Kreativem Schreiben wunderbar machen. Es ist ein Handwerk, das man in allen Schulfächern und Bereichen als Technik einsetzen kann. Kreatives Schreiben regt die Fantasie an und die Kinder an der SchülerUni entwerfen schreibend eine Welt, wie sie ihnen gefällt. Sie reden nicht nur darüber, wie ihre Welt aussehen soll, sondern sie (be)schreiben: Das macht sich viel stärker fest, als wenn sie nur reden würden. Kreatives Schreiben holt unbewusste Prozesse ins Bewusstsein und erreicht »Aha!«-Effekte. Nicht zuletzt dadurch wirkt es so stark. Durch die Abenteuergeschichten, durch die die Kinder schreibend emotionale Erlebnisse haben, macht sich alles fest und wird erinnert.

Mit dem Perspektivwechsel zum »Minister für Umwelt, Klima und Energie« können Kinder gedanklich in eine Machtposition wechseln und sich dann eine Prioritätenliste der Veränderung erstellen. Was man schreibend verankert, bleibt erhalten, weil es sich über die

»Macht der Worte« in uns festmacht. Für den Wissenstransfer auch in andere Bereichen ist diese anschauliche Methode eine wunderbare Technik und ein Vorbild.

Was bringt es Fünft- und Sechstklässlern, mit Kreativem Schreiben zu arbeiten?

Schreibdidaktik für Erwachsene und Kinder unterscheidet sich natürlich. Kinder reagieren sehr unmittelbar auf das Kreative Schreiben. Egal ob die Kinder aus dem Wedding oder aus dem Westend kommen: Sie bringen sehr viel mit an Kreativität und Neugier. Sie haben definitiv Spaß am Schreiben, erleben schreibend und lesend Emotionalität und Begeisterung. An der SchülerUni bekommen sie mit dem Kreativen Schreiben einen Rahmen, in dem sie eigene Ideen ausarbeiten können. Bildungsfern oder bildungsnah: Gerade die Geschichten von Kindern mit Migrationshintergrund sind zum Teil sehr berührend. Auch die Lehrer profitieren, weil sie inhaltlich Input bekommen und gleichzeitig einige Methoden des Kreativen Schreibens kennen lernen, die sie in anderen Fächern verwenden können.

Klar ist: Will man Zukunft mit Bildung gestalten, gehört professionelles Schreiben und Schreibdidaktik in vielen Variationen dazu. Die SchülerUni ist ein gutes Beispiel dafür.

| KAPITEL 19 |

Schreibzentrum (Universität)

Die Macht der Worte als Wirtschaftsfaktor

Dr. Katrin Girgensohn, Wissenschaftliche Leiterin des Schreibzentrums der Europa-Universität Viadrina Frankfurt (Oder)

Das Schreibzentrum ist das Dach für alle Aktivitäten rund um die Schlüsselkompetenz Schreiben an der Europa-Universität Viadrina. Es unterstützt Studierende und Promovierende dabei, selbstbewusst und überzeugend zu kommunizieren und das Schreiben als Medium kritischen Denkens zu nutzen. Gespräche über Schreibprozesse und Texte sind etwas, von dem alle Schreibenden – versierte wie unerfahrene – profitieren.

Webseite: *www.europa-uni.de/schreibzentrum*
Kontakt: *girgensohn@europa-uni.de*

Interview mit Dr. Katrin Girgensohn

Dr. Katrin Girgensohn ist eine der Pionierinnen deutscher Schreibzentren. Engagiert und leidenschaftlich kämpfte sie für die Errichtung des Schreibzentrums an der Europa-Universität Viadrina. Im April 2007 – direkt nach ihrer Promotion »Neue Wege zur Schlüsselqualifikation Schreiben« – war es endlich so weit. Katrin Girgensohn konnte das Schreibzentrum der Europa-Universität aufbauen. Die wissenschaftliche Leiterin war im letzten Jahr im Rahmen einer von der Deutschen Forschungsgesellschaft (DFG) finanzierten Forschungsreise in den USA auf den Spuren amerikanischer Schreibzentren unterwegs.

In Leserbriefen in der FAZ beklagten vor Kurzem einige Professoren, dass die »Schlüsselqualifikation Schreiben« in Deutschland Mangelware sei. Warum richten die Universitäten in Deutschland dann nicht so schnell wie möglich Schreibzentren ein?

Weil die Universitäten chronisch unterfinanziert sind. In Deutschland müssen diese mit dem Geld haushalten, das sie bekommen. Alle Lehrstühle, alle Einrichtungen, die gesamte Verwaltung, müssen mit dem Betrag x auskommen, der eher geringer wird als höher. Wenn eine Uni ein Schreibzentrum einrichtet, bedeutet das, sie muss an anderer Stelle kürzen. Aber da bereits so viel gekürzt worden ist, bleibt wenig Spielraum und es ist schwierig, etwas Neues zu etablieren. Deshalb sind Drittmittel so wichtig – Fördergelder, die zusätzlich zum Haushalt fließen. Aber die meisten Drittmittel werden für Forschung vergeben.

Die Aufgaben und Angebote von Schreibzentren

Schreibzentren bieten in Einzelgesprächen Klärung zu Fragen nach dem »wie« von entstehenden Texten und Begleitung von Schreibprozessen an. Darüber hinaus führen sie Seminare und Workshops zum Beispiel zum Thema wissenschaftliches Schreiben, aber auch zum Kreativen Schreiben durch. Das eine befruchtet das andere: Die Teilnehmer stärken durch das Kreative Schreiben ihren Mut, eine eigene Stimme und Haltung zu entwickeln.

So werden sie auch besser im wissenschaftlichen Schreiben. Wie man einen wissenschaftlichen Text liest und ihn dann in eigene Worte fasst, das können sie durch die Hilfe im Schreibzentrum lernen. Der Blick darauf, dass Schreiben ein Prozess ist, hilft Studierenden zu akzeptieren, dass Schreiben Zeit braucht. Die Erkenntnis, mit Schreibproblemen und auch mit der Zeit – der Arbeitsorganisation etc. – nicht allein zu sein, kann den »Uni-Bluff« (bloß nicht zugeben, wenn man etwas nicht verstanden hat!) auflösen. Eine gute Voraussetzung dafür, mit der wissenschaftlichen Arbeit richtig loslegen zu können. Schreibzentren arbeiten aber auch mit Lehrenden zusammen. Dabei geht es u.a. darum, wie in der Lehre Schreiben als Lernmedium besser genutzt werden kann. In vielen Schreibzentren sind außerdem Forschungsprojekte in der Schreibwissenschaft Bestandteil ihrer Arbeit.

Die Universitäten streben nach dem Exzellenzstatus. Gehört die Schlüsselqualifikation »Schreiben« nicht dazu?

Doch, natürlich. Forschung ohne Schreiben ist sinnlos, denn ohne schriftliche Ergebnisse wird kein Wissen geschaffen, das in der Welt bleibt. Das gilt für alle Fächer, auch für die Naturwissenschaften. Ohne Schreibfertigkeiten gibt es also keine Exzellenz. Das fängt schon bei den Anträgen an, mit denen sich die Universitäten für die Exzellenzförderung bewerben: Umfangreiche Schriftstücke sind das und sie müssen äußerst zielgruppengerecht geschrieben werden. Gute Ideen und gute Forschungsprojekte reichen nicht aus, damit man gefördert wird, man muss auch in der Lage sein, sie überzeugend schriftlich zu präsentieren.

Forschung ohne Schreiben ist sinnlos, denn ohne schriftliche Ergebnisse wird kein Wissen geschaffen, das in der Welt bleibt

Doch wie gesagt, das Problem ist die relativ einseitige Ausrichtung auf die Forschung. Eigentlich sollten die deutschen Universitäten Forschung und Lehre vereinen und dazu müsste gehören, dass die forschenden Lehrenden auch lehren, wie man in ihrem Fach schreibt. Lehre wird aber zu selten gefördert. Eine erfreuliche Ausnahme machte vor Kurzem das Bundesministerium für Bildung und Forschung. Hochschulen konnten sich für Fördergelder bewerben, um die Studienqualität zu verbessern. In diesem Rahmen werden zahlreiche Initiativen gefördert, die wissenschaftliches Schreiben an Hochschulen vermitteln. Das ist eine gute Sache, aber eigentlich müsste es so sein, dass dies im Rahmen der Grundausstattung der Hochschulen finanziert wird.

Wäre es bei den nicht als exzellent getesteten Universitäten nicht besonders nötig und förderungswürdig, den Studenten solides Schreibhandwerk zu vermitteln?

Nein, das ist überall gleich wichtig. Ob eine Uni als »exzellent« eingestuft wird oder nicht, hat nichts mit der Qualität der Lehre zu tun. Die Studierenden bekommen meistens von der Exzellenzförderung herzlich wenig mit. Alle Hochschulen müssen Studierende dabei unterstützen, ihre Schreibkompetenzen auszubauen. Schreibzentren, in denen individuelle Schreibberatung durch ausgebildete Studierende angeboten wird, sind ein besonders guter Weg dafür.

Schreibprozesse verlaufen bei verschiedenen Menschen unterschiedlich, wir sprechen von verschiedenen Schreibtypen

Die individuellen Gespräche auf Augenhöhe bieten viele Vorteile. Schreibprozesse verlaufen bei verschiedenen Menschen unterschiedlich, wir sprechen von verschiedenen Schreibtypen. In Einzelgesprächen kann man darauf besser eingehen. Außerdem ist Schreiben ja nicht nur das Tippen auf der Tastatur, es gehört viel mehr dazu. So zum Beispiel auch das Entwickeln von Ideen und Argumentationen. Das geht viel besser im Gespräch mit anderen.

Interview mit Dr. Katrin Girgensohn

Hinweis

»Nahezu jeder, der schreibt, mag es – und braucht es –, über sein oder ihr Schreiben zu reden. Am liebsten mit jemandem, der wirklich zuhört, der weiß, wie man zuhört und der ebenfalls weiß, wie man über das Schreiben spricht. Ein Schreibzentrum ist eine institutionalisierte Antwort auf dieses Bedürfnis« (Stephen North, The Idea of a Writing Center).

Heinrich von Kleist nannte das »die allmähliche Verfertigung der Gedanken beim Reden«. Und schließlich brauchen alle, die schreiben, Leserinnen und Leser. In Schreibzentren finden Studierende ihre Leserinnen und Leser. Das Tolle ist: Diese Leserinnen und Leser sind geschult darin, über Texte zu reden. Sie können also auf eine Weise ihre Leseeindrücke schildern, die den Schreibenden hilft, zu verstehen, wie sie ihre Texte verbessern können.

Das alles ist unabhängig davon zu sehen, ob jemand bereits versiert schreiben kann oder nicht. Schreibzentren sind Ort für alle, nicht nur für diejenigen, über die sich die Professoren in der FAZ mokiert haben. Ich selbst würde mich durchaus als professionelle Schreiberin bezeichnen und ich hole mir *immer* Rückmeldung zu meinen Texten. Ich nutze die Schreibberatung in meinem Schreibzentrum gerne selbst und ich betrachte es als großes Glück, dass ich oft in Zeitschriften publiziere, wo in den Peer-Review-Gremien Kolleginnen und Kollegen sitzen, die sehr produktives Feedback geben.

Übrigens ist das ein Standard-Verfahren in der Wissenschaft: Publikationen werden immer durch andere Wissenschaftlerinnen und Wissenschaftler begutachtet. Es ist ganz normal, dass man vor einer Veröffentlichung seine Artikel noch einmal überarbeiten muss. Dabei lernt man, die eigenen Texte von außen zu betrachten, aus der Perspektive der Lesenden. Aber von Studierenden wird erwartet, das von alleine zu lernen. Sie geben eine Hausarbeit ab und das war's. Keine Rückmeldung, was sie noch überarbeiten sollten, bevor der Text endgültig steht.

Welche Schreibtypen gibt es und welche Schreibübungen sind für wen sinnvoll?

Bin ich ein Planer, ein Drauflosschreiber, ein Mehrversionenschreiber oder ein Patchworkschreiber? Schreibtypen unterscheiden sich erst einmal darin, wie sie sich dem Schreiben nähern: Überlege und plane ich oder schreibe ich gleich los? Arbeite ich mit mehreren Versionen und verwerfe ich von denen dann alle bis auf eine? Es gibt auch »Patchworkschreiber«, die sprunghaft schreiben und erst Teile zusammensuchen, die sie dann wieder überarbeiten. Entsprechend dazu gibt es Schreibübungen, die unterstützen.

Hier ein Tipp für Planer, denen noch Ideen fehlen: Holen Sie sich einen Bildimpuls, ein Foto, eine Abbildung, die mit Ihrem Thema zu tun hat. Schreiben Sie einfach mal drauflos. Fünf Minuten – einfach zu allem, was Ihnen zu diesem Foto und Ihrem Thema einfällt. Beginnen Sie mit dem Satz: »An meinem Thema finde ich besonders spannend, dass ...« oder »Auf dem Foto sehe ich, dass ...« und dann legen Sie den Stift fünf Minuten lang nicht aus der Hand, sondern schreiben einfach herunter, was Sie beschäftigt. So kommt zutage, was alles in Ihnen steckt, Sie begeistert und vielleicht erst herauskommt, wenn Sie auf die Form und Struktur zunächst verzichten. Lassen Sie Ihren Assoziationen freien Lauf. Halten Sie aus, dass es Ihnen zunächst chaotisch scheint. Nach einer Pause dürfen Sie Ihren Text kritisch mustern und überlegen, an welcher Stelle er sinnvoll scheint und Neues birgt. Genießen Sie das Spiel mit Ihrer Kreativität!

Sie sind gerade mit einem Stipendium in den USA, um Ihr Habilitationsprojekt umzusetzen, in dem es um die Frage geht, was Schreibzentren erfolgreich macht. Sie haben das Schreibzentrum an der Europauniversität Viadrina in Frankfurt/Oder so aufgebaut, dass es als Modell für andere Universitäten in Deutschland gilt. Warum dann der Blick in die USA, wenn Sie doch wissen, wie man es macht?

Es freut mich, wenn Sie in unserem Schreibzentrum ein Modell für andere Universitäten sehen. Aber wir waren keineswegs die Ersten in Deutschland. Die Schreibzentren der Universitäten Bielefeld und Bochum und das Schreibzentrum der Pädagogischen Hochschule in Freiburg waren z.B. für mich Vorbilder und der Austausch mit den Kolleginnen und Kollegen dort eine große Unterstützung. Aber insgesamt betrachtet steht die Etablierung von Schreibzentren in Deutschland doch noch ziemlich am Anfang. Daher der Blick in die USA. Dort hat es vor gut dreißig Jahren eine ähnliche Entwicklung gegeben, wie sie sich jetzt hier abzeichnet: Ausgehend von einzelnen Writing Labs an verschiedenen Hochschulen hat sich die Idee von Schreibzentren immer mehr durchgesetzt, bis es schließlich dazu kam, dass Schreibzentren so selbstverständlich zu Hochschulen dazugehören wie Immatrikulationsbüros. Es gibt kaum noch Hochschulen, die keine Schreibzentren haben.

Diese Entwicklung in den USA hat nicht von alleine stattgefunden. Dahinter stecken Menschen, die sich stark für ihre Schreibzentren und darüber hinaus engagiert haben. Sie haben sich mit Lernmethoden, Schreibprozesstheorien, aber auch mit den bildungspolitischen Entwicklungen auseinandergesetzt und sich eingemischt. Sie haben sich vernetzt, Fachzeitschriften und Konferenzen ins Leben gerufen und sich gegenseitig unterstützt. Ich habe mich mit vielen dieser Menschen getroffen, um von ihren reichen Erfahrungen zu profitieren und damit die hiesigen Entwicklungen vielleicht besser vorantreiben zu können. Ich habe sie interviewt, weil ich denke, dass wir in Deutschland und Europa viel von ihnen lernen können. Natürlich haben wir andere Universitätsstrukturen hier, nicht alles lässt sich einfach übertragen.

Was ist in den USA anders als bei uns?

Der finanzielle Spielraum scheint mir größer zu sein, weil Hochschulen nicht nur vom Staat, sondern auch über Fundraising und Gebühren finanziert werden. Allerdings haben die Auswirkungen der Finanzkrise von 2008 mittlerweile die Hochschulen erreicht und hart getroffen, so dass viele meiner Kolleginnen und Kollegen mit ähnlichen finanziellen Schwierigkeiten kämpfen wie wir an deutschen Schreibzentren.

Ein wesentlicher Unterschied zwischen den USA und Deutschland in Sachen Schreiben an der Hochschule besteht darin, dass dort generell Einigkeit über die Aufgabe der Hochschule besteht, Studierenden Schreibkompetenzen zu vermitteln. Natürlich gibt es auch dort die Klagen über die von der Schule zu schlecht vorbereiteten Studierenden. Aber dem Schreiben wird innerhalb der Lehre ein hoher Stellenwert zugestanden. So müssen zunächst alle Studierenden, ganz unabhängig davon, was sie studieren, ein Schreibseminar besuchen.

> *Ein wesentlicher Unterschied zwischen den USA und Deutschland besteht darin, dass dort generell Einigkeit über die Aufgabe der Hochschule besteht, Schreibkompetenzen zu vermitteln*

Viele Hochschulen haben außerdem »writing-across-the-curriculum«-Programme, die Lehrende dabei unterstützen, das Schreiben als Lernmedium gezielter einzusetzen in ihren Lehrveranstaltungen. Lehrende können sich beraten lassen, wie sie produktive Rückmeldungen auf studentische Texte geben, wie sie Schreibaufgaben konzipieren oder wie sie die Studierenden anleiten, einander Feedback zu geben. Im Curriculum gibt es »schreibintensive« Lehrveranstaltungen in allen Fächern, in denen besonders viel geschrieben wird. Manche Hochschulen verbinden diese Lehrveranstaltungen mit dem Einsatz von Writing Fellows, speziell geschulten Studierenden, die Rückmeldungen zu den Schreibaufgaben für diese Lehrveranstaltungen geben.

Ein besonderes überzeugendes Vorbild ist das Modell des Peer Tutoring an dortigen Schreibzentren. Dabei geht es um die Idee, dass Studierende einander in ihren Lernprozessen unterstützen. Grundsätzlich ist die Idee studentischer Tutorinnen und Tutoren an Hochschulen natürlich nicht neu, auch in Deutschland nicht, aber im Bereich der Writing Centers ist diese pädagogische Idee des collaborative learning besonders intensiv weiterentwickelt und theoretisch fundiert worden. An Schreibzentren erhalten Tutorinnen und Tutoren eine fundierte Ausbildung, sie bilden sich fortlaufend weiter, sie werden durch Mentorinnen und Mentoren betreut, sie haben eigene Konferenzen und Fachzeitschriften. Sie reflektieren ihre Tätigkeiten sehr intensiv und entwickeln sich dadurch auch selbst fortlaufend weiter. Und sie entwickeln die Schreibzentren, an denen sie arbeiten, weiter. Schreibzentren sind studentische Orte, aber intellektuelle studentische Orte. In Schreibzentren finden Fachdiskussionen statt, ein akademischer Austausch – aus studentischer Perspektive.

Alle diese Angebote gibt es also und Schreibzentren bieten zusätzlich dazu Einzelberatungen und Workshops an. In Deutschland sind Schreibzentren dagegen oft die einzige Einrichtung in der Hochschule, die sich dem Schreiben widmet.

Glauben Sie, dass die Einrichtung von Online-Gruppen und Peer Tutoring sich in Deutschland verbreiten wird?

Ja, sicher. Schreibgruppen, ob online oder live, bringen Schreibende voran. Sie motivieren, sie verbessern die Qualität von Texten und sie verringern die Einsamkeit beim Schreiben. Wer sich um das eigene Fortkommen in Sachen Schreiben kümmern will, sollte sich daher schleunigst eine Schreibgruppe suchen!

Peer Tutoring wird sich sicher weiterverbreiten, weil es eine gute Idee ist und diese Idee nicht mehr zu stoppen ist. Ich habe im letzten Jahr so viele Stellenanzeigen zur Entwicklung von Peer-Tutoring-Programmen für wissenschaftliches Schreiben gesehen, wie in den letzten zehn Jahren zusammen nicht. Das wird nicht einfach wieder verschwinden.

Hat Deutschland die Chance, den Vorsprung angelsächsischer Länder aufzuholen? Und sollten wir uns damit beeilen?

Ja, auf jeden Fall. Wenn ich überlege, was sich hier in den letzten zehn Jahren alles entwickelt hat in Sachen Schreibdidaktik, dann bin ich sehr optimistisch. Beeilen sollten wir uns natürlich im Interesse der Studierenden bzw. im Interesse aller am Schreiben interessierten Menschen.

Man kann das Thema auch ökonomischer betrachten: Wissenschaft und Kultur sind für ein Land, das so wenig Rohstoffe hat wie Deutschland, ein wichtiger Standortfaktor. Es ist daher einfach ein Muss, junge Menschen gut darauf vorzubereiten, in einer globalisierten und digitalisierten Welt zu kommunizieren.

Welche Möglichkeiten sehen Sie, das Thema voranzutreiben?

Wir müssen uns vernetzen und austauschen. Konferenzen, Workshops, Symposien – wir sollten alle Gelegenheiten dafür nutzen.

Ich halte außerdem Aktionen für wichtig, die unsere Arbeit öffentlich sichtbar machen. »Die Lange Nacht der aufgeschobenen Hausarbeiten« ist ein gutes Beispiel dafür. Wir haben diese Veranstaltung 2010 zum ersten Mal durchgeführt, indem wir unser Schreibzentrum eine ganze Nacht lang öffneten und Studierende einluden, ihre Hausarbeiten in einer ungewöhnlichen Arbeitsatmosphäre voranzutreiben. Wir haben neben Schreibberatung auch Schreibtisch-Yoga, eine kleine Nachtwanderung und andere kurze Arbeitsunterbrechungen angeboten, aber vor allem haben die Studierenden konzentriert geschrieben. Wir waren sehr erstaunt, dass nicht nur die Studierenden, sondern auch die Presse begeistert von unserer Idee war. Wir hatten das große Vergnügen, eine Pressekonferenz zu geben, bei der Journalisten von ZEIT, Spiegel Online, FAZ und anderen Medien zugegen waren – das war ein Traum! Im nächsten Jahr haben sich fünf weitere Schreibzentren unserer Aktion angeschlossen und dieses Jahr war die Lange Nacht sogar schon ein weltweites Event – mit einer »Long Night against Procrastination« in den USA.

Hinweis

Was raten die Schreibexperten bei »Aufschieberitis«? Sie raten:

- anzufangen
- sich nicht mit dem Schreiben im stillen Kämmerlein abzuschotten

- Verbündete zu suchen
- Schreibzentren zu besuchen
- sich aktiv und in Verbund mit anderen mit dem Schreiben, den eigenen Schreibprozessen auseinanderzusetzen
- Texte zu besprechen usw. ...

Die Lange Nacht der aufgeschobenen Hausarbeiten findet ab 2013 jedes Jahr am ersten Donnerstag im März statt. Wer an seiner Hochschule mitmachen will, sollte dafür Sorge tragen, dass während des Events Schreibberatung angeboten wird. Mehr Infos unter *http://schreibnacht. wordpress.com.*

Wie haben Sie entdeckt, dass Schreibkompetenz zu vermitteln Ihre Berufung ist? Welche Ausbildung(en) oder Studien haben Sie dafür absolviert?

Ich war schon immer sehr am Schreiben interessiert und habe mir einen Beruf gewünscht, bei dem ich viel schreibe. »Vom Schreiben leben können« war meine Vision, aber viele Ausbildungsmöglichkeiten schien es nicht zu geben. Nachdem ich mich vergeblich für Dramatisches Schreiben und für Drehbuchschreiben beworben hatte, waren die Möglichkeiten auch schon erschöpft. Also habe ich Neuere Deutsche Literaturwissenschaften studiert, in der Hoffnung, so mehr über das Schreiben zu lernen. Leider hatte mein Studiengang eine sehr produktorientierte Sichtweise – wir haben immer über die Texte diskutiert, nie über Entstehungsprozesse. Auch das wissenschaftliche Schreiben wurde nicht gelehrt. Wie wir Hausarbeiten schreiben sollen, mussten wir uns irgendwie selbst beibringen.

Es war trotzdem ein interessantes Studium, ich habe sehr viel über deutsche Literatur gelernt. Aber für meinen Wunsch nach Schreiben musste ich mir selbst etwas organisieren. Wir hatten an der Humboldt-Universität die Möglichkeit, ein so genanntes Projekttutorium zu organisieren, eine studentisch durchgeführte Lehrveranstaltung. Gemeinsam mit zwei Kommilitonen haben wir »Kreative Literaturgeschichte« angeboten und sehr viele kreative Schreibübungen gemacht. Ich habe mir außerdem Schreibgruppen organisiert.

Wie haben Sie diese Erfahrungen für Ihren späteren Berufsweg geprägt?

Ich habe beschlossen, genau da weiterzugehen. Parallel zum Studium habe ich deshalb eine Ausbildung am Berliner Institut für Kreatives Schreiben absolviert. Bei Claus Mischon und Eduard Blöchl habe ich viel darüber gelernt, wie man kreative Schreibgruppen anleitet. Das brachte mir ein Zertifikat als »Poesiepädagogin« ein, das mir Türen zu Volkshochschulen und anderen Weiterbildungsträgern geöffnet hat. Dort habe ich gemeinsam mit meiner Kollegin Ramona Jakob viele Jahre lang kreative Schreibkurse angeboten, während ich noch studierte. Für mich war das nicht nur ein Job, sondern ein wunderbarer Ausgleich zum theoretischen Studium. Die Schreibgruppen und Schreibkurse waren außerdem meine Ausrede, mir die Zeit zum eigenen Schreiben zu stehlen. Denn meine Zeit war immer knapp, da während meines Studiums auch unsere beiden Töchter zur Welt kamen.

Meine liebste Schreibgruppe, die Gruppe Weibergeflüster, bestand neun Jahre lang und war ein tolles Experimentierfeld für alle möglichen Schreiberfahrungen. Daraus ist später unser Buch »66 Schreibnächte« hervorgegangen. Ramona und ich haben nach vielen Jahren gemeinsamen Schreibens darüber nachgedacht, wie viel Vergnügen wir hatten und was für inspirierende Ideen in unseren Schubladen schlummern. Also haben wir uns zusammengesetzt und die »66 Schreibnächte« geschrieben. Das war mein erstes publiziertes Buch. Wir haben ziemlich schmerzhaft lernen müssen, wie viel Arbeit ein Buch noch macht, nachdem man das erste Manuskript verfasst hat. Aber die Arbeit hat sich gelohnt und wir sind sehr stolz, dass das Buch zehn Jahre nach der ersten Veröffentlichung im Schneider-Verlag wieder neu aufgelegt wurde.

Wie sind Sie dann weiter vorgegangen, um Ihr Ziel zu erreichen?

Nach dem Studium habe ich dann versucht, mich als Schreibtrainerin selbstständig zu machen. Zu der Zeit habe ich es aber nicht geschafft, von meinen Kursen, Workshops und Literatursalons zu leben. Deshalb habe ich nebenher als Anwaltssekretärin gearbeitet. Ich habe viel geschrieben, aber leider war das nur ein Abtippen der auf Band diktierten Briefe und Akten. Immerhin habe ich dabei gelernt, schnell zu tippen.

Während ich freiberuflich als Schreibtrainerin arbeitete, habe ich versucht, ein möglichst breites Angebot zu entwickeln, um herauszufinden, was gut läuft. So habe ich Schreibreisen und Stadtführungen mit Kreativem Schreiben angeboten, habe mich bei verschiedensten Bildungseinrichtungen beworben und auch selbst an Ausschreibungen für Projektgelder teilgenommen. Eine solche Ausschreibung war zum Beispiel ein Wettbewerb des Quartiersmanagements Friedrichshain. Wir bekamen die Möglichkeit, eine Schreibwerkstatt mit Anwohnern verschiedener Generationen durchzuführen. Diese Erfahrung war so schön, dass wir die Gruppe über mehrere Jahre fortführten. Wir haben ältere und jüngere Menschen angeleitet, Ereignisse aus ihrem Leben aufzuschreiben, sie literarisch zu gestalten und sich darüber miteinander auszutauschen. Diese Schreibwerkstatt, das »Friedrichshainer Kaleidoskop der Erinnerungen«, gehört zu meinen besten Erfahrungen als Schreibtrainerin, weil ich erleben konnte, dass Schreiben Menschen verändern und Verständnis füreinander bewirken kann. Inzwischen leben einige unserer ehemaligen Teilnehmerinnen nicht mehr, aber durch unsere Schreibgruppe sind viele ihrer Erinnerungen noch immer lebendig.

Rein finanziell betrachtet, was hat funktioniert, wovon konnten Sie gut leben?

Finanziell gesehen war es aber nicht das kreative oder biografische Schreiben, das sich gelohnt hat, sondern das wissenschaftliche Schreiben. Hier war die Nachfrage am höchsten. Nun hatte ich ja gerade auf diesem Gebiet keine Ausbildung – wenn man von meinem Studium absieht, aber da gab es, wie gesagt, eigentlich keine Anleitung in diesem Bereich. Also habe ich angefangen, mich selbst weiterzubilden. Zu der Zeit gab es, zumindest auf Deutsch, noch nicht so viel zu lesen zur Didaktik des wissenschaftlichen Schreibens. Ich habe Artikel und Bücher von Gabriela Ruhmann, Otto Kruse und Gerd Bräuer studiert und daraus schreibdidaktische Übungen abgeleitet, die ich dann in meinen Workshops erprobt habe.

Das Experimentieren mit Schreibaufgaben in Workshops war ich ja gewöhnt, das hat mir den nötigen Mut gegeben. Und weil es gut lief, habe ich mich schließlich auch getraut, Workshops für Doktoranden zu geben. Dabei habe ich viele interessante Menschen getroffen, die ich immer ein bisschen beneidete um ihre Forschungsprojekte und ihre Möglichkeit, sich über mehrere Jahre hinweg mit einem Schreibprojekt zu befassen – denn eine Doktorarbeit ist ein großes Schreibprojekt.

Wann und wieso haben Sie sich dann entschlossen, selbst zu promovieren?

Es waren diese Begegnungen mit Doktoranden in den Workshops, die mich dazu gebracht haben, selbst eine Promotion ins Auge zu fassen. Ich habe eine Weile gezögert, weil ich mich selbst zunächst nicht als Wissenschaftlerin gesehen habe, sondern als (Schreib-) Praktikerin. Aber je mehr ich las, desto mehr habe ich verstanden, dass die Forschung über Schreibprozesse und Schreibdidaktik wichtig ist, weil sie die Praxis bereichern und weiterbringen kann. Außerdem habe ich beim Konzeptionieren meiner Workshops selbst eine ganze Menge über wissenschaftliches Schreiben gelernt und es fing an, mich genauso zu faszinieren wie fiktionales oder biografisches Schreiben – ich konnte mir vorstellen, selbst wissenschaftlich zu schreiben. Zu der Zeit bekam ich als Schreibtrainerin Lehraufträge für wissenschaftliches Schreiben an der Europa-Universität Viadrina und begegnete dort meinem späteren Doktorvater, Hartmut Schröder. So wurde diese Uni zu meiner neuen intellektuellen Heimat. Zugleich habe eine weitere Ausbildung zur wissenschaftlichen Schreibberaterin bei Gerd Bräuer absolviert, die von der PH Freiburg angeboten wird und überwiegend online abläuft.

Hinweis

Wissenschaftliches Schreiben ist an eine bestimmte Form und Sprache gebunden. Kreatives Schreiben ist »ohne Korsett«, auf einen Impuls hin eine Geschichte oder ein Gedicht schreiben; Biografisches Schreiben hängt mit der eigenen Biografie zusammen – könnte zum Beispiel die Antwort auf die Frage sein: »Was war mein schönstes Erlebnis als Kind?« Fiktionales Schreiben ist die Kunst, Geschichten zu entwickeln.

Welchen Raum nimmt bei Ihnen das eigene Schreiben ein?

Wenn Sie mit »eigenem Schreiben« mein privates Schreiben meinen, also das Schreiben jenseits des Berufs, dann muss ich sagen, dass es deutlich weniger Raum einnimmt als früher. Möglicherweise liegt es daran, wie stark sich berufliches Schreiben und privates Schreiben vermischen. Ich arbeite z.B. auch in meiner Freizeit an wissenschaftlichen Artikeln oder blogge über Schreibzentren. Auch mit meiner Online-Schreibgruppe, mit der ich hauptsächlich meine wissenschaftlichen Artikel bespreche, treffe ich mich in meiner Freizeit.

Ich schreibe aber noch Tagebuch und habe eine private Schreibgruppe, in der wir fiktionale und poetische Texte schreiben und besprechen. Im November nehme ich traditionell am NaNoWriMo teil – dem National Novel Writing Month. Dann versuche ich, in 30 Tagen ein Romanmanuskript mit 50.000 Wörtern zu schreiben. Das mache ich aus Spaß an der Freude, wie man so schön sagt.

Hinweis

NaNoWriMo, oder *National Novel Writing Month*, ist eine Aufforderung an Schreibende, innerhalb der 30 Tage des Monats November einen Roman mit mindestens 50.000 Wörtern zu verfassen. Der *National Novel Writing Month* hat auch international einen enormen Zulauf. Der Amerikaner Chris Baty hat ihn ursprünglich ins Leben gerufen. Viele Autorinnen und Autoren wurden mit ihren im November entwickelten Romanen mittlerweile von bekannten Verlagshäusern publiziert.

Da das Schreiben eines Romans erfahrungsgemäß nicht in einem Monat endgültig zu schaffen ist, sondern auf die kreative Phase im November noch eine länger dauernde Überarbeitung stattfinden muss, nutzen viele Schreibende den NaNoWriMo einfach als Inspirationsmonat und Kreativitätsquelle. Die begrenzte Zeit gibt ihnen den Impuls, jetzt ernst zu machen und endlich anzufangen.

Wie hoch ist der Anteil des »Schreibens« in Ihrem Job?

Der Anteil des Schreibens ist sehr hoch, das stimmt. Ich schreibe so vieles: Anträge, Berichte, wissenschaftliche Artikel und Bücher, Forschungsnotizen, Konzepte, Unterrichtsmaterialien, Homepageinhalte, Gutachten, Feedbacks für studentische Texte, Referenzen, Pressemitteilungen und vieles mehr. Einen großen Anteil machen auch die E-Mails aus, die täglich zu Hunderten kommen. Nicht alle muss ich beantworten, viele enthalten z.B. nur Informationen aus meinen verschiedenen kollegialen Netzwerken. Aber insgesamt ist deutlich zu merken, wie viel berufliche Kommunikation heute schriftlich über dieses Medium läuft – das kann richtig überwältigend sein und kann auch von anderen Aufgaben ablenken, wenn ich nicht aufpasse.

Schreiben Sie immer wieder gerne oder haben Sie auch Tage, an denen Sie sich an den Schreibtisch quälen? Bedienen Sie sich bestimmter Schreib- oder Mentaltechniken, damit das Schreiben fließt?

Wenn es mir gelingt, mir Zeit für das Schreiben von Artikeln oder Büchern freizuschaufeln, genieße ich das meistens sehr. Denn das größte Problem ist für mich nicht das Schreiben selbst, sondern der Stress, wenn ich das Schreiben zwischen viele andere Aufgaben quetschen muss und mir die Zeit im Nacken sitzt. Natürlich fällt es mir auch manchmal schwer, insbesondere das Anfangen und das Überarbeiten. Aber ich habe mich inzwischen lange genug selbst beim Schreiben beobachtet und kenne auch genug Schreibtechniken, um trotzdem voranzukommen. Ich weiß zum Beispiel, dass ich eine typische Mehrversionenschreiberin bin: Es fällt mir oft leichter, einen Textteil, mit dem ich unzufrieden bin, ganz neu zu schreiben, als ihn zu überarbeiten. Mittlerweile weiß ich einfach, dass das bei mir besser funktioniert, und ärgere mich nicht mehr so sehr über die scheinbar unnötig produzierten Textmassen auf meinem Computer.

Was verdienen Sie als wissenschaftliche Leiterin des Schreibzentrums?

Ich werde ab Oktober wieder einen Tarifvertrag mit dem Land Brandenburg haben, TVL 13 Ost. Wie viel man da verdient, ist abhängig von der Steuerklasse, davon, ob man Familie hat, und davon, wie viel Berufsjahre man schon absolviert hat. Im Internet gibt es Tarifrechner, wo man sich ausrechnen kann, wie viel das im Einzelfall ist. Grundsätzlich würde ich jedem, der ein Schreibzentrum aufbauen und leiten will, raten, sich nicht mit einer halben Stelle abspeisen zu lassen. Man arbeitet mindestens voll – am besten aber sollten mehrere Stellen geschaffen werden.

Was war Ihr schönstes berufliches Erfolgserlebnis?

Das ist schwer zu sagen. Ich habe einen tollen Beruf, der mir viele Erfolgserlebnisse ermöglicht. Es ist schön, mit meinem Tutorenteam im Schreibzentrum zusammenzuarbeiten. Wir schaffen viel und haben trotzdem viel Spaß miteinander, das genieße ich sehr. Wenn ich die Protokolle von ihren Schreibberatungen lese, habe ich oft ein Hochgefühl. Dann freue ich mich darüber, wie gut es für die Studierenden ist, die Möglichkeit einer Schreibberatung zu bekommen, und ich freue mich darüber, zu sehen, was die Tutoren selbst lernen und wie sie sich entwickeln.

Ein großer Erfolg ist es für mich auch, das DFG-Stipendium errungen zu haben, das mir einen einjährigen Forschungsaufenthalt in den USA ermöglicht hat. Es hat mir die Möglichkeit gegeben, weiterzulernen und viele wunderbare Kollegen zu treffen. Darüber hinaus hat es mir aber auch gezeigt, dass die Deutsche Forschungsgemeinschaft mein Thema wichtig findet und fördern möchte – das macht mir Hoffnung für Schreibzentren in Deutschland.

Was war der härteste berufliche Rückschlag?

Der härteste Rückschlag war die Streichung von wichtigen Fördergeldern für unser Schreibzentrum. Plötzlich sah es so aus, als ob drei Jahre Arbeit und alles, was ich aufgebaut hatte, völlig umsonst gewesen wären. Ich fand es sehr schwer, das nicht persönlich zu nehmen und optimistisch zu bleiben. Ohne meine Kollegin Franziska Liebetanz, die trotz widrigster Umstände in dieser Zeit die Leitung des Schreibzentrums übernommen hat, wäre alles vorbei gewesen. Sehr geholfen hat, dass das Tutorenteam engagiert für das Schreibzentrum gekämpft hat und der Zuspruch von vielen Kolleginnen und Kollegen aus der ganzen Welt. Trotzdem war das eine Zeit, in der ich überlegt habe, den Beruf zu wechseln.

Wir haben dennoch einen weiteren Förderantrag geschrieben und während ich in den USA war, sind die Gelder bewilligt worden, so dass das Schreibzentrum jetzt sogar besser ausgestattet ist als vorher und wir die Leitung im Team weiterführen können. Mittlerweile weiß ich, auch aus Gesprächen mit Kollegen in den USA, dass man an der Uni auf solche Rückschläge vorbereitet sein muss, unabhängig davon, wie gut man arbeitet oder was man für Leistungen bringt. Wer das nicht erträgt, sollte lieber einen anderen Beruf wählen.

Was assoziieren Sie, wenn Sie »Die Macht der Worte« hören? Spielen Sie mit der »Macht der Worte«?

Was mir spontan einfällt: Ich tue mich schwer damit, Machtworte zu sprechen. Als Leiterin muss ich leiten und führen, aber ich diskutiere meistens mit allen Beteiligten und wir versuchen, wichtige Entscheidungen gemeinsam zu treffen. Manchmal ist das anstrengend und Machtworte wären einfacher, aber die Macht der diskutierten Worte, die zu einem Konsens führt, ist meiner Meinung nach dauerhafter.

Was erhoffen Sie sich für die Zukunft? Für sich und für Deutschland? Was wäre ein schöner Erfolg?

Für die Zukunft erhoffe ich mir, dass alle Universitäten Schreibzentren und Schreibprogramme einrichten und dort Leute beschäftigen, die sie als wissenschaftliches Personal adäquat bezahlen. Es müssten auch genügend Leute sein, so dass Zeit für die wissenschaftliche Arbeit in Schreibzentren bleibt. Ich erhoffe mir, dass sich die Schreibzentrumsforschung im deutschsprachigen Raum etabliert.

Ich wünsche mir, dass studentische Schreibberater die Möglichkeit bekommen, eine Weile in Schreibzentren im Ausland mitzuarbeiten

Ein Traum von mir ist ein internationales Peer-Tutoren-Austauschprogramm. Ich wünsche mir, dass studentische Schreibberaterinnen und Schreibberater die Möglichkeit bekommen, eine Weile in Schreibzentren im Ausland mitzuarbeiten. Ein schöner Erfolg wäre, wenn die EU ein solches Programm bezahlt.

•••

Warum wir in Deutschland Schreibzentren brauchen

Schreiben gilt als Schlüsselkompetenz für Studium und Wissenschaft. Und es ist die Voraussetzung für viele Berufe, nicht nur für die in diesem Buch benannten. Wie ist es aber um die Schreibfähigkeiten unserer Studenten bestellt? Glaubt man den stetig wiederkehrenden Klagen von Lehrern und/oder Professoren in diesem Lande, so steht der Niedergang der deutschen Sprache immer wieder unmittelbar bevor. Da sich diese Klagen immer wiederholen, lohnt sich der Blick auf die Ursachen: Ein Problem dabei ist, dass Schreiben in seiner Vielfalt wahrgenommen und als Handwerk erkannt werden muss: Es gibt die unterschiedlichsten Formen des Schreibens und diese müssen gelehrt und gelernt werden. Hilfreich dabei ist, wenn nicht immer nur das fertige Produkt zählt und ernst genommen wird, sondern wenn auch schon in der Schule entstehende Texte begutachtet und weiterentwickelt werden. Wie könnten Schreibzentren im Anschluss an die Schule helfen? Was wird getan, um das »Handwerk Schreiben« zu fördern?

Seit wann gibt es Schreibzentren in Deutschland?

Das erste deutsche Schreibzentrum wurde 1993 von Andrea Frank an der Uni Bielefeld gegründet. Als Gerd Bräuer 2001 an der Pädagogischen Hochschule Freiburg ein Schreibzentrum mit Peer Tutoring und mit einem Fernstudium für wissenschaftliche Schreibberatung etablierte, kam Bewegung in die Schreibszene. Mittlerweile eigneten sich über 120 Absolventen Wissen für die Begleitung von Schreibenden in diesem Zertifikatsstudiengang an. Und langsam, aber sicher scheint sich auch das Konzept des so genannten Peer Tutoring durchzusetzen (siehe auch dieses Interview). Ihre Ausbildung erhalten Tutorinnen und Tutoren an den Schreibzentren selbst. Katrin Girgensohn ist Absolventin der Freiburger Schreibberaterausbildung und sie etablierte für die anspruchsvolle Aufgabe der Peer Tutoren eine fundierte Ausbildung an der Viadrina Universität Frankfurt (Oder). Darüber hinaus gibt es mittlerweile an einigen Universitäten Schreibzentren.

Hinweis

Externe Interessierte können an der Viadrina an einer Zertifikatsweiterbildung zu Schreibzentrumsarbeit und Literacy Management teilnehmen: *www.europa-uni.de.*

Auch Arbeitskreise zur Schreibdidaktik setzen sich für die Verbesserung der Schreibkompetenz von Studierenden ein, hier sei stellvertretend der Arbeitskreis Schreibdidaktik Berlin-Brandenburg genannt: *www.schreibdidaktik.net.*

Schreiben hat ganz unterschiedliche Funktionen: Es hilft nicht nur, Wissen zu schaffen oder abzubilden, sondern es hat auch eine kommunikative Funktion. Es treibt die Fähigkeit zur Selbsterkenntnis voran und stärkt die Persönlichkeit. Es ist ein Medium, um sich auszudrücken, Klarheit zu erhalten über eigene Wünsche und Ziele. Und es bereitet Freude. Alle diese Funktionen des Schreibens sind im universitären Leben wichtig und sollten optimal ineinandergreifen. Noch immer scheinen die Schulen die künftigen Studenten nur unvollständig auf die Anforderungen an der Universität vorzubereiten. In unserem Land der Denker und Dichter gehen viele anscheinend davon aus, dass man Schreiben – spätestens – nach dem Besuch von Grundschule und Gymnasium einfach können müsse.

Was Schreibzentren leisten/ausmacht

In den USA ist das anders: Dort wird Schreiben in all seiner funktionalen Vielfalt als Handwerk betrachtet, das erlernbar ist und in den verschiedenen Bildungseinrichtungen passend angeboten wird. An fast jedem College gibt es ein Schreibzentrum. Kaum eine Hochschule, die kein Schreibzentrum hat. Für die Studenten ist ein Schreibkurs obligatorisch. In den Schreibzentren erhalten sie Feedback für ihre Texte. Wie auch Katrin Girgensohn deutlich machte:

Man braucht die Perspektive anderer, um den eigenen Text verbessern zu können. In Schreibzentren wird man sich auch klar darüber, was für ein Schreibtyp man ist. Klarheit über die eigene Schreibstrategie zu haben, hilft, die Vorzüge und Grenzen der eigenen Methode zu erkennen. So lässt sich gezielt verbessern, was man sonst vielleicht nur als eigene Schwäche angesehen hätte. Durch die Kurse und das dort erworbene Wissen in den Schreibzentren lassen sich auch Schreibblockaden vermeiden. Unter anderem durch die Erkenntnis, dass man nicht komplett »gegen den Strich« arbeiten kann – und das auch nicht muss, weil es Alternativ-Methoden gibt, die vielleicht besser zum Ziel führen.

Abgesehen davon, dass es dem Einzelnen hilft: Es gibt gesellschaftlich relevante Gründe, das Thema voranzutreiben und junge Menschen bestmöglich auszubilden, damit sie in einer globalisierten und digitalisierten Welt bestehen können. Es gibt die oben genannten Schreibzentren an deutschen Universitäten, sinnvoll wären sie an jeder deutschen Universität. Ökonomisch betrachtet ist es, wie Katrin Girgensohn sagt: »Wissenschaft und Kultur sind für ein Land, das so wenig Rohstoffe hat wie Deutschland, ein wichtiger Standortfaktor.« Je stärker die angewandte Schreibwissenschaft und ihre Relevanz bekannt werden, desto eher besteht die Chance, dass an chronisch unterfinanzierten Universitäten zumindest Drittmittel eingeworben werden können, um Schreibzentren und deren wichtige Arbeit zu finanzieren. Wir brauchen Öffentlichkeitsarbeit für die Sache sowie eine Vernetzung – nicht nur – zwischen den Pionieren der Schreibbewegung. Einen kleinen Beitrag in diesem Sinne soll dieses Buch leisten.

Weiterführende Literatur:

- Schreiben lehren, Schreiben lernen. Eine Einführung. Katrin Girgensohn, Nadja Sennewald
- Zukunftsmodell Schreibberatung. Eine Anleitung zur Begleitung von Schreibenden im Studium. Ella Grieshammer, Franziska Liebetanz, Nora Peters, Jana Zegenhagen.

Interview mit Dr. Katrin Girgensohn

- Katrin Girgensohn, »Neue Wege zur Schlüsselqualifikation Schreiben. Autonome Schreibgruppen an der Hochschule«, VS Verlag, Wiesbaden 2007. ISBN: 978-3835070011
- Andrea Frank/Stefanie Haacke/Swantje Lahm: »Schlüsselkompetenzen: Schreiben in Studium und Beruf«, Weimar/Stuttgart 2007: J.B. Metzler. ISBN 978-3476021663
- Katrin Girgensohn & Ramona Jakob, »66 Schreibnächte – Anstiftungen zur literarischen Geselligkeit. Ein Praxisbuch zum kreativen Schreiben«, Edition Isele, Eggingen 200, ISBN: 3-861421828

| KAPITEL 20 |

Wissenschaftliche Schreibberatung und -training
Mit Theorie und Stil zur Macht der Worte

Judith Theuerkauf, Schreibberaterin, -trainerin und Autorin

Judith Theuerkauf, Dipl.-Ing., hat zunächst Germanistik, Psychologie und Theaterwissenschaft studiert, dann eine Ausbildung zur Buchhändlerin absolviert und war in diesem Beruf auch tätig, bis sie das Studium des Ingenieurstudienganges Technischer Umweltschutz begann, das sie Ende 1998 als Diplom-Ingenieurin abschloss. Von 2004 bis 2009 koordinierte und begleitete sie verschiedene Projekte zur Förderung der Schreibkompetenz von Studierenden an der TU Berlin.

Seit 2010 arbeitet sie freiberuflich als Text-Coach und Autorin sowie seit Herbst 2012 als Schreibberaterin und -trainerin an der Universität Flensburg. Sie arbeitet mit Elementen der prozessorientierten Schreibdidaktik, des Projektmanagements sowie einem von ihr entwickelten didaktischen Modell zur Optimierung fachlicher Texte.

Webseite: *www.textistenzia.de*

Interview mit Judith Theuerkauf

Sie bieten Text-Coaching, Schreibtraining sowie Fach-Lektorat für Experten/Expertinnen aus Wissenschaft und Technik an. Wer zählt zu Ihren typischen Kunden?

Meine typischen Kunden sind Studierende und Promovenden, also Experten/Expertinnen und solche, die es noch werden wollen, vor allem aus dem Wissenschaftsbereich. Ihre Motivation, mich aufzusuchen, ist hauptsächlich, eine gute oder sehr gute Bewertung ihrer Abschlussarbeit zu erreichen. Das heißt, die Bachelor-, Master- oder auch die Doktorarbeit soll die eigene wissenschaftliche Leistung optimal widerspiegeln. Da hapert es bei vielen, die durchaus bereits beachtliche Forschungsarbeit geleistet haben, sich dann aber schwer damit tun, diese in eine klare und strukturierte Form zu bringen, in einer stilistisch angemessenen Sprache.

Wie darf man sich Ihren Arbeitsalltag vorstellen?

Einen »normalen« oder typischen Arbeitsalltag habe ich nicht, dafür ist mein Arbeitsspektrum zu vielfältig: Ich habe neuerdings an der Universität Flensburg eine halbe Stelle als »Lehrkraft für besondere Aufgaben für das Schreiben in der Wissenschaftssprache Deutsch«. Uff, das ist wirklich ein neuer Schreibberuf!

In Flensburg bin ich drei, vier Tage pro Woche und biete dort Kurse und Workshops rund um das Wissenschaftliche Schreiben an. Ergänzt wird das Angebot für die Studierenden durch individuelle Schreibberatungen nach Vereinbarung. Zwischendurch erledige ich alles, was im Uni-Alltag anfällt: Kursvorbereitung, Bürokram, Team-Besprechungen, Werbung und Konzeption neuer Angebote.

Am Wochenende lebe ich in Berlin und halte von dort aus meine selbstständige Tätigkeit aufrecht. Das heißt, ich gebe in Berlin und auch im restlichen Bundesgebiet Workshops, beispielsweise im Rahmen von so genannten Sommeruniversitäten in den Semesterferien oder am Wochenende für Graduiertenkollegs.

Interview mit Judith Theuerkauf

Angesichts dieser vielfältigen Aufgaben: Kann man rein vom Text-Coaching leben?

Als Freiberuflerin wäre es schwer gewesen, von Schreibtraining, Text-Coaching und Lektorat allein zu leben. Es ist daher ratsam, die finanzielle Existenz auf ein breites Fundament zu stellen. Die halbe Stelle in Flensburg ist dafür ideal, denn sie sichert meine Grundversorgung und lässt mir gleichzeitig genug Freiraum für die Selbstständigkeit und weitere Projekte, z.b. meine eigene Dissertation und meinen Blog.

> *Es wäre schwer gewesen, von Schreibtraining, Text-Coaching und Lektorat allein zu leben*

Es wäre schwer gewesen, von Schreibtraining, Text-Coaching und Lektorat allein zu leben

Ursprünglich gestartet sind Sie Ende der 8oer Jahre als Buchhändlerin. Was gab den Anlass dazu, quasi »die Fronten zu wechseln« vom Verkaufstresen hin zur Feder und später zum Coaching?

Vor meiner Ausbildung zur Buchhändlerin lag noch ein abgebrochenes Germanistikstudium und danach kam ein Ingenieurstudium, das ich 1998 als Diplom-Ingenieurin erfolgreich abgeschlossen habe. Ich habe die »Fronten« also mehrmals gewechselt.

Bereits während des Ingenieurstudiums schrieb ich erstaunlich viel: Versuchsprotokolle, so genannte schriftliche Ausarbeitungen zu mündlich vorgetragenen Referaten, eine Seminararbeit, eine Studien- und eine Diplomarbeit, jeweils im Umfang zwischen 5 und 100 Seiten. Auch als Wissenschaftliche Mitarbeiterin schrieb ich viel: Ich stellte Informationen und Forschungsergebnisse zu verschiedenen Themen des Technischen Umweltschutzes möglichst verständlich in Form von Präsentationsfolien, Postern, Skripten und auf der Website des Fachgebietes dar.

Zum Glück war Schreiben für mich nie ein Problem. Allerdings hatte ich ja auch zuvor Germanistik studiert, war es also gewohnt, zu schreiben. Dass Schreiben ein Problem sein könnte, wurde mir erst über einen Umweg bewusst, und zwar als ich begann, Studien- und Diplomarbeiten selbst zu betreuen, und die studentischen Arbeiten dann natürlich auch lesen musste. Das war für mich eine Qual! Die Texte waren oft ziemlich unstrukturiert und dazu in einem umständlichen oder unangemessenen Sprachstil geschrieben. Da ich die Betreuungsarbeit neben meinen anderen universitären Aufgaben erledigen musste, galt für mich das »Effizienzgebot«: Wie konnte ich die Studierenden dazu bringen, bessere Texte zu schreiben, um mir so die Lesearbeit zu vereinfachen und zu verkürzen?

Ich erarbeitete zehn »Goldene Regeln für einen besseren Schreibstil«, die ich zu Beginn meiner Lehrveranstaltungen verteilte. Ich war über die positive Resonanz und die vielen Fragen der Studierenden überrascht und beschloss, das Thema »Schreiben in den Ingenieurwissenschaften« zu vertiefen. In verschiedenen Seminaren zum Kreativen und Wissenschaftlichen Schreiben und mit Hilfe einschlägiger Ratgeberliteratur bildete ich mich fort und entwickelte mit der Zeit so viel eigenes Material, dass es bald für eine semesterbegleitende Lehrveranstaltung, ein Promotionsvorhaben, verschiedene Veröffentlichungen, Vorträge und schließlich sogar ein Buch im UTB-Verlag reichte!

Sie promovieren derzeit am Institut für Sprache und Kommunikation der TU Berlin. Inwieweit hilft Ihnen diese sehr fundierte, wissenschaftliche Ausbildung bei den ganz alltäglichen Fragestellungen Ihrer Kunden, beziehungsweise kann zu viel Theorie hier manchmal sogar hinderlich sein? Wie schaffen Sie die notwendige Verbindung zur Basisarbeit?

Es ist letztlich die Gesamtheit meiner beruflichen Erfahrungen, von der meine Kunden heute profitieren können. Viele Probleme beim Schreiben und im Studium habe ich selbst gehabt und mehr oder weniger gut bewältigt. Außerdem kenne ich die Betreuerperspektive und weiß, worauf Gutachter so Wert legen. Meine fundierte wissenschaftliche Ausbildung verschafft vor allem meinen Kunden eine gewisse Sicherheit, denn »Schreibtrainer« ist keine geschützte Berufsbezeichnung. Schreibtrainer kann sich jeder nennen, der möchte. Es gibt keine Qualitätskriterien.

Hinweis

So wie die Berufsbezeichnung »Journalist« in Deutschland rechtlich nicht geschützt ist, so gilt dies auch für alle anderen neuen Schreibberufe. Egal ob Blogger, Schreib-Dozent, Autor oder Schreibtherapeut/-in, jedermann kann sich fast nach Belieben einen vergleichbaren Titel geben. Das birgt unter Umständen einiges Konfliktpotenzial in sich. So schmücken sich beispielsweise manche eher zweifelhafte Berater im Onlineumfeld mit dem Titel »Social-Media-Manager«, »SEO-Experte« (siehe das Interview zum Thema »Suchmaschinenoptimiertes Schreiben«) oder eben auch »Blogger«, um ihren fragwürdigen Dienstleistungen – die meist nur auf die Maximierung der eigenen Gewinne aus sind – einen seriöseren Anstrich zu geben.

Damit zu kämpfen haben naturgemäß vor allem die »echten« Fachexperten. Aber auch die Kunden selbst: Wohl jeder Selbstständige in diesem Umfeld kennt meistens nicht nur einen Fall, bei dem ein solcher Kunde auf die leeren Versprechungen der selbst ernannten Text-Dienstleister hereingefallen ist. Das kann teuer werden, aber auch nachhaltig schädlich für den jeweiligen Onlineauftritt sein.

Durch meinen wissenschaftlichen Hintergrund bin ich jedoch zuweilen tatsächlich etwas theorielastig. Das liegt jedoch auch daran, dass ich Wissen aus der Text-Linguistik oder der Verständlichkeitsforschung Menschen vermitteln möchte und muss, die sich in ihrem Wissensgebiet eher nicht mit Texten beschäftigen. Da muss ich zuweilen etwas weiter ausholen. Die Arbeit mit den Studierenden erdet mich jedoch immer wieder. Besonders wenn ich mit Nicht-Muttersprachlern arbeite, was an Universitäten häufig der Fall ist, bin ich gezwungen, mich einfach und verständlich auszudrücken. Das ist ein gutes Training.

Später widmeten Sie sich in zahlreichen Projekten der Förderung der Schreibkompetenz von Studierenden. Worüber derzeit viel dis-

kutiert wird: Ist diese Kompetenz im Zeitalter der Onlinekommunikation eine andere geworden?

Ja, aber nicht erst im Zeitalter der Online-Kommunikation. Der Wandel setzte schon vorher ein, mit dem Beginn des Computer-Zeitalters. Anfang der Achtziger war es noch ganz normal, im Studium handgeschriebene Hausarbeiten abzugeben.

Ich hatte damals eine mechanische orangefarbene Schreibmaschine. Mit Hilfe dieser Schreibmaschine hämmerte und hackte ich meine Hausarbeiten bis tief in die Nacht hinein. Wenn ich mich vertippte, brauchte ich Tipp-Ex-Streifen. Die klemmte man zwischen Walze und Papier, fuhr die Maschine zurück zu dem Fehler, tippte den falschen Buchstaben erneut und idealerweise war der falsch geschriebene Buchstabe nun weiß überdeckt und man konnte den richtigen Buchstaben erneut tippen. Abbildungen wurden von Hand in das Manuskript gezeichnet oder aus Büchern kopiert, ausgeschnitten und anschließend eingeklebt. Das war ziemlich umständlich und sah vor allem nicht gut aus. Aber Layout spielte keine Rolle und wurde auch nicht bewertet.

Mit Textverarbeitungs- und Grafikprogrammen geht heute das Schreiben schneller und einfacher und die Texte sehen – sofern man die entsprechenden Programme beherrscht – auch besser aus. Allerdings wird heute auch erwartet, dass die Texte gut aussehen. Betreuer an den Universitäten und Verlage und Zeitschriftenredaktionen machen teilweise sehr klare und dezidierte Vorgaben. Das heißt, dass jeder, der einen wissenschaftlichen Text schreibt, sich heute auch mit Layout beschäftigen und entsprechende Programme und Tools lernen muss. Das war früher nicht so.

Das mühevolle Mit-der-Hand-Schreiben führte zu einem verstärkten Denkprozess

Mit dem Einzug des Internets änderte sich dann auch noch das Informationsverhalten. Anfang der Achtziger ging ich in die Bibliothek, arbeitete mich durch den Schlagwortkatalog oder wanderte mit schräg gelegtem Kopf die Bücherregale entlang. Dann verließ ich die Bibliothek mit einigen Büchern und einem großen Stapel Fotokopien, die ich zu Hause durcharbeitete. Interessante Stellen schrieb ich ab, natürlich mit der Hand. Das war langwierig und um mir die Schreibarbeit zu erleichtern, fasste ich längere Textpassagen lieber gleich mit eigenen Worten zusammen. Das mühevolle Mit-der-Hand-Schreiben führte also zu einem verstärkten Denkprozess aus purer Faulheit!

Was es außerhalb unserer Bibliothek an Büchern gab, wusste ich nicht, und selbst wenn ich es gewusst hätte: Ich wäre ohnehin nicht an die Bücher herangekommen. Das hat sich heute grundlegend geändert. Das WWW bietet leicht zugängliche und frei verfügbare Informationen zu allen erdenklichen Themen, jedoch von unterschiedlicher Qualität. An die Stelle des mühsamen Heraus- und Abschreibens treten nun Download und Copy & Paste. Was einerseits eine erhebliche Arbeitserleichterung darstellt, wirkt sich jedoch möglicherweise negativ auf den Inhalt aus. Neben Plagiaten, die sich häufen (oder aufgrund neuer Software und Plagiatjäger-Plattformen vermehrt entdeckt werden), sind viele studentische Texte häufig aus Text-Versatzstücken zusammengestoppelt und lassen keine eigene Denkleistung erkennen. Medien- und Informationskompetenz sind daher heute selbstverständliche Bestandteile der wissenschaftlichen Schreibkompetenz.

Hinweis

Eine ausführliche Übersicht über freie und kommerzielle Softwareprogramme zur Plagiats-Erkennung ist bei der HTW Berlin unter *http:// plagiat.htw-berlin.de/software/* zu finden.

Schließlich hat das Internet mit seinen verschiedenen Kommunikations- und Informationsmöglichkeiten auch zur Globalisierung der Wissenschaften beigetragen. Wer heute im Wissenschaftsbetrieb

Karriere machen möchte, sollte nicht nur im eigenen Land und in der eigenen Sprache publizieren, sondern auch in internationalen Fachjournalen in englischer Sprache. Wissenschaftliche Schreibkompetenz geht heute also einher mit guten Ausdrucks- und Formulierungsfähigkeiten nicht nur in der eigenen, sondern auch in der englischen Sprache.

Sind hier Ihrer Ansicht nach Korrekturen erforderlich, kommuniziert man heutzutage zu einseitig oder zu einfach, oder haben das frühere Generationen schon immer von den nachfolgenden behauptet?

Wie ich schon angedeutet habe, sind die Kommunikationsmöglichkeiten und Informationsangebote zwar vielfältiger und besser zugänglich geworden, aber nicht unbedingt einfacher. Die Anforderungen an die Schreibkompetenz von Studierenden sind im Zeitalter der Online-Kommunikation eher gestiegen als gesunken. Darauf haben Schulen und Universitäten bislang noch wenig reagiert. Es gibt viel zu wenig wirklich gut ausgebildete Leute, die qualifiziert und systematisch die wissenschaftliche Schreibkompetenz mit ihren verschiedenen Facetten fördern könnten.

Die Anforderungen an die Schreibkompetenz von Studierenden sind eher gestiegen

Leider sind die vielfältigen technischen Hilfsmittel und das Internet für manche eine Einladung zum Betrug oder verführen zum Pfusch am Text. Das ist aber keine Generationenfrage. Betrüger hat es schon immer gegeben. Der weitaus größere Teil der Studierenden und Promovenden ist ehrlich und will gute Arbeiten abliefern. Dabei wünschen sich die Nachwuchswissenschaftler/-innen und zukünftigen Experten/Expertinnen qualifizierte Anleitung und Unterstützung.

Zwischen Ihren beruflichen Stationen lag ein technisches Ingenieurstudium. Können Sie Teile dieser Ausbildung in Ihrer jetzigen Arbeit nach wie vor anwenden beziehungsweise wie profitieren Sie von diesem sehr interdisziplinären Ansatz?

Ich kann mich gut in technische Texte hineindenken und ihnen inhaltlich und sprachlich folgen. Das ist wichtig, denn beim Text-Coaching geht es darum, zu überprüfen, ob das, was der Autor sagen will, auch im Text steht. Dazu muss ich natürlich auf der inhaltlichen Ebene verstehen, was der Autor sagen will. Viele Schreibberater/-innen haben einen geistes- oder sprachwissenschaftlichen Hintergrund und kapitulieren bei technischen Sachverhalten. Ich habe da kein Problem. Ich lasse mir von meinen Kunden oder den Ingenieurstudierenden erklären, was sie sagen wollen. Das vergleiche ich mit dem Text, der vor mir liegt, und gebe dann Feedback und Tipps, beispielsweise wie man einen Sachverhalt besser und präziser ausdrücken könnte.

Würden Sie rückblickend diese Vielfalt in der eigenen Ausbildung wieder so gestalten? Und können Sie jungen Absolventen oder auch Berufsanfängern zu einer ähnlichen Interdisziplinarität raten?

Mein Lebenslauf ergibt vor allem in der Rückschau einen Sinn. Den Beruf der Schreibberaterin gab es vor dreißig Jahren gar nicht. Dass mein Lebenslauf mich heute besonders für diesen Beruf qualifiziert, ist also Zufall.

Ich bin jedoch der Meinung, dass beratende und lehrende Berufe neben praktischer auch Lebenserfahrung voraussetzen. Und die bekommt man nicht unbedingt, wenn im Leben alles glatt läuft. Insofern rate ich Absolventen und Berufsanfängern vor allem dazu, möglichst vielfältige Erfahrungen zu sammeln und auch in unsicheren Zeiten etwas zu wagen. Eine interdisziplinäre Ausrichtung ist dabei eine, aber nicht die einzige Form des Über-den-Tellerrand-Schauens.

Was empfehlen Sie generell Auszubildenden und Studenten, die sich für einen »Schreibberuf« – egal welcher Art – interessieren: Wie und mit welchen Mitteln kann man sich die notwendige Kompetenz aufbauen und das eigene Schreibprofil schärfen?

Die Antwort auf diese Frage ist zunächst ganz einfach: viel lesen! Lesend entwickeln wir ein Gefühl für Texte und Textaufbau und schärfen den eigenen Blick auf Texte. Dazu sollte man sich beim Lesen jedoch regelmäßig fragen: Gefallen mir die Art und Weise, die Struktur und der Aufbau des Textes, den ich da gerade lese? Wenn ja, woran liegt das? Wenn nein, was stört mich an dem Text? In meinem Buch »Schreiben im Ingenieurstudium« stelle ich ein einfaches Textmodell vor, das hilft, einen Blick für Textmerkmale zu entwickeln und somit auch das eigene Schreiben besser steuern zu können.

| Schreiben lernt man durch schreiben |

Ansonsten gilt natürlich: Schreiben lernt man durch schreiben. Es ist, als gäbe es einen Schreibmuskel im Gehirn, der regelmäßig trainiert werden möchte. Mein eigener Stil hat sich ganz wesentlich einfach durch Übung herausgebildet.

Für das Schreiben im Wissenschaftsbetrieb empfehle ich außerdem, Kurse zum Schreiben mit Word oder LaTeX sowie zum Arbeiten mit PowerPoint und mindestens einem Grafikprogramm zu besuchen. Schreiben hat eben auch eine technische Seite. Wer sich da auskennt, ist klar im Vorteil, denn die technischen Hilfsmittel können das eigene Schreiben sehr beschleunigen.

»Muss« es dabei eine Universität oder eine sonstige Hochschule sein oder kann eine fundierte Schreib-Ausbildung genauso gut auf anderer Ebene gelingen?

Ich bin selbst »Quereinsteigerin« in meinem Beruf. Jedoch ist es in Deutschland so, dass bei Bewerbungen eben doch Diplome, Zertifikate und andere »offizielle« Abschlüsse gefordert werden. Mein eigenes Beispiel zeigt aber, dass auch andere Wege möglich sind und Anerkennung finden. Kurz: Es geht ohne Universität und Hochschule, setzt aber viel Engagement, Enthusiasmus und auch Glück voraus.

Wird man für das Texten geboren, was meinen Sie?

Sicherlich wird jeder Mensch mit gewissen Fähigkeiten geboren. Ob er diese entwickelt, entwickeln kann oder auch möchte, ist eine ganz andere Frage. Wissenschaftliches Schreiben ist jedoch nicht an Talent gebunden, sondern vor allem ein Handwerk, das sich lernen lässt, z.B. bei mir. Dafür muss niemand geboren sein.

Sie schreiben und publizieren auch selbst, und das mit viel Leidenschaft. Wünschten Sie sich bei Ihrer Selbstständigkeit manchmal mehr Zeit, selbst eigene Texte verfassen zu können?

Ja, die wünsche ich mir. Andererseits weiß ich aber auch, dass man sich die Zeit zum Schreiben manchmal stehlen muss. Sonst wird es nichts mit dem Text. Ich behaupte aber, dass sich in jedem Zeitplan eine Lücke findet, die sich schreibend füllen lässt. Es ist ein Trugschluss, dass man zum Schreiben viel freie Zeit braucht und vorher gar nicht erst anzufangen braucht. Sicherlich ist es schön, mal einen Tag am Stück arbeiten zu können. Aber ein Text kann auch in 15-Minuten-Schritten wachsen: Während ich warte, dass das Wasser für den Kaffee kocht, notiere ich auf einem Zettel die Gliederung für einen Text. Später nutze ich eine andere Zeit-Lücke und schreibe die Gliederung am PC ab. Dabei fallen mir ein paar Stichworte ein, die ich gleich dazuschreibe. Schon ist mein Text ein Stück gewachsen. Das mache ich ein paar Tage und wenn ich dann tatsächlich mal einen ganzen Tag Zeit habe, staune ich im Allgemeinen, wie viel ich bereits geschrieben habe.

•••

Zehn »Goldene« Regeln für einen besseren Schreibstil

Auf das Thema Schreibberatung und die vielfältigen Möglichkeiten, die sich in diesem Berufsbild ergeben, sind wir im Interview zum Thema »Schreibcoaching« bereits näher eingegangen. An dieser Stelle freut es uns sehr, dass Judith Theuerkauf unseren Lesern ihre in dem Interview erwähnten »Zehn Goldenen Regeln für einen besseren Schreibstil« zur Verfügung stellt. Damit können vor allem Fachtexte verständlicher gestaltet werden, aber nahezu alle Schreibberufenen werden von den darin genannten Tipps profitieren.

Hier also die Regeln:

1. Vereinfachen Sie Ihre Wortwahl: Verwenden Sie mit Ausnahme der Fachterminologie einfache, geläufige Worte und verzichten Sie auf Fremdworte und »Komposita-Eigenkreationen« ohne fachlichen Bezug.
2. Erläutern Sie Fachterminologie, die Sie nicht bei Ihren Lesern und Leserinnen als bekannt voraussetzen können. Erläutern Sie auch fachspezifische Abkürzungen. Dazu schreiben Sie bei erster Nennung im Text zunächst die vollständige Bezeichnung (also die »Langform«) und setzen Sie direkt dahinter die Abkürzung in Klammern.
3. Verwenden Sie Fachbegriffe und fachspezifische Abkürzungen in Ihrem Text immer einheitlich, das heißt, variieren Sie sie nicht!
4. Die Satzlängen hingegen dürfen Sie variieren: Verwenden Sie im lockeren Wechsel kurze und lange Sätze. So bekommt Ihr Text Rhythmus.
5. Variieren Sie auch den Satzbau: Ersetzen Sie zum Beispiel Passivsätze so oft wie möglich durch Aktivsätze.
6. Verwenden Sie auch anstelle von Substantivierungen (sofern es sich nicht um Fachterminologie handelt) hin und wieder aktive Verben.

Interview mit Judith Theuerkauf | 335

7. Gliedern Sie einzelne Textteile durch Aufzählungen, etwa, wenn ein Satz sonst zu lang wird oder um die aufgezählten Inhalte hervorzuheben. Sie können die aufgezählten Inhalte entweder nummerieren oder mit Aufzählungszeichen (Gedankenstriche, Punkte, Pfeile u. Ä.) strukturieren.

8. Achten Sie beim Textaufbau auf Einheitlichkeit: Beschreiben Sie gleiche Sachverhalte in der gleichen Reihenfolge und mit den gleichen Worten. Beschreiben Sie technische Prozesse oder Verfahren wiederum in der Reihenfolge, in der die Prozesse in der Realität durchlaufen werden.

9. Gestalten Sie Ihren Text optisch klar: Das Layout eines Fachtextes dient dazu, Ihre Leser/-innen durch den Text zu führen. Achten Sie auch hier auf Einheitlichkeit, indem Sie inhaltlich gleichartige Textteile mit gleicher Funktion beispielsweise immer mit der gleichen Schriftgröße, Schriftart und Farbe gestalten.

10. Visualisieren Sie komplexe Inhalte! Beachten Sie dabei, dass die Aussagen von Tabelle bzw. Abbildung und Ihrem Text übereinstimmen oder einander ergänzen und sich nicht widersprechen. Verwenden Sie also beispielsweise in einem Flussdiagramm keine Fachbegriffe, die in Ihrem Text nicht erscheinen.

Und noch eine wichtige Anmerkung von Judith Theuerkauf zum Schluss: Diese Regeln sind zwar »golden«, aber nicht in Stein gemeißelt. Wenden Sie sie flexibel an, denn auch Fachtexte können – wie alle Texte – im Hinblick auf Adressaten, Inhalt und Ihre eigene Intention durchaus lebendig gestaltet werden.

Weiterführende Quellen zum Thema »wissenschaftliches Schreiben«:

- Judith Theuerkauf, »Schreiben im Ingenieurstudium: Effektiv und effizient zu Bachelor-, Master- und Doktorarbeit«, UTB, ISBN 978-3825236441
- Judith Wolfsberger, »Frei geschrieben: Mut, Freiheit und Strategie für wissenschaftliche Abschlussarbeiten«, UTB, ISBN 978-3825232184

- Wolfgang Grieb & Andreas Slemeyer, »Schreibtipps für Studium, Promotion und Beruf in Ingenieur- und Naturwissenschaften«, VDE Verlag, ISBN 978-3800734627
- Tilo Gockel, »Form der wissenschaftlichen Ausarbeitung: Studienarbeit, Diplomarbeit, Dissertation, Konferenzbeitrag«, Springer, ISBN 978-3642139062

Unser Resümee über die Macht der Worte

So unterschiedlich die Lebens- und Arbeitsgeschichten unserer Interviewpartner auch sein mögen, eines haben die Protagonisten der »Macht der Worte« gemeinsam: Sie waren jeweils nicht nur mutig und innovativ genug, mit ihrem Beruf bislang meist kaum bekannte Wege zu beschreiten und Neues auszuprobieren. Sie brechen gleichzeitig auch eine Lanze für all jene, die ebenfalls danach trachten, mit Inhalten und Geschichten unterschiedlichster Art ihren Lebensunterhalt zu verdienen. Selbst wenn die Vorzeichen für viele große, etablierte Schreibberufe in den letzten Jahren und Monaten eher düster erschienen, mit den neuen Schreibberufen brechen neue Zeiten an.

Chris Anderson nannte diese Entwicklung – die in Wirtschaftskreisen längst allseits bekannt und anerkannt ist – gleichlautend mit seinem Buch-Bestseller »The Long Tail« (*The Long Tail: Nischenprodukte statt Massenmarkt – Das Geschäft der Zukunft, Deutscher Taschenbuch Verlag, ISBN 978-3423345316*). Und selbst wer eher wenig mit vergleichbaren Phänomenen der Wirtschaftstheorie anfangen kann, der wird beim Lesen der Interviews in diesem Buch wohl gespürt haben, welche Magie, aber meist auch welche Zuversicht von der »Macht der Worte in der Nische« ausgehen kann. Wir und unsere Interviewpartner hoffen, Ihnen ein wenig von dieser Magie mit auf den Weg gegeben zu haben.

Seien Sie ebenfalls mutig und schaffen Sie sich Ihren eigenen Schreib-Markt, das ist die Quintessenz, die wir aus den vorangegangenen Inhalten ziehen möchten. Wer Freude am Schreiben hat, der wird meist auch einen Weg für sich finden, dem Schreiben den Raum zu geben, den es braucht. Vielleicht zahlt sich diese Entscheidung nicht sofort monetär aus, persönlich hingegen schon. Die meisten, mit denen wir gesprochen haben, sind davon überzeugt, dass sie das Richtige tun. Die Arbeit und das Spiel mit der Macht der Worte scheinen glücklich zu machen. Und den allermeisten Menschen, die ihren Schreibberuf unfreiwillig gegen eine konventionelle Profession eintauschen mussten, fehlt etwas – eben diese Macht der Worte.

Unser Dank gilt natürlich insbesondere den Interviewpartnern, es ist müßig zu erwähnen, dass dieses Projekt niemals ohne ihre Hilfe hätte realisiert werden können. Schauen Sie als kleines Dankeschön doch einmal auf ihre Internetseiten oder empfehlen Sie ihre Tätigkeiten und Dienstleistungen weiter. Wir hoffen, dass auch unsere Nachbereitungstexte dazu beitragen können, Ihnen weitere Facetten der jeweiligen Berufe und Berufungen zu vermitteln. Denn egal, ob Sie sich für eine oder mehrere der geschilderten Tätigkeiten für Ihre persönliche Zukunft näher interessieren oder auch nicht: Man kann eine Menge lernen aus den Beobachtungen und Rückschlüssen, die jede geschilderte Schreibtätigkeit zulässt. Auch dem mitp-Verlag sowie unserer Lektorin Miriam Robels gilt unser Dank, denn es bedurfte sicherlich ebenfalls eines gewissen Mutes und einer Voraussicht, sich des Themas dieses Buches anzunehmen.

Wir hoffen, mit den Inhalten von »Die Macht der Worte« einen Denkprozess, aber auch eine Diskussion über neue Schreibberufe im Allgemeinen anstoßen zu können. Seien Sie wachsam, denn mit offenen Augen werden Ihnen beinahe täglich weitere neue Schreibberufe begegnen. Lassen Sie sich von diesen inspirieren, sprechen Sie mit anderen Schreib-Berufenen darüber, und setzen Sie irgendwann vielleicht Ihre ganz eigene, persönliche Idee um. Über einen Hinweis hierzu würden wir uns freuen, vielleicht wird Ihr Engagement dann ebenfalls vorgestellt, hier oder an einer anderen Stelle.

Die Autoren
Susanne Diehm & Michael Firnkes

Stichwortverzeichnis

A

Abonnement 152
AdSense 110
Agentur 162
Amazon 200
Audioguides 179
Audiowalks 179
Aufschieberitis 240, 308
Aufträge 24
Ausbeutung 173
Ausbildung 255, 282
Ausland 169
Auszeiten 154
Autogenes Training 266
Autor 103, 176, 204

B

Beraterin 69
Bestseller 198
Blockade 241, 275
Blogger 69, 107, 327
Blogosphäre 113
Books on Demand 106
Buch-PR 95

C

Coaching 325
Content 54
Content-Management-System 22
Corporate Blogging 131

D

Dienstleister 110
Dozent 152, 211, 259
Druck 46

E

E-Book 105, 162, 195, 204
Echtnamen 199
eCommerce 23
Eigenpublikation 205

Einnahmequellen 125, 204
E-Mail-Kurs 150
Existenzgründung 117
Extrovertierte 244

F

Fachblogs 127
Fernstudium 251
Firmenblog 132
Fokussierung 237
Forschungszentrum 288
Fortbildungen 157
Frankfurter Buchmesse 159
Fundraising 79

G

Gastautoren 70
Gemeinnützige Organisationen 80
Google 23, 56
Google+ 61

H

Hashtag 44
Home-Office 29

I

Imaginationskraft 225
Inspiration 227
Introvertierte 243

J

Job-Enlargement 219
Job-Enrichment 219
Journalist 327

K

Kennzahl 56
Keyword 55
Kinderuniversität 285
Kindle 195
kommerziell 191

Kontakterin 95
Kreative Leitung 211
Kreatives Schreiben 211, 219, 229, 253, 291, 296
Kreativitätstechnik 85
Kunden 141
Kundenauftrag 159
Kundenkreis 156
Kundenorientierung 158
Kurzgeschichten 196

L

Lebensbuch 235
Lebensqualität 293
Lehrkräfte 287
Lektorat 223
Leserkommentare 134
Leserkontakt 240

M

Marke 249
Markenbildung 142
Marketing 138
Marketing-Manager 50
Markt 182
Markteintrittsbarriere 165
Mentaltechniken 278, 290
Monetarisierung 111
Motivation 261
Motivationsprofile 92

N

National Novel Writing Month 313
Netzwerk 92
Netzwerk Gemeinnützigkeit UG 80
Netzwerken 283, 296
Newsletter 156
Nische 201
Nischenbereiche 123
NPO 80

O

Online-Kommunikation 172, 328
Online-Kurs 150
Onlinemagazin 122
Onlineportal 149
Onlinepublikationen 70

Online-Ratgeber 147
Online-Redakteur 39
Online-Renommee 77
Onlineshops 19

P

Peer Tutoring 307
Perfektionismus 240
Ping-Pong-Funktion 87
Plagiate 329
Plattformen 181
Poesiepädagogik 255
Präventivmaßnahme 282
Projektmanagement 283
promovieren 312
Prozess 301
Pseudonym 195, 200

Q

Quereinsteiger 144

R

Radiojournalismus 184
Redaktion 134
Redaktionsplan 59
Redaktionssystem 22

S

Sachbuchautorin 238
Schlüsselqualifikation 301
Schreibcoaching 219, 237
Schreibdenken 243
Schreibkompetenzen 306
Schreibpädagogik 219, 223
Schreibstil 334
Schreibtherapie 253, 266
Schreibtrainer 147, 219
Schreibübungen 304
Schreibwerkstattleiter 219
Schreib-Yoga 271
Schreibzentrum 299, 318
SchülerUni 284
Selbstlernkurs 150
selbstständig 34, 74, 249
Seminare 300
SEO 53, 57, 64, 114, 142, 327
Shitstorm 136

Stichwortverzeichnis

Sieben-Sätze-Methode 85
Smartphone 180
Social Media 43
Social Media Marketing 53
Social-Media-Manager 39, 50, 131, 327
Stammkunden 161
Storytelling 93
Stressabbau 220, 272
Studiengang 213
Suchmaschinen 53
Synektik 85

T
Texten 159
Texterbörsen 174
Trends 192
Twitter 44

U
Unique Content 23
Unternehmenskommunikation 69, 76
USA 304

V
Verlag 166, 205

W
Werkzeug 274
Wissenschaftliche Schreibberatung 323
Wissenschaftliches Schreiben 313
WordPress 113, 143
Workshops 300

Z
Zielgruppe 180, 234

Sabrina Kirnapci

Erfolgreiche Webtexte

Online-Shops und Webseiten inhaltlich optimieren

- Optischer und inhaltlicher Aufbau von Webtexten
- Ansprache der Zielgruppe
- Keywords für die Suchmaschinenoptimierung

Webtexte dienen der Suchmaschinenoptimierung, Kundengewinnung, Benutzerführung, Verkaufsförderung und Kundenbindung. Sie sind neben aussagekräftigen Bildern das wichtigste verkaufsfördernde Werkzeug einer kommerziellen Webseite oder eines Online-Shops.

Erfolgreiche Webtexte sind auf das Leserverhalten im Internet abgestimmt. Sie enthalten relevante Suchbegriffe, damit die Webseite von den Suchmaschinen richtig in den Index eingeordnet und bei entsprechenden Suchanfragen gelistet wird. Auch eine auf Produkt und Zielgruppe abgestimmte Tonalität ist ein wichtiger Erfolgsfaktor.

In diesem Ratgeber erhalten Sie Tipps zum optischen und inhaltlichen Aufbau erfolgreicher Webtexte und lernen, wie Sie den Leser gezielt ansprechen. Die Basistexte der Webseite sind ebenso ein Thema wie Pressemitteilungen fürs Web, Blogtexte und Meldungen in den sozialen Netzwerken. Shopbetreiber erfahren, wie sie mit Kategorietexten und Produktbeschreibungen den Umsatz ankurbeln können. Sie erhalten Tipps zur Suchmaschinenoptimierung und zum Linkaufbau und erfahren, worauf sie beim Kauf von Webtexten achten sollten. Texter profitieren von der Zusammenstellung kostenloser Texter-Tools und nützlicher Formeln.

Mit diesem praktischen Handbuch erlernen Sie die Grundlagen zum Schreiben eigener erfolgreicher Webtexte.

Über die Autorin:
Sabrina Kirnapci ist freie Hörfunk-Redakteurin, war in PR-Abteilungen mittelständischer Unternehmen festangestellt und arbeitete als freie Texterin für Werbe- und SEO-Agenturen. 2007 gründete sie die Textagentur Ki-Worte, die 2010 in shoptexte.de umbenannt wurde. Als Expertin für Webtexte und Shoptexte hat sie bereits diverse Fachartikel zu den Themen »Redaktionelle Suchmaschinenoptimierung«, »Online-Marketing« und »Online-PR« veröffentlicht.

Probekapitel und Infos erhalten Sie unter:
www.mitp.de/9084

ISBN 978-3-8266-9084-6

Peter Guber

TELL TO WIN
Mit Storytelling beeindrucken, überzeugen und ans Ziel kommen

Geschichten können Menschen inspirieren und zum Handeln bewegen, denn immer spielen Emotionen bewusst oder unbewusst eine Rolle. Geschäftspartner, Kunden und Mitarbeiter lassen sich von Visionen und neuen Projekten viel leichter erfolgreich überzeugen, wenn Geschichten erzählt werden, die das Vorhaben anschaulich machen und an die sich die Zuhörer erinnern können.

Mit anderen Worten: Können Sie Ihr Vorhaben nicht in einer Geschichte verpacken, dann können Sie es anderen auch nicht verkaufen.

In »Tell to Win« zeigt Peter Guber, dass es neben trockenen PowerPoint-Präsentationen, Fakten und Zahlen noch andere Präsentationsmöglichkeiten gibt. Das Erzählen anschaulicher Geschichten kann ein effektives Instrument sein, Ihre Zuhörer zu erreichen und zu überzeugen.

Aus Gubers eigenen Erfahrungen wird deutlich:
- Fesseln Sie die Aufmerksamkeit Ihres Publikums
- Motivieren Sie Ihre Zuhörer, indem Sie authentisch sind
- Achten Sie bei Ihrer Geschichte darauf, dass die Inhalte zu den Zuhörern passen
- Machen Sie aus passiven Zuhörern aktive Teilnehmer

Um die Kraft des Storytelling zu demonstrieren, lässt Peter Guber in diesem Buch viele bemerkenswerte »Geschichten-erzähler« aus dem Nähkästchen plaudern. Zu ihnen zählen der YouTube-Gründer Chad Hurley, der Magier David Copperfield, der Regisseur Stephen Spielberg, die Rocklegende Gene Simmons sowie der ehemalige Präsident der Republik Südafrika Nelson Mandela.

Anhand der zahlreichen Beispiele lernen Sie, wie Sie eine wirklich fesselnde Geschichte gestalten und erzählen, um Ihre Mitmenschen erfolgreich von Ihrem Vorhaben zu überzeugen.

Probekapitel und Infos erhalten Sie unter:
www.mitp.de/9127

ISBN 978-3-8266-9127-0

Michael Firnkes

Blog Boosting

Marketing | Content | Design | SEO

- **Design, Content und Marketing optimieren**
- **Praxisbeispiele und Insidertipps für mehr Umsatz und Reichweite**
- **Die Dos und Dont's der Blogosphäre**

Bloggen ist im deutschsprachigen Raum längst kein Nischenthema mehr. Auch hierzulande entsteht mehr und mehr die Möglichkeit, mit Weblogs haupt- oder nebenberuflich Geld zu verdienen. Vom privaten Fotoblog bis hin zum umfassenden Online-Portal oder Corporate Blog – jeder Blogger erhofft sich mehr Leser, größere Reichweite, höhere Einnahmen und die Verbreitung seines Themas. Ein professionelles Blog-Marketing wird deshalb immer wichtiger.

In diesem praktischen Ratgeber finden Sie hilfreiche Tipps zum Aufbau und zur Optimierung Ihres Blogs. Autor Michael Firnkes erklärt spezielle Blog-Marketingmaßnahmen, Suchmaschinenoptimierung für Blogs, die Verwendung nützlicher Addons und Plugins und den Einsatz von PR, Eigenwerbung und Kooperationen. So erreichen Sie in Zukunft noch mehr Leser.

Teilweise können Sie schon mit kleinen Veränderungen große Wirkung erzielen. Wussten Sie zum Beispiel, dass ein einfaches Plugin mit Verweisen auf ähnliche Artikel die Besuchszeit auf Ihrem Blog um 60% erhöhen kann? Oder dass die regelmäßige Überprüfung Ihrer alten Affiliate-Texte Ihre Einnahmen um 40% steigern kann?

Alle Maßnahmen sind vielfach praxiserprobt, leicht nachvollziehbar und stammen aus der sechsjährigen Erfahrung des Autors als ProBlogger. Zahlreiche Best-Practice-Ansätze, hilfreiche Insider-Tipps und ein Handlungsplan zur konkreten Umsetzung der Maßnahmen runden dieses Handbuch ab.

Über den Autor:
Nach journalistischer Tätigkeit und diversen Aufgaben im Bereich Marketing bei einem der größten deutschen Internetportale bloggt der Informatiker und Autor Michael Firnkes nun seit sechs Jahren – inzwischen hauptberuflich. Unter www.blogprofis.de gibt er wertvolle Tipps zum professionellen Bloggen.

Probekapitel und Infos erhalten Sie unter:
www.mitp.de/9238

ISBN 978-3-8266-9238-3